Sandy Boucher
Im Herzen des Feuers

Zur Erinnerung an Rick Fields,
buddhistischer Mitchronist und Krebsgefährte

Und für Sandra Butler –
für ihre Intelligenz, ihren Mut
und ihr grenzenloses Herz

Im Herzen des Feuers
liegt eine verborgene Quelle
GIUN

Inhalt

9   Geleitwort

11   Dank

13   Vorwort

19   Einstieg in die Welt der Medizin

31   Vorbereitungen

51   Dhamma Dena, 1981

64   Mutter Highland

78   Hilf mir, die Nacht durchzustehen

91   Altar

103   Land am Ende

113   Flickzeit, 1984

121   Einverleibt

130   Lehrerinnen und Lehrer, 1985

139   »Hier drinnen sind wir alle eine Familie«

146   Dem Winter trotzen

164   Nichts geschieht

175   Gib dich der Wüste hin

194   Hör auf deinen Körper

209   Gewöhnliche Weisheit

226   Schau genau hin

243   Epilog

Geleitwort

Wir begleiten in diesem Buch Sandy Boucher, eine tatkräftige Frau, auf ihrem Weg durch Schmerzen, Ängste und Einsamkeit und lernen mit ihr zusammen, abhängig zu sein und Hilfe anzunehmen. Und wir erfahren, dass das, was in schweren Zeiten Halt gibt und Kraft schenkt, auch dem Leben gesunder Menschen Tiefe und Stabilität schenken kann: ein dichtes Netz von FreundInnen und KollegInnen, die ihr beistehen und ganz einfach helfen, den Alltag zu regeln. Durch die Übung der Achtsamkeit für Atem und Körperempfindungen vermag sie, selbst große Schmerzen durchzustehen und ein Gefühl von Geerdetsein zu bewahren, und durch Gebete an die Großen Göttin der Liebe und des Mitgefühls entdeckt sie ihre Verbundenheit mit allen Menschen, die genauso leiden wie sie. Sie erzählt eindringliche Geschichten von Streit und Versöhnung, Angst und Trennung von vertrauten Menschen und vertrautem Tun und nimmt uns an die Hand, und wir lernen mit ihr leben: mit Krankheit und Verfall und ohne Sicherheit. Im Wissen, es gibt keine Rettung vor Leiden. Und: Heilung verlangt Geduld. Und dazu muß man leben wollen. Das Wissen, dass sie tatsächlich sterben könnte, eröffnet Sandy Boucher neue Dimensionen von Vertrauen und Lebensfreude.

Ein inspirierendes Buch, das zugleich in buddhistisches Denken und grundlegende Übungen einführt. Für Gesunde und Kranke und für alle Menschen, denen die große Frage von »Leben und Tod« am Herzen liegt.

Berlin, am Tara-Tag im Juni 2001
Sylvia Wetzel

Dank

Als Erstes möchte ich den Menschen im Highland Hospital danken: den Onkologen, insbesondere Dr. Cutting und Dr. Yee; den Krankenschwestern auf der Onkologischen Station, Sally Walker, Gondica Strykers und Wanda Brenni sowie Bill Shanks; den tüchtigen Frauen, die den Laden am Laufen halten, Mary Ann Roberts, Darlene Reed und Aisha Whitehead sowie Michael Coombs an der Aufnahme. Weil diese Menschen ihre Arbeit gut machen, bin ich heute noch am Leben. Ich möchte an dieser Stelle auch erwähnen, dass das Highland Hospital in den vergangenen Jahren von Grund auf saniert wurde und die Onkologie heute ihre eigenen, gut ausgestatteten Räume hat.

Ich kann unmöglich all die Menschen aufzählen, die mir in der Zeit der Operation und in den langen Wochen der Chemotherapie geholfen haben, aber ich möchte einige von Euch hier nennen: an erster Stelle Nancy Berson und die »Wandering Menstruals« (etwa: »Menstruierende auf Wanderschaft«, Anm. d. Ü.), Jane Ariel, Sandra Butler, Marinell Eva, Marcia Freedman, Nan Fink Gefen, Arlene Shmaeff und Linda Wilson. Jennifer Berezan danke ich für ihre Musik und für die Liebe und Unterstützung, die sie mir auch in anderer Form zukommen ließ. Tillie Olsen, Annie Hershey und Osha Hibbard schenkten mir den Balsam ihrer beständigen Freundschaft. Die Charlotte Maxwell Clinic bot mir in schweren Zeiten eine verlässliche Unterstützung. Und einige Heilerinnen und Heiler widmeten mir uneingeschränkt ihre Zeit und Energie: Barbara Wilt, Michael Broffman, Vicki Noble, Meera Chaturvedi, Margaret Pavel, Carol Newhouse, Bea Heinze-Westley und Diana Seagiver. Erwähnen möchte ich auch die Menschen, die mich mit Essen versorgten, unser Haus putzten, in Hof und Garten arbeiteten, mich zu Terminen fuhren, mir Geld, Karten, Geschenke, Ermutigung, Medikamente und Liebe schickten. Ich habe versucht, Euch alle aufzuzählen, und kam am Ende auf zwei eng mit Namen beschriebene Seiten, wobei mir immer noch mehr einfielen. Deswegen habe ich beschlossen, Euch, die Ihr wisst, wer Ihr seid und was Ihr mir gegeben habt, einfach zu sagen, dass Eure Großzügigkeit mir half, die schwere Zeit meiner Krebserkrankung durchzustehen. Ich kann Euch nicht genug danken.

Ebenfalls danken möchte ich Crystal Juelson für all ihre Bemühungen um mich und für die Beharrlichkeit, mit der sie darauf bestand, dass ich in diesem Buch auch beschreibe, wie unsere Beziehung in die Brüche ging, um andere daran zu erinnern, dass die Auflösung von Ehen und Partnerschaften unter dem Stress einer lebensbedrohlichen Krankheit nicht unüblich ist und niemandem deswegen ein Vorwurf zu machen ist.

Ich danke Susan Griffin und Harold Brodkey, die mir Vorbild waren in ihrem Schreiben über Krankheit.

Nan Fink Gefen, Judith McDaniel, Marcia Freedman und Sandra Butler haben das Manuskript gelesen und mir geholfen, es zu überarbeiten. Ich bin ihnen dankbar für die sorgfältige Aufmerksamkeit, die sie meiner Arbeit widmeten.

Jan Feldman leitete die Krebsselbsthilfegruppe, die mir so viel Ermutigung schenkte. Sie tat das auf ihre herzliche, verständige und mitfühlende Art, für die ich ihr von ganzem Herzen danke. Cheryl Jones hat mir in den Monaten, in denen ich dieses Buch schrieb, beigestanden und mir geholfen, die Trauer zu akzeptieren, die dabei unweigerlich hochkam. Ich bin ihr dankbar für ihr Fachwissen und ihre Freundlichkeit.

Die Menschen von Wisdom Publications zeigten eine unerschütterliche Begeisterung für dieses Buch und haben viel Mühe darauf verwandt, dass es in angemessener Form in die Welt hinaus gehen und anderen nützlich sein kann. Ich vermag nur zu hoffen, dass ihr Vertrauen gerechtfertigt ist.

Im Text selbst und mit den Zitaten, die den einzelnen Kapiteln vorangestellt sind, habe ich die Weisheit meiner vielen buddhistischen Lehrerinnen und Lehrer gewürdigt. An dieser Stelle danke ich ihnen noch einmal dafür, dass sie mich angeleitet, ermutigt und immer wieder aufgefordert haben, mich der Authentizität meiner Erfahrung zu stellen.

Vorwort

Es liegt in der Natur aller Dinge, Form anzunehmen,
um sich wieder aufzulösen.

DER BUDDHA

Im Oktober 1995 suchte ich in Oakland, wo ich wohne, ein Krankenhaus auf, um eine Untersuchung vornehmen zu lassen, die als Sigmoidoskopie (Spiegelung des Enddarms) bekannt ist. Obwohl ich einige Symptome hatte, glaubte ich keinen Augenblick, ich könne ernsthaft krank sein. Ich ging davon aus, man würde mir mitteilen, es läge eine kleinere körperliche Störung vor, die man leicht behandeln könne. Stattdessen aber tat sich durch die Untersuchung die Tür zur Welt der Krankenhäuser, zu Operation und Chemotherapie auf. Die Sigmoidoskopie zeigte einen großen Tumor in meinem Dickdarm, und eine spätere Koloskopie (Dickdarmspiegelung) bestätigte, dass er bösartig war. Eine Woche später unterzog ich mich einer schweren Operation und einen Monat darauf begann ich eine Chemotherapie, die sich über einen Zeitraum von 48 Wochen hinziehen sollte. Meine Arbeit, meine Liebesbeziehung, mein Zuhause, meine Freundschaften, mein Körper – sämtliche Elemente meines Lebens schienen in diesen schwindelerregenden Wirbel hineingesogen zu werden.

Der einzige Ruhepol in dieser turbulenten Welt war die buddhistische Praxis, die ich seit fünfzehn Jahren pflegte. Die klassische Meditationspraxis – all jene Stunden des stillen Sitzens, während die Emotionen in mir tobten und mein Körper rebellierte und Erleichterung verlangte – erwies mir gute Dienste. Ich hatte gelernt, mit allem präsent zu sein: auf meine Empfindungen zu achten und in jedem Augenblick zu erkennen, dass diese das tatsächliche Gewebe und der tatsächliche Inhalt meines Lebens waren, wie schmerzlich, unvollkommen oder frustrierend auch immer; und dann, weil ich bemerkte, dass nichts jemals gleich bleibt, den Wandel zu spüren und diese Gedanken, Emotionen und Empfindungen als kontinuierlichen Fluss von Phänomenen zu erleben. Diese Praxis war mir in den schweren Krisen meines Lebens stets eine Stütze gewesen und eine verlässliche Grundlage, zu der ich jederzeit zurückkehren konnte, ganz gleich, was gerade geschah. In jenen Jahren hatte ich außerdem eine Haltung von Offenheit, Akzeptanz und Mitgefühl für mich und andere entwickelt. Dieses Training und die dadurch gewachsene innere Ausrichtung stützten mich in den kritischsten Zeiten meiner Begegnung mit dem Krebs, ließen mich manchmal aber auch im Stich. Meine jahrelange Arbeit mit einer außergewöhnlichen und großartigen Lehrerin hatte mir Werkzeuge in die Hand gegeben, um mit den Anforderungen der Krankheit und ihrer Behandlung zurechtzukommen sowie in den Zeiten, wo ich dazu nicht imstande war, Mitgefühl für mich aufzubringen, geduldig zu sein und von vorn zu beginnen. In diesem Buch habe ich versucht, deutlich zu machen, wie ich die Praxis anwandte und von der buddhistischen Sicht in vielen äußerst schwierigen Situationen profitierte, in der Hoffnung, meine Erfahrungen mögen den Menschen nützlich sein, die ebenfalls durch jene Tür treten müssen.

Zugang zu der reichen, stärkenden Tradition des Buddhismus fand ich 1981, als ich anfing, auf einem Kissen zu sitzen und zu meditieren. In den ersten drei Jahren ging ich davon aus, dass ich einfach nur lernte zu meditieren, ohne mit den Inhalten der Religion, der diese Meditationspraxis entstammte, groß zu tun zu haben. Da ich jedoch ein neugieriger Mensch bin und mir neue Aktivitäten gern näher erschließe, fing ich an, buddhistische Texte zu studieren, Vorträge von Lehrerinnen und Lehrern zu besuchen und mich über die asiatischen Wurzeln des Buddhismus zu informieren. Ich begann mich mit den buddhistischen Grundlagen zu beschäftigen, um Klarheit für mein eigenes Leben zu gewinnen. In schwierigen Situationen rief ich mir dann meine Lektüre oder die Einsichten, die ich in der Meditation gewonnen hatte, ins Gedächtnis und fragte mich, wie ich mit meinem Handeln dem Wohle aller Beteiligten am besten dienen konnte.

Während der zwanzig Jahre, die vergangen sind, seit ich mich zum ersten Mal auf ein Kissen setzte und versuchte, Achtsamkeit zu praktizieren, habe ich mehr oder weniger regelmäßig meditiert, sowohl allein als auch in Gruppen und mit meiner wichtigsten Lehrerin, Ruth Denison, in deren Zentrum in der Mojave-Wüste in

Kalifornien. Ruth gehört zu der ersten Generation westlicher Frauen, welche die buddhistische Praxis in die Vereinigten Staaten brachten. Sie hat in Burma bei einem anerkannten Lehrer aus der Tradition des Theravada-Buddhismus studiert und meditiert, der sie bat, in die USA zurückzukehren und dort andere zu unterweisen. Ich selbst bin nach Asien gefahren, wo ich in Sri Lanka kurze Zeit in einem buddhistischen Nonnenkloster gelebt und praktiziert und mich in Thailand und Burma in Klöstern aufgehalten habe. Als Autorin und Lehrerin studiere ich weiterhin die Texte des Buddhismus und meditiere regelmäßig.

In erster Linie habe ich mich darum bemüht, die buddhistischen Grundlagen auf mein tägliches Leben anzuwenden. Jener Morgen in der endoskopischen Abteilung im Summit Hospital bot mir dazu reichlich Gelegenheit. Ich weiß noch, wie der Arzt, ein hoch gewachsener Afroamerikaner, nach Abschluss der Untersuchung mit mir sprach. »Bei einem Tumor dieser Größe sind wir zu 90 Prozent sicher, dass es sich um Krebs handelt. Ich rufe jetzt gleich Ihren Arzt an. Wir möchten, dass Sie sich binnen einer Woche ins Krankenhaus begeben und operieren lassen.«

Was Spiritualität anbetrifft, stecke ich immer noch in den Kinderschuhen. Meistens mühe ich mich ab auf dem Weg, und ich falle oft auf die Nase. Manchmal führt mein Bemühen um Achtsamkeit und rechtes Handeln auch zum Gelingen. Doch durch meine jahrelange Praxis und meine Studien habe ich verstanden, worin die Aufgabe im Leben besteht. Als ich die Nachricht empfing, dass ich Krebs habe, begriff ich: Oh, ja, was jetzt von mir verlangt wird, ist, völlig präsent zu sein für jede neue Erfahrung, mit der ich konfrontiert bin, und mich so rückhaltlos wie möglich darauf einzulassen. Ich meine damit nicht, dass ich diese Einstellung in Worte fasste. Nein, so bewusst lief das nicht. Ich will sagen, dass sich mein ganzes Sein dieser neuen Erfahrung zuwandte, sie betrachtete und annahm.

Auf der Rückfahrt vom Krankenhaus, in dem ich untersucht worden war, fiel mir ein, dass meine Partnerin Crystal mich bereits Monate zuvor gedrängt hatte, eine Sigmoidoskopie machen zu lassen. Bis kurz bevor wir uns kennen lernten, hatte Crystal beruflich einen längeren Umweg gemacht. Sie hatte ihre Arbeit als Musikerin ruhen lassen und alte Menschen gepflegt. Sie konnte sich lebhaft an einen ihrer Pflegefälle erinnern, eine alte Frau, die an Darmkrebs starb, weil sie das Blut in ihrem Stuhl so lange ignorierte, bis es zu spät war. Und jetzt war ich es, die Crystal erzählte, dass ich Blut in meinem Stuhl entdeckte hatte. »Bitte«, drängte sie mich, »lass eine Darmspiegelung machen.« Aber ich war zu beschäftigt mit Schreiben, Unterrichten und den Vorbereitungen für meine Reise nach China, wo ich die 4. UN-Frauenkonferenz besuchen wollte. Außerdem verbrachte ich viel Zeit mit den »Wandering Menstruals«, meiner Selbsthilfegruppe von Frauen über fünfzig, und meinen zahlreichen anderen Freundinnen und Freunden. Ich trieb regelmäßig Sport, und Crystal und ich machten jedes Wochenende Wanderungen oder Radtouren. Ich führte ein sehr aktives, erfülltes Leben.

Auf Crystals Vorschlag hatte ich schnippisch erwidert, ich sei keine siebzigjährige alte Dame wie ihre ehemalige Patientin und habe frühestens nach meiner Rückkehr aus China Ende August Zeit für eine diagnostische Untersuchung. Als ich jetzt vom Summit Hospital nach Hause fuhr, erinnerte ich mich, wie ängstlich-besorgt sie ausgesehen hatte, während sie mir zuhörte. Sie murmelte, ich würde hoffentlich keinen Fehler machen, und erwähnte die Darmspiegelung nie wieder.

Was sie befürchtet hatte, war eingetreten.

Während der Heimfahrt begann ich allmählich zu begreifen, was geschehen war. In einer Krise haben wir viele Möglichkeiten zu reagieren. Wir können die Erfahrung hysterisch ablehnen; wir können wüten über die uns widerfahrene Ungerechtigkeit; wir können uns in heftige Verleugnung flüchten und so tun, als wäre das alles nicht wahr; wir können uns die Zukunft in den schrecklichsten Farben ausmalen und uns fortwährend verrückt machen; wir können in Depressionen versinken usw. Doch nach all den Jahren des stillen Sitzens, in denen ich mich um Achtsamkeit für den gegenwärtigen Augenblick bemüht hatte, und vielleicht auch, weil ich von Natur aus ein eher positiver Mensch bin, stand mir keine dieser Möglichkeiten offen. Es schien, als gäbe es nichts anderes zu tun, als ganz präsent zu sein für das, was da auf mich zukam.

Aber das schützte mich nicht vor all den Gedanken und Gefühlen, die in einer solchen Situation auf einen Menschen einstürmen, vor allem beim anfänglichen Schock. Später fiel mir ein, dass eine Freundin mir einmal erzählte hatte, wie sie ihre Krebsdiagnose erlebte. »Ich wähnte mich im Hochparterre«, sagte sie, »und plötzlich landete ich im Keller.«

Während die Worte des Arztes in meinem Kopf nachhallten, stieg ich die Stufen zu unserem Haus hoch. Nun, ich bin neunundfünfzig Jahre alt, dachte ich. Ich habe vier Bücher veröffentlicht, eine Ehe hinter mir gelassen und viele innige Liebesbeziehungen gelebt. Ich habe mich politisch engagiert und bin gereist. Ich habe mein Leben ausgekostet, so gut ich es vermochte. Sollte dies das Ende sein, dann ist es in Ordnung.

Dann trat ich durch die Tür und ging durch die Küche ins Wohnzimmer, wo Crystal auf dem Sofa lag. Ich hatte sie dort schlafen sehen, als ich ein, zwei Stunden zuvor aufgebrochen war. Sie war fast die ganze Nacht mit einem Musikprojekt beschäftigt gewesen. Jetzt richtete sie sich auf und sah mich an, ihr Gesicht sorgenvoll verzogen. »Und? Was ist?«, fragte sie. Ich ging durch das Zimmer zum Sofa, kniete mich auf den Teppich und brach in Tränen aus. Crystal legte die Arme um mich, während ich die Neuigkeiten unter Schluchzen hervorbrachte. Und dann weinte auch sie, und wir beide spürten die Traurigkeit, welche die bevorstehende schwere Prüfung in uns auslöste, und das Entsetzen darüber, dass mein Leben enden könnte.

Die buddhistische Praxis wendet nichts von uns ab, noch schützt sie uns vor dem Leben. Sie lässt uns weich und offen werden, um allem, was uns widerfährt, zu begegnen.

Einstieg in die Welt der Medizin

Was auch immer kommen mag, sei es gut oder schlecht,
tue nichts, um ihm auszuweichen.
MAURINE STUART ROSHI

Wie die meisten amerikanischen Buddhistinnen und Buddhisten, die weder in Asien noch in asiatisch-amerikanischen Familien aufwuchsen, kam auch ich erst als Erwachsene zum Buddhismus. Meine Mutter war Methodistin; sie war in einer ihren Glauben praktizierenden Familie aufgewachsen und erklärte, von Kirchenbesuchen für den Rest ihres Lebens genug zu haben. Dennoch machte sie sich, meinen Bruder, meine Schwester und mich immer fein, um den Weihnachts- und Ostergottesdienst in einer der methodistischen Kirchen in Columbus, Ohio, zu besuchen, wo wir lebten. Mein Großvater war es, der meine Schwester und mich zum Sonntagsgottesdienst mitnahm (mein Bruder, der älter war als wir, weigerte sich zu gehen). Der leidende Christus am Kreuz in der großen schattigen Kirche faszinierte mich, denn nie zuvor hatte ich einen so verletzlichen Menschen gesehen. Als wir in der Sonntagsschule die Geschichte vom Barmherzigen Samariter lasen, war ich zutiefst beeindruckt. Ich stellte mir vor, wie der Samariter von seinem Esel stieg, um die Wunden des Mannes zu versorgen, der überfallen und ausgeraubt worden war, und malte mir aus, wie er den verletzten Mann auf seinen Esel setzte, um ihn in ein Gasthaus zu bringen und dort zu pflegen. Ich wollte wie der Barmherzige Samariter sein. Aber ich wurde nie ernsthaft religiös. Als ich alt genug war, um allein zur Kirche zu gehen, schwänzte ich die Gottesdienste meistens und besuchte stattdessen die Sonntagabendtreffen der Jungen Methodisten, wo wir redeten, zusammen aßen und manchmal auch tanzten oder Karten spielten.

Während meiner High-School-Zeit kam ich zu dem Schluss, dass es sehr viel »cooler« sei, Agnostikerin zu werden wie mein Vater. Also gab ich die Kirche und die Jungen Methodisten für reizvollere Unternehmungen auf. Ich übte mich darin, schlüpfrige Witze zu erzählen, Zigaretten zu rauchen und Bier zu trinken. Dennoch war ich weiterhin fasziniert von Spiritualität und Religion. In dem Kurs »Die Bibel als Literatur«, den ich auf dem College besuchte, war ich tief bewegt von den großartigen archetypischen Geschichten über Krieg und Verrat, Offenbarungen, Opfer und die kindliche Liebe zu den Eltern. Als verheiratete Frau studierte ich in den sechziger Jahren metaphysische Bücher wie die Werke von Vivikenanda und seinem Lehrer Ramakrishna und verstand allmählich, dass wir unser Bewusstsein erweitern können. Ich brachte mir nach dem Buch eines indischen Yogis Yoga-Haltungen bei, las esoterische Texte wie Eliphas Levis' *Transzendentale Magie* und grübelte über deren Bedeutung für mein eigenes Leben nach.

Doch wenn ich eine Praxis konsequent verfolgte, dann war es die des Schreibens. Das war der rote Faden, der mich durch all die Abenteuer und Beziehungen, die ich nach dem College erlebte, begleitete und stützte. In meiner Familie war ich die erste, die einen Universitätsabschluss machte, und zwar an der Ohio State University, so dass ich zu Hause wohnen und die Kosten gering halten konnte. Noch vor meinem Eintritt in die High-School hatte ich angefangen, Geschichten und Artikel zu schreiben, und gegen Ende meiner Teenagerzeit wurden diese Texte hier und da veröffentlicht. Die Praxis des Schreibens – mit ihrer Stille und Abgeschiedenheit der Meditation ähnlich – wurde für mich zur Notwendigkeit, so dass sich das Meditieren, als ich damit anfing, nicht ganz unvertraut anfühlte. Ich war es gewohnt, über Stunden hinweg stillzusitzen und in mich zu gehen, wenn auch mit einem anderen Ziel. Selbst in meiner politisch aktivsten Zeit, den siebziger Jahren, als ich, nachdem ich meinen Mann verlassen hatte, nach San Francisco in eine Frauengemeinschaft gezogen war und mich mit Leib und Seele als Feministin engagierte, fand ich immer noch Zeit zum Schreiben. Dieses innere Forschen war der einzige Ruhepol in meinem ansonsten sehr nach außen orientierten Leben.

Als ich mit der buddhistischen Praxis begann, benutzte ich die Morgenmeditation, um meinen Geist leer werden zu lassen und mich so auf mein tägliches Schreiben vorzubereiten. Später wurde mir klar, dass meine spirituelle Praxis für mich ebenso wichtig geworden war wie mein Schreiben; von da an verfolgte ich sie nicht mehr als Mittel zum Zweck, sondern um ihrer selbst willen.

Ein Zugang zum buddhistischen Weg war für mich das Studium spiritueller Literatur. Als ich Krebs bekam, las ich noch intensiver die Worte buddhistischer Lehrerinnen und Lehrer, beschäftigte mich erneut mit den Aussagen von Frauen, die ich für mein eigenes Buch interviewt, mit denen ich meditiert und deren Entwicklung ich über Jahre verfolgt hatte. Sie riefen mir in Erinnerung, dass die Aufgabe stets darin besteht, voll und ganz präsent zu sein, egal, was geschieht. Ich begann mich für die Berichte von Menschen zu interessieren, die sich mit schwerer Krankheit und Tod konfrontiert sahen, und war besonders fasziniert von einer Reihe japanischer Todesgedichte und der Lyrik der Haiku-Meisterin Chiyo-ni. In all diesen Texten wurde die buddhistische Wahrheit vom ständigen Wandel und Fluss der Phänomene betont, in dem Auflösung und Auslöschung natürliche Ereignisse des Kreislaufs sind. Jetzt würde ich nähere Bekanntschaft mit dieser Wahrheit machen.

Mein Einstieg in die Welt der Medizin begann mit meinem ersten Termin in der Chirurgischen Klinik des Highland Hospital, des Kreiskrankenhauses, in dem die einkommensschwache Bevölkerung von East Oakland versorgt wird. Von der Schnellstraße aus gesehen, ragt es hinter den bescheidenen Dächern kleiner Stuck- und Holzhäuser auf – ein großer grauer Betonklotz, dessen Name in roten Neonbuchstaben über der geschwungenen Vorderfront steht. Wenn man das Pech hätte, auf der Schnellstraße in einen Unfall verwickelt zu werden, hätte man immerhin das Glück, in der Notfallstation von Highland eingeliefert zu werden, der besten in der ganzen Gegend. Auch wenn man keine Krankenversicherung hat, wird man auf der ambulanten Station und in den Kliniken von Highland behandelt. Wie 43 Millionen weitere Amerikanerinnen und Amerikaner hatte auch ich keine kostendeckende Krankenversicherung, also bogen Crystal und ich an jenem Morgen von der Schnellstraße ab, fuhren auf das große graue Gebäude zu und betraten seine von Menschen wimmelnden Flure.

Man hatte mir gesagt, ich hätte einen Termin bei einem gewissen Dr. Bold. *Bold*, verwegen – welch ein Name für einen Chirurgen – vor meinem geistigen Auge sah ich Mel Gibson, dem die Haare zu Berge standen, während er seine Kiefermuskeln spielen ließ und sein

Skalpell wetzte! Ich wusste nicht, ob mich das amüsieren oder ängstigen sollte.

Wir hatten mehrere Stunden zu warten und begannen damit unten in der Eingangshalle. Wenn das Wort »Eingangshalle« Vorstellungen von dicken Teppichen, fröhlichen Bildern an den Wänden, bequemen Stühlen und sanft rieselnder Musik bei Ihnen weckt, dann befinden Sie sich im falschen Krankenhaus. Im Highland Hospital war der Fußboden mit abgetretenem Linoleum von undefinierbarer Farbe bedeckt, und die Wände waren kahl bis auf die amtlich wirkenden Hinweise in Spanisch, Chinesisch, Vietnamesisch und Kambodschanisch, die dazu aufforderten, bei Bedarf einen Übersetzer anzufordern, den man schnell bereitstellen könne. Ein flimmernder Fernseher, aus dem die Stimmen von Talk-Shows plärrten, hing von der Decke. Crystal und ich saßen mit den anderen Patienten sowie deren Freunden und Angehörigen auf harten, in Reihen angeordneten Plastikstühlen und starrten wie benommen auf den kugelsicheren Glaskasten, in dem eine Frau mit einem in leuchtenden Farben bedruckten Turban und ein Mann, der ebenso entschlossen und spöttisch dreinschaute wie Spike Lee, damit kämpften, den Unmengen von Krankenunterlagen gerecht zu werden, die wir am Empfangsschalter der Reihe nach in Plexiglaskästen eingeworfen hatten.

Nachdem ich von der Frau aufgerufen worden war und den Papierkram erledigt hatte, fuhren Crystal und ich mit dem Fahrstuhl in die chirurgische Abteilung im zweiten Stock. Dort gelangten wir in einen Flur mit ein Meter fünfzig hohen hölzernen Trennwänden zu beiden Seiten. Dahinter saßen wir auf Plastikstühlen und starrten auf geschlossene Türen in einem Meter Abstand vor uns. Hin und wieder rief eine Stimme von dem Schreibtisch am Ende des Korridors jemanden auf: »Jorge Velasco in Kabine 3!« Daraufhin machte sich ein besorgt aussehender Mann, gefolgt von seiner molligen, ängstlichen Frau und zwei kleinen, schwarzäugigen Kindern, langsam an der Reihe wartender Menschen entlang auf den Weg, stieg über Füße, Knie, Stöcke, Handtaschen, Kinderwagen, Krücken, Einkaufstaschen, umgefallene Getränkedosen und zerknüllte Kartoffelchipstüten hinweg. Vielleicht knurrte ihn unterwegs jemand an, während wir anderen ihm sehnsüchtig nachstarrten und uns insgeheim wünschten, wir selbst wären endlich aufgerufen worden. Er fummelte an der Tür mit der hölzernen 3 herum und verschwand mitsamt seinem Gefolge dahinter. Wenn die Tür sich schloss, sackten wir anderen wieder schlaff und ergeben in uns zusammen – als wäre der Wind über uns hinweggefegt wie über ein Büschel Gras, hätte uns aufgerichtet, uns kurz in Erregung versetzt, um dann weiterzuziehen und uns unserer alten Lethargie zu überlassen.

Ich saß also mit Crystal an meiner Seite da und dachte an das kleine Monster in meinen Eingeweiden. Warum gerade mein *Darm*? Warum nicht die Brust, wie bei so vielen anderen Frauen, die ich kannte? Gewiss, früher zu Hause in Ohio hatten wir unser Fleisch und unsere Kartoffeln mit viel Fett gebraten und sogar auf rohe Äpfel Salz gestreut, eine Gewohnheit, die ich immer noch pflegte. Und ich trank gern Bier. Aber ich hatte seit zwanzig Jahren keine Zigarette geraucht, seit Urzeiten kein Steak mehr gegessen, und meistens dämpfte ich mein Gemüse und meinen Tofu. Warum also hatten meine Gedärme diesen grotesken, kleinen Mitreisenden eingeladen?

Ich rief mich selbst zurück von diesen Gedanken. Jetzt ging es darum, für diese neue Erfahrung vollkommen präsent zu sein. Wie ich es in der Meditation gelernt hatte, stimmte ich mich auf die Empfindungen in meinem Körper ein. Beine und Oberkörper waren angespannt, die Hände im Schoß fest verschränkt, mein Körper sagte: Bring mich hier weg! Meine Füße bewegten sich unruhig unter dem Stuhl, wollten loslaufen. Die buddhistische Praxis fordert uns auf, für alles offen zu sein, was wir erleben, selbst wenn es schmerzlich oder beängstigend ist, die Empfindungen zu durchdringen, ganz aufmerksam für sie zu werden und bei ihnen zu bleiben, uns der augenblicklichen Realität unseres Lebens aufrichtig zu stellen. Das Ziel besteht darin, sich der subtilen Interaktion sämtlicher Elemente der Existenz bewusst zu werden und den unendlichen Fluss der Phänomene ohne Anfang oder Ende zu erfahren. Wenn uns das gelingt, können wir unserer Situation oft mit größerer Offenheit und Akzeptanz begegnen.

Mich nach innen wendend, dachte ich, ich könnte den Tumor vielleicht wahrnehmen. Doch ich spürte nichts Ungewöhnliches in meinem Unterleib. Ich hatte von der Tänzerin Anna Halprin gelesen, die ihren Darmkrebs selbst entdeckt hatte. Als sie eine Zeichnung ihres Körpers anfertigte, stellte sie fest, dass sie einen großen schwarzen Klumpen in ihren Unterleib malte. Es schien nur folgerichtig, dass eine Tänzerin, die seit Jahren auf ihre körperliche Präsenz achtete, etwas Fremdes, Gefährliches in ihrem Körper spüren konnte. Am nächsten Tag ging sie zur Untersuchung, und man diagnostizierte Darmkrebs im fortgeschrittenen Stadium.

Normalerweise war ich durch mein Meditieren gut in Kontakt mit meinem Körper, aber jetzt wurde mir klar, wie wenig ich in den letzten Monaten auf ihn geachtet hatte. Durch die Vorbereitungen für China und dann die anstrengende Reise in Anspruch genommen, hatte ich meistens nach außen geschaut. Rebellierte mein Körper nun gegen diese Vernachlässigung?

Doch in den Jahren meiner spirituellen Praxis hatte ich eine ebenso versöhnliche wie ermutigende Wahrheit begriffen: Wir können immer wieder neu beginnen. Also lassen wir Versagen, Nachlässigkeit, Ungenügen, Widerstand hinter uns – lassen all dies los, wenden uns dem gegenwärtigen Augenblick zu und fangen von vorn an. Der Pfad des Buddha ist der Mittlere Weg – der Mittelweg zwischen strenger Askese einerseits und dem unkontrollierten Schwelgen in sinnlichen Genüssen andererseits. Der Buddha selbst experimentierte mit asketischen Praktiken, die zu seiner Zeit im alten Indien weit verbreitet waren, gelangte aber zu der Erkenntnis, dass der Körper unser Vehikel zur Befreiung ist und entsprechend genährt und gepflegt werden muss. Die buddhistische Praxis zielt nicht darauf ab, etwas zu erzwingen oder uns zu verurteilen, wenn wir nicht imstande sind, aufmerksam zu bleiben. Wir sind einzig aufgefordert, den Geist zurückzubringen, ohne Selbstkritik oder gewaltsame Manöver. Wie Ruth Denison es formulieren würde: »Kehre freundlich zurück.« Kehre freundlich zu dir selbst zurück, zu deinem körperlich-geistigen Prozess, wie er in diesem Augenblick zum Ausdruck kommt, und sei damit präsent. Also fing ich wieder von vorn an.

Dort auf dem harten Plastikstuhl, inmitten der Unruhe und Verwirrung, der abgestandenen Luft und der Atmosphäre von Frustration und Hilflosigkeit, mit Crystal neben mir, die sich Notizen für ihr Musikstück machte, begann ich meine Aufmerksamkeit auf meinen Atem zu richten, wie ich es in meiner Praxis gelernt hatte. Ich spürte die Luft an meiner Oberlippe und die subtile Dehnung meiner Nasenflügel, während mein Atem einströmte; ich nahm den Einatem auf seinem Weg durch Kopf und Kehle in meine Lungen wahr und das langsame Loslassen des Ausatems. Allmählich kam ich bei dieser Aktivität an und gab mich ihr hin, und schon bald begann sich mein Körper anders anzufühlen. Die Verspannungen in meinen Oberschenkeln lösten sich ein wenig, mein Oberkörper wurde lockerer und lehnte sich gegen den Stuhl, auf dem ich saß. Mir fiel die Anweisung Thich Nhat Hanhs ein, eines buddhistischen Lehrers, den ich sehr schätze: »Mit dem Einatmen lasse ich Körper und Geist ruhig und friedvoll werden, mit dem Ausatmen lächle ich. Dies ist der einzige Augenblick; es gibt keinen anderen.«

Als wir schließlich zu Dr. Bold hereingerufen wurden, erwies er sich als adrett gekleideter junger weißer Mann (aber Göttin sei Dank nicht so jung wie einige der Assistenten, die in ihren neuen weißen Kitteln geschäftig hin und her eilten und aussahen wie Kinder, die Doktor spielen). Wir saßen in einer kleinen, mit Vorhängen abgetrennten Kabine, die zu einer Seite offen war und den Blick auf eine Theke freigab, auf der sich ein chaotisches Durcheinander von Krankenakten, Telefonen, Instrumenten, Fläschchen mit Flüssigkeiten und Schachteln mit Mulltupfern befand. Während Dr. Bold mit uns sprach, hörten wir Stimmen aus den Nebenkabinen: »Versteht Ihr Vater mich, wenn ich mit ihm spreche, Mr. Tranh ...?« »Nun, Mrs. Jackson, Ihre Röntgenaufnahmen sind nicht ganz so ausgefallen, wie wir gehofft hatten ...« Ich stellte fest, dass ich mich in die Dramen, die sich hinter diesen Gesprächsfetzen verbargen, hineinziehen ließ und mich innerlich dem zuwandte, was in den angrenzenden Kabinen vor sich ging.

Ich war froh, dass Dr. Bold offensichtlich imstande war, die Stimmen um uns herum auszublenden. Mit einem Ausdruck von Konzentration und Sorge im Gesicht kam er sofort zur Sache. »Ich habe mir das Ergebnis Ihrer Sigmoidoskopie angeschaut. Wir möchten, dass Sie morgen früh eine Koloskopie machen lassen, damit wir auch Ihren Dünndarm im oberen Bereich untersuchen können, und bei dieser Gelegenheit werde ich eine Gewebeprobe des Tumors entnehmen, um zu sehen, ob er bösartig ist oder nicht. Doch wir sind ziemlich sicher, dass es sich um Krebs handelt.«

Plötzlich stockte mir der Atem. Als hätte ich mitten in der Nacht im Hochgebirge gehört, wie ein Bär meinen Rucksack aufriss (eine Erfahrung, die ich tatsächlich mehrmals gemacht hatte), zog sich mein Körper wie eine Faust zusammen und begann überall zu kribbeln. Mein Geist schien aus meinem Kopf aufzusteigen und dicht über mir zu schweben.

»Am Donnerstag werden wir Sie dann in die Klinik aufnehmen und operieren«, fuhr Dr. Bold fort.

Er zog ein Blatt Papier hervor, entschuldigte sich für sein mangelndes künstlerisches Talent und begann einen welligen Schlauch zu zeichnen, der meinen Darm darstellen sollte. Mit Querstrichen markierte er den Abschnitt, in dem sich mein garstiger kleiner Troll niedergelassen hatte. Man würde etwa dreißig Zentimeter meines Darmes entfernen und die Schnittstelle wieder zusammennähen. Je nachdem, was sie vorfanden, würden sie einen künstlichen Ausgang legen, und in dem Fall würde ich nach dem Eingriff einen Plastikbeutel für die Ausscheidungen an der Seite tragen müssen.

Ich starrte auf Dr. Bolds Zeichnung, die ich unnatürlich scharf umrissen wahrnahm. Seine Worte marschierten an meinem Geist vorbei, während ich versuchte, sie einzufangen.

»Wenn wir erst einmal hier drinnen sind, können wir sehen, ob der Tumor sich durch die Darmwände gefressen hat. Sollte das der Fall sein, werden wir auch einige Lymphknoten herausnehmen und sie an die Pathologie schicken, um zu sehen, ob sie Krebszellen enthalten.«

Ich ließ meinen Blick von Dr. Bolds Zeichnung zu seiner Kleidung schweifen. Es war mir einfach nicht möglich, auf seine Worte einzugehen – »Wenn wir erst einmal *hier drinnen* sind ...« Lymphknoten! Krebszellen! Dr. Bold trug eine äußerst ungewöhnliche Krawatte, von der mich Dschungeltiere anstarrten. Ich blickte in die runden, seltsam gütigen Augen eines Löwen, während der Arzt über die Möglichkeit von Chemotherapie und/oder einer Strahlenbehandlung sprach, was von den Ergebnissen der Laboruntersuchungen abhing.

»Tolle Krawatte«, sagte ich. »Wo haben Sie die her?«

Er blinzelte und schaute an sich hinab. »Oh ... vom World Wildlife Fund, glaube ich ...«

Ich lächelte und nickte, froh zu erfahren, dass er tierlieb war. War das nicht ein gutes Zeichen?

Dann riss ich mich zusammen. Gut, Sandy, jetzt komm wieder auf den Teppich! Ich hörte die Stimme einer verehrten Zenmeisterin, Maurine Stuart Roshi, die mich aufforderte, präsent zu bleiben und mich dem zu stellen, was geschah. Auf einer Konferenz über Frauen und Buddhismus hatte Maurine vor einem Raum voller Frauen gestanden und uns aufgefordert: »Was auch immer kommen mag, sei es gut oder schlecht, tut nichts, um ihm auszuweichen!« Ihre Stimme hatte den tiefen Klang einer Tempelglocke. Mir war ein Schauer über den Rücken gelaufen, als ich diese Worte hörte; es war, als käme der innerste Kern des Buddhismus in diesem einen Satz zum Ausdruck. Steh voll und ganz im Strom deines Lebens, begegne jedem Ereignis mit allen dir zu Verfügung stehenden Sinnen; tritt weder beiseite noch stiehl dich davon. Hör auf mit der Verleugnung und den spitzfindigen Ausreden. Achte dein kostbares Wesen aufrichtig und begib dich in die unendliche Komplexität dessen, was dieser Augenblick dir bietet. Maurines Worte erinnernd, kämpfte ich mich wieder mit Geist und Körper in die Gegenwart vor, um die Informationen aufzunehmen, die Dr. Bold mir gab. *Tue nichts, um auszuweichen.*

Ich beugte mich vor und konzentrierte mich angestrengt auf Dr. Bolds Beschreibung der vier Stadien von Darmkrebs. Erstes Stadium: lokal begrenzt. Du bist fein raus. Zweites Stadium: Der Krebs hat sich durch die Darmwand gefressen, aber nicht die Lymphknoten befallen. Immer noch ziemlich gut. Drittes Stadium: durch die Darmwand und in die Lymphknoten. Hier haben wir ein großes Problem, weil Krebszellen von den Lymphknoten aus in andere Körperregionen gewandert sein können. Viertes Stadium: Der Krebs hat sich deines Körpers bemächtigt, und du solltest den Trip auf die Bahamas nicht länger verschieben, weil dir nur noch wenige Monate bleiben. Wenn sie mich aufschnitten, erklärte Dr. Bold, konnte sich jede dieser Möglichkeiten als Fakt erweisen.

»Haben Sie noch Fragen?«

Er schaute auf seine Uhr. Wieder nahm ich die Stimmen hinter den Vorhängen wahr. Sie sprachen von Behandlungsoptionen, beschrieben operative Eingriffe. Mir wurde klar, dass fast nur die Stimmen von Ärzten zu hören waren. Die Patientinnen und Patienten waren passiv und schon allein dankbar dafür, behandelt zu werden, und verstanden auch gar nicht immer, was da gesagt wurde. Im Highland Hospital geschahen die Dinge zunächst langsam und dann plötzlich rasend schnell. Ich hatte drei Stunden gewartet und knapp sieben Minuten mit einem Arzt verbracht, den ich nie zuvor gesehen hatte. Er hatte mir dringende Dinge mitzuteilen, während er, so nahm ich an, den Druck spürte, der von all den anderen ausging, die draußen in dem engen Flur warteten.

Ich suchte nach einer Frage, klammerte mich an meine Arbeit, um zu spüren, dass das Leben weiterging, und erkundigte mich, wann ich wohl in der Lage sein würde, meinen Unterricht wieder aufzunehmen.

Dr. Bold schaute von der Krankenakte hoch, in die er Eintragungen machte. »Das ist ein schwerer Eingriff«, erwiderte er. »Lassen Sie sich mindestens einen Monat Zeit, um sich zu erholen.«

Im Fahrstuhl nach unten zur Apotheke nahm Crystal meinen Arm. Ihre Berührung war warm und leicht, und ich war froh über diesen Kontakt.

Die Apotheke war ein länglicher Raum, an dessen einer Seite sich eine Stuhlreihe entlangzog, während sich auf der anderen zwei Verkaufstresen befanden. Hoch an der Wand leuchteten Ziffern auf einer Tafel. Crystal und ich setzen uns auf zwei leere Stühle. Hier betrug die kürzeste Wartezeit anderthalb Stunden, und weil alle vorher bereits lange auf ihren Arzttermin gewartet hatten, war die Frustration der dreißig oder vierzig Menschen, die hier saßen, deutlich zu spüren. Um sich zu trösten, so schien es, hatten sämtliche Anwesenden etwas getrunken oder gegessen und ihren Müll auf dem Boden verstreut. Kleinkinder stolperten durch klebrige Getränkepfützen; weg-geworfene Chipstüten und Brotpapier knisterten unter der Sitzreihe. Ein Mann mit Schmerbauch, nietenbeschlagenem Gürtel, schweren Motorradstiefeln und einem schwarzen T-Shirt mit der Aufschrift »Hell's Angels« fuhr sich mit der Hand durch sein drahtiges, schulterlanges graues Haar und musterte uns argwöhnisch. Ein Afroamerikaner mit beeindruckenden bronzefarbenen Muskeln und einem klobigen weißen Verband am Fuß brüllte den asiatischen Apothekenhelfer an: »Ich warte hier jetzt seit einer Stunde und will endlich mein Schmerzmittel haben!« Der Apothekenhelfer zeigte angesichts der Rage des Schwarzen keinerlei Regung; er fragte ihn bloß nach seiner Nummer. Eine rundköpfige, in leuchtende Farben gekleidete Frau, winzig wie ein Kind – vielleicht eine Hmong-Frau aus Kambodscha –, hockte an der Wand. Niemand las. Die Wartenden redeten, jammerten, schimpften, lachten, beschwerten sich und stritten; eine junge Afroamerikanerin weinte still vor sich hin und sah aus, als schämte sie sich ihrer Tränen.

Dies, dachte ich, war »Mutter Highland«. Ich hatte Maylie Scott, eine Zenpriesterin und ehemalige Sozialarbeiterin in der Psychiatrie, das Krankenhaus so nennen hören. »Es ist enorm wichtig, dass es dieses Krankenhaus in East Oakland gibt«, hatte Maylie mir erzählt. »Für viele Menschen ist das der einzige Ort, an dem sie sich behandeln lassen können. Sie sind im Highland Hospital zur Welt gekommen; wenn sie Unfälle haben oder in Kämpfe verwickelt werden, bringt man sie dorthin auf die Notfallstation; ihre Babys werden dort geboren; wenn sie verrückt werden, landen sie auf der psychiatrischen Station; werden sie krank, kommen sie in die Klinik; und wenn ihr Ende naht, sterben sie dort. Highland ist wie eine Mutter für die gesamte Bevölkerung dieser Gegend.« Und auch für mich, dachte ich. Dem Universum sei Dank, dass es Highland gibt.

Mit langen Schweigepausen zwischen unseren Worten besprachen Crystal und ich praktische Dinge. Wer würde mich am nächsten Tag zur Koloskopie ins Krankenhaus fahren? Wen sollten wir anrufen und informieren?

Und ich besann mich auf Maurine Stuart Roshis eindringliche Präsenz und atmete.

Schließlich leuchtete meine Zahl auf, und ich erhob mich und ging zu dem dicken Plexiglasfenster hinüber. Bei der Menge an Medikamenten in dem Raum dahinter ergab es Sinn, dass die Apotheker durch kugelsicheres Glas geschützt wurden. Als wir hinausgingen, trug ich ein starkes Abführmittel bei mir, das über Nacht meine Gedärme reinigen sollte, damit die Chirurgen am folgenden Tag klare Sicht hatten.

»Kein besonders amüsanter Tag, was?«, sagte ich zu Crystal.

Sie warf mir einen Blick zu, und für den Bruchteil einer Sekunde ahnte ich ihr Entsetzen. In diesem kurzen Augenblick sah sie klein, verängstigt und zutiefst verletzlich aus, und mein Herz öffnete sich ihr. Dann war der Moment vorbei. Sie schüttelte den Kopf, und ich sah, wie sie das Kinn hob, als sie sich von mir abwandte.

Vorbereitungen

*Wenn wir völlige Hoffnungslosigkeit erleben
und jede Hoffnung aufgeben, der gegenwärtige Augenblick
möge anders sein, als er ist, können wir eine freudige Beziehung
zu unserem Leben entwickeln, eine aufrichtige,
unmittelbare Beziehung, welche die Realität
von Vergänglichkeit und Tod nicht länger ignoriert.*
PEMA CHÖDRÖN

Crystal und ich hatten uns vier Jahre zuvor bei einem Retreat für
Künstlerinnen in Vallecitos, New Mexico, in der Nähe von Taos
kennen gelernt. Sie war der erste Mensch gewesen, den ich erblickte, als ich auf das große alte Farmhaus zufuhr, das inmitten
einer Wiese am Fluss lag. Auf meine Frage hin unterbrach sie ihr Kra-
men in einem VW-Campingbus, richtete sie sich auf und entgegnete,
ja, ich sei hier richtig. Sie war eine schlanke Frau, etwa in meinem
Alter, und musterte mich mit strahlend blauen Augen unter einer
Mähne von dichtem grau-blondem Haar hinweg, das aus der Stirn
gebürstet war. Müde von der Reise und verärgert über den holprigen
Weg, der zum Haus führte, bedankte ich mich kurz für die Aus-
kunft und parkte meinen Wagen. An jenem Abend erfuhr ich beim
Essen ihren Namen und den Grund ihres Aufenthaltes: Sie war her-
gekommen, um zu komponieren. In den folgenden Tagen begann
ich mit der Arbeit an einem Roman. Wenn wir uns in der Küche
des Hauses trafen, wo wir alle gemeinsam unsere Mahlzeiten einnahmen, sprachen Crystal und ich über Musik und Schreiben, über
die Schönheit der gebirgigen Landschaft, die uns umgab, und Crystals geplante Indienreise. Beide hatten wir erst kürzlich eine Beziehung beendet und keinerlei Absicht, eine neue zu beginnen. Bei
der Mittagspause im Hof, im fleckigen Schatten einer Pappel, sprachen wir darüber, dass wir beide vorhatten, einige Jahre allein zu
leben, bevor wir uns für eine neue Liebesbeziehung öffneten.

Schon bald begannen wir mit Crystals Bus die Umgebung zu
erkunden und die kleinen Städte und die uralten Wohnstätten der
Felsenbewohner zu besuchen. In jenen Tagen der Ausflüge erfuhr

ich, wie sehr Crystal die Natur und das Abenteuer schätzte und wie liebenswürdig sie war. Sie erzählte mir von ihrer tiefen, aber ambivalenten Beziehung zur Musik. Sie war die Tochter einer Pianistin, die ihre Konzertkarriere aufgegeben hatte, um Crystal in ihrer kleinen Heimatstadt im Staate Washington großzuziehen. Crystal war Einzelkind und oft allein gelassen worden, während ihre Mutter Klavierunterricht gab, um sie beide zu ernähren. Ihre Mutter war, was Musik betraf, streng und fordernd gewesen, ohne Crystal Selbstvertrauen in ihre natürliche Begabung zu vermitteln. Dennoch wandte Crystal sich der Musik zu, und nachdem sie aus ihrer Ehe ausgebrochen war und allein mit ihrer Tochter in Santa Barbara lebte, strebte sie einen Doktortitel in Komposition an. Doch kurz vor dem Ziel gab sie die Musik auf, um in der Altenpflege zu arbeiten, und machte gleichzeitig eine Massageausbildung. Jetzt, nachdem ihre Mutter gestorben war und ihr eine Erbschaft hinterlassen hatte und ihre Tochter aufs College ging, war Crystal entschlossen, sich wieder dem Komponieren Neuer Musik zu widmen, während sie ihren Lebensunterhalt als Masseurin verdiente. (Sie erklärte mir, »Neue Musik« sei der gängige Begriff für zeitgenössische klassische Musik.) Ich war beeindruckt von ihrem Talent und ihrem Mut.

Crystal fragte mich nach meinem Leben, das dadurch geprägt war, dass ich freiberuflich arbeitete und meinen Lebensunterhalt mit Schreibworkshops und Einzelberatung für Schreibende im Raum Berkeley/Oakland verdiente. Ich erfuhr, dass Crystal, obwohl sie nur wenig über Buddhismus wusste, offen war für spirituelle Praxis und verschiedene Formen der Meditation ausprobiert hatte. Etwa im gleichen Alter (sie war einige Jahre jünger), beide beruflich engagiert und gern draußen in der freien Natur wurden wir Freundinnen. Und dann begannen wir uns trotz gegenteiliger Absicht, stark zueinander hingezogen zu fühlen. In der idyllischen Umgebung der Künstlerinnenkolonie, unter dem weiten blauen Himmel von New Mexico, wurden wir Liebende. Unsere intime Beziehung weckte tiefes Glück und große Hoffnung in mir, auch wenn ich anfänglich dagegen ankämpfte und an meinem Entschluss, eine Weile allein zu bleiben, festhalten wollte. Eines Tages dann, als ich auf der Wiese vor dem alten Haus stand und den

Hügel zu den vom Sonnenlicht gesprenkelten Bäumen hinunter schaute, die den Fluss säumten, verspürte ich die Gewissheit, dass Crystal meine wahre Partnerin war, der Mensch, mit dem ich den Rest meines Lebens verbringen wollte. Diese Offenbarung kam ebenso unerwartet für mich wie meine frühere plötzliche Erkenntnis, dass meine spirituelle Praxis für mich genauso wichtig geworden war wie mein Schreiben. Crystal erwiderte meine Gefühle, öffnete sich für mich, und wir begannen eine leidenschaftliche Beziehung.

Einige Monate später brachen wir zusammen nach Asien auf, und als wir zurückkehrten, zog Crystal aus ihrer früheren Wohnung in Santa Barbara aus, um mit mir in Oakland zusammenzuleben.

Jetzt, vier Jahre später, fuhr sie mich zum Krankenhaus, in dem ich mich der Koloskopie unterziehen würde, und saß einige Tage darauf neben mir, um zu erfahren, dass die Geschwulst in meinem Darm so garstig war, wie sie aussah: Es handelte sich um einen bösartigen Tumor.

Die Erste Edle Wahrheit des Buddha besagt, dass das Leben leidvoll ist. Diese Wahrheit verstehen zu lernen war Grundlage meiner Ausbildung bei meiner buddhistischen Lehrerin Ruth Denison gewesen. In jenen Sitzungen in Dhamma Dena, ihrem Zentrum in der Mojave-Wüste, stand das Leiden (*Dukkha)* immer im Vordergrund unserer inneren Ausrichtung, bis ich begriff, dass die bloße Tatsache, einen menschlichen Körper zu bewohnen, bedeutet, Unbehagen, Un-wohl-sein, Unzufriedenheit und Schmerz sowohl in physischer als auch in geistiger Form zu erfahren. Die Erste Edle Wahrheit des Buddha bringt uns zu Bewusstsein, dass das Leiden kein Abirren von einem andauernden mystischen Glückszustand ist, wie er uns in einer Bierreklame suggeriert wird oder von einem Werbespot für Shampoo, in dem der Wind uns das Haar zerzaust: Leiden ist schlicht Teil unseres Lebens.

Wir erfuhren *Dukkha* in der Meditation in verschiedenen Abstufungen, während wir saßen oder die Bewegungsübungen machten, für die Ruth Denison bekannt ist, oder in der kargen Umgebung ihres Meditationszentrums arbeiteten; wir erforschten die vielen Formen und Intensitäten des Leidens in unserem Körper und unserem Geist. Statt davor wegzulaufen, es zu verleugnen oder stoisch zu ertragen, beobachteten wir unser Leiden und übten uns darin, mit einem gewissen Gleichmut zuzulassen, dass es existierte. Anschließend übertrug sich dieses Annehmen von *Dukkha* auf unser tägliches Leben.

Mit dem Älterwerden stellen sich körperliche Gebrechen ein; hin und wieder treten schmerzvolle Beschwerden auf. Während ich mich bis dahin für eine kräftige Frau mit einer robusten Gesundheit gehalten hatte, eröffneten mir die Wechseljahre einen etwas nuancierteren Blick auf meine körperliche Existenz. Dieser Übergang war hart für mich gewesen und unter anderem mit dem Verlust meines Gleichgewichtssinns verbunden, was dazu führte, dass ich mir zwei Armbrüche zuzog, wovon einer kompliziert war und mit monatelangen körperlichen Schmerzen und innerer Unsicherheit einherging. Dann fiel ich vom Fahrrad und musste mein Knie operieren lassen. Die Behandlung des ersten Armbruchs konnte ich bezahlen, doch der zweite und die Knieverletzung mussten im Highland Hospital behandelt werden. Die vielen Nachmittage, die ich dort verbrachte, führten mir die Allgegenwart des Leidens eindringlich vor Augen.

Als ich meine Krebsdiagnose erfuhr, kam mir also nicht in den Sinn, es sei nicht richtig oder schrecklich ungerecht, dass ausgerechnet mich diese Krankheit befiel. Andere Menschen in meinem Leben wie meine Akupunkteurin Barbara, Buddhistin und liebe Freundin, bestätigten mich darin. Barbara war eine kleine, gedrungene Frau, warmherzig und mit einer starken Ausstrahlung. Sie saß mir im Behandlungszimmer gegenüber und musterte mich mit ihren braunen Augen. »Das ist keineswegs überraschend«, sagte sie. »Unsere Umgebung ist voller Gifte, und Krebs ist eine Epidemie. Warum solltest du *nicht* daran erkranken?«

Ich begriff ihre Logik, und diese Haltung erleichterte mir meine Aufgabe.

Natürlich dachte ich oft über die Ursachen von Krebs nach. Unsere Luft, unsere Nahrung, unser Wasser waren voller Gifte und niemand unternahm groß etwas dagegen – schon gar nicht die so genannten Aufsichtsbehörden. Ich hatte in der Zeitung von krebserregenden Stoffen im Benzin gelesen und dass hier in Kalifornien die Verwendung von giftigen Pestiziden in den vergangenen fünf Jahren enorm zugenommen hatte; außerdem wiesen die Berichte auf Umweltvergiftungen durch die illegale Herstellung von Methamphetamin, einem wichtigen Grundstoff für Designerdrogen, in einigen Teilen von Kalifornien hin. Wie sollte all das ohne Auswirkungen auf meinen verletzlichen, anfälligen menschlichen Körper bleiben?

Eine weitere Möglichkeit war der Lebensstil. Hatte ich als Jugendliche zu viele Hot Dogs und Pommes frites gegessen? Oder das Thema Vererbung: Lag der Fehler in meiner Familie? Und was war mit all der unterdrückten Wut, der stummen Trauer oder anderen negativen Emotionen, die in mir tobten, ohne ein anderes Ventil zu finden, als sich in einer Krankheit zu äußern? Diese Erklärung wies ich zurück, nicht nur weil sie auf mich nicht zutraf (obwohl sie für manche Menschen hilfreich sein mag), sondern weil sie mir unzulässigerweise eine Verantwortung aufzubürden suchte, die sowohl die umfassenderen Ursachen unberücksichtigt ließ als auch mein Bedürfnis, der Krise zu begegnen, indem ich im Augenblick präsent blieb.

Über all diese möglichen Ursachen dachte ich also nach, erinnerte mich dann aber an eine eindringliche buddhistische Geschichte. Sie handelt von einem Mann, der von einem Pfeil getroffen wird. Er liegt auf dem Boden, schwer verwundet. Eine Frau kommt ihm zu Hilfe. Sie untersucht den Pfeil und spekuliert darüber, wer ihn hergestellt und abgeschossen haben mag. Sie schaut sich die Einschussstelle im Brustkorb des Mannes an und schätzt den Einschusswinkel und die mögliche Fluggeschwindigkeit des Pfeiles ab. Und während sie all das tut, liegt der Mann im Sterben. Ein zweiter Mensch, der ihm zu Hilfe eilt, sieht, wie das Opfer leidet, und sagt: Nein, nein, solche Nachforschungen sind hier fehl am Platz. Wir müssen den Pfeil herausziehen und die Wunde sofort versorgen!

Diese Geschichte ist eine gute Metapher für die buddhistische Praxis. Deswegen protestiere ich, wenn Menschen den Buddhismus als eine Philosophie bezeichnen. Der Buddhismus hat viele philosophische Aspekte, mit denen sich diejenigen beschäftigen können, die sich für solche Dinge interessieren, aber er sollte niemals darauf reduziert werden. Er ist vielmehr ein transformativer Prozess der Befreiung, eine *Methode*, die darauf abzielt, den Pfeil aus unserem

Brustkorb zu ziehen und uns auf den Weg der Heilung zu bringen.

Für mich ist die Geschichte ein eindringlicher Hinweis, sich an das zu halten, was der Augenblick erfordert. Zwar müssen wir uns auch den vielfältigen Ursachen für Krebs zuwenden und vor allem der fortwährenden Vergiftung unserer Umwelt; aber eine Patientin, die sich auf einen schweren operativen Eingriff und möglicherweise auf eine lange, zermürbende Chemotherapie vorbereitet, hat andere Prioritäten. Mir jedenfalls ging es so.

Ich hatte die Wucherung in meinem Darm gesehen. Während der Sigmoidoskopie hatte der leitende Arzt mich ermuntert, auf den Bildschirm zu schauen. Ich sah zu, wie die Minikamera am Ende eines beweglichen Schlauches durch meinen Dickdarm wanderte und einen sauberen, schimmernden Tunnel zeigte. Ich fühlte mich wie eine Voyeurin, als ich dieses äußerst intime, verborgene Organ so durchleuchtet sah. Dann wanderte die Kamera um die Ecke und prallte praktisch gegen einen Vorsprung, der aus den Wänden des Tunnels hervorwuchs. Es sah aus wie ein Klumpen aus verschiedenartigen Geweben, die sich zusammengeballt hatten, überzogen von Blutgefäßen. Ich warf einen Seitenblick auf den Arzt und sah den grimmigen Ausdruck auf seinem attraktiven, mahagonibraunen Gesicht. Ich schaute wieder auf das Ding, das da in mir wuchs. Der Klumpen glich einem kleinen Monster, das sich auf groteske Weise in sich selbst verwickelt hatte, bereit, hervorzuspringen und mich anzugreifen. Ja, keine Frage: Da war es.

Später, als Dr. Bold mir erzählte, wir könnten von Glück reden, dass ich jetzt zur Untersuchung gekommen sei, weil der Tumor meinen Darm schon bald völlig blockiert haben würde, was tödliche Folgen hätte haben können, war ich dankbar dafür, die Geschwulst gesehen zu haben. Meine Gefühle angesichts der Existenz, Größe und Erscheinungsform des Tumors waren ganz klar. Ich brauchte keine zweite Meinung. Ich wollte ihn da raus haben.

In den Tagen vor der Operation begleitete Crystal mich zu den Arztterminen und saß mit mir in den überfüllten Wartezimmern des Highland Hospital. Ihren Entwurf auf den Knien, schaute sie nach unten auf die Noten, die aussahen wie Muster aus winzigen Trauben an spinnwebdünnen Holmen. Sie hatte den Auftrag, ein Stück für einen Gemeindechor zu komponieren, und der Abgabetermin nahte. In der Zeit unseres Zusammenlebens hatte Crystal sich darauf konzentriert, ihre Massagepraxis aufzubauen und ein Haus zu kaufen. Mit der Arbeit an dem Chorstück kehrte sie nun zur Musik zurück, und auch wenn diese Chance sie in freudige Aufregung versetzte, saß ihr zugleich die Angst im Nacken. Sie blieb bis spät nachts auf, um an ihrem Entwurf zu arbeiten. Sie sorgte sich, zweifelte und trieb sich über ihre Kräfte hinaus an. Wir waren so gegensätzlich: Ich absolvierte einfach mein übliches Arbeitspensum und vertraute darauf, dass ich schon schaffen würde, was ich mir vorgenommen hatte.

Während wir warteten, beobachtete ich sie manchmal. Ihr Haar war inzwischen grauer als bei unserer ersten Begegnung. Sie war vierundfünfzig Jahre alt. Ich hatte die Linien, welche die zarte helle Haut ihres Gesichtes zeichneten, immer geliebt, doch ihr war es peinlich, wenn ich davon sprach. Aber als ich sie jetzt anschaute, sah ich, dass sich diese Falten tiefer eingegraben hatten. Der Druck, den sie aufgrund des Kompositionsauftrags und der Krise meiner Krankheit empfand, war für sie fast unerträglich. Es war Crystals Art, stets mit dem Schlimmsten zu rechnen, und sie rang damit, zukünftige Katastrophen abzuwehren. Wegen unserer unterschiedlichen Sichtweisen gerieten wir oft in Streit, wobei es meistens um Geld ging. Beide hatten wir schon früh in unserem Leben völlig gegensätzliche Gepflogenheiten im Umgang mit Geld entwickelt. Aufgewachsen mit einer Mutter, die jeden Pfennig zweimal umdrehte und nur widerstrebend ausgab, hatte ich beschlossen, auf Geld nicht groß zu achten, und ging nachlässig damit um. Crystal hingegen hatte sich aufgrund ihrer familiären Situation angewöhnt, in Gelddingen peinlich genau zu sein. Also hatten wir häufig Meinungsverschiedenheiten, wobei Crystal darauf bestand, ich solle in finanziellen Angelegenheiten achtsamer sein, ich mich hingegen weigerte, Zeit und Energie darauf zu verwenden. In diesen Auseinandersetzungen enttäuschten und verletzten wir uns gegenseitig. Der Konflikt flackerte immer wieder auf, aber weder stellten wir uns unseren Unterschieden wirklich, noch versuchten wir, einen Mittelweg zu finden. Stattdessen verfielen wir in die gefährliche Gewohnheit, den Problemen aus dem Weg zu gehen und so zu tun, als sei alles bestens. Seit jenen friedlichen und glücklichen Tagen in New

Mexico hatte sich eine Distanz zwischen uns entwickelt, eine Vorsicht im Umgang miteinander, doch nichts von alledem konnte etwas an der Tatsache ändern, dass ich Crystal liebte und davon ausging, sie würde bis an mein Lebensende meine Partnerin sein.

In Anbetracht der bevorstehenden Operation sagte ich meine Lehrveranstaltungen ab und traf Vorkehrungen, meine übrigen Verpflichtungen aufzuschieben. Ich hatte gerade einen Vertrag für ein Buch über Buddhismus unterzeichnet, das ich schreiben wollte. Ich beschloss, meiner Lektorin in Boston nicht zu sagen, dass ich Krebs hatte und in nächster Zeit operiert werden würde. Ich musste einfach darauf vertrauen, dass ich mit dem Buch anfangen konnte, sobald ich mich von der Operation erholt hatte.

Und ich fragte mich, wen ich von meiner Krankheit unterrichten sollte. Meine Eltern und mein Bruder waren tot. Mit meiner älteren Schwester Wanda, die in Florida lebte, hatte ich eine freundlich-distanzierte Beziehung. Wir hatten ganz unterschiedliche Wege eingeschlagen: Während ich das College abgeschlossen und Columbus verlassen hatte, um nach New York zu gehen, war Wanda ihrer Ehe zuliebe zum Katholizismus übergetreten und hatte sechs Kinder zur Welt gebracht. Sie war in ein Haus in der Nähe meiner Eltern gezogen, das mein Vater für sie gebaut hatte und wo sie und ihr Mann die gemeinsamen Kinder großzogen. Nachdem die Kinder jetzt erwachsen waren und eigene Familien gegründet hatten, führte Wanda mit ihrem Ehemann ein behagliches Rentnerdasein. Zu den Feiertagen schickten wir uns Grußkarten. Sie gehörte nicht zu den Menschen, die ich als Erstes anrufen würde.

Die Ersten, die es wissen mussten, waren die »Wandering Menstruals«, eine Gruppe von Frauen, mit denen ich mich in den letzten sechs Jahren einmal im Monat getroffen hatte, um über die Wechseljahre und das Altwerden zu sprechen. Von uns acht Frauen waren einige heterosexuell und verheiratet, andere lesbisch; alle außer mir waren Mütter. Die »Menstruals« waren zusammen mit mehreren anderen Freundinnen und Freunden meine Familie geworden. Bei unseren Treffen hatten wir oft darüber geredet, wie wir damit umgehen würden, wenn eine von uns durch eine schwere Krankheit in eine Krise geriete. Wir hatten einander versprochen, uns bis zu unserem Tod durch Wechsel und Wandel unseres Lebens zu begleiten und zu unterstützen, doch bislang war dieses Versprechen überwiegend theoretischer Natur gewesen. Mein Krebs stellte den ersten Notfall für uns dar.

Ich zögerte, bevor ich Sandra Butler anrief, diejenige aus der Gruppe, zu der ich die engste persönliche Beziehung hatte. Ihre Partnerin war fünf Jahre zuvor an Brustkrebs gestorben; sie hatten zusammen ein Buch geschrieben und mit anderen das *Women's Cancer Resource Center* gegründet. Später war sie selbst wegen Schilddrüsenkrebs operiert worden. Reichte das alles nicht? Ich wappnete mich, sie sagen zu hören: »Ich kann da nicht mitmachen.« Stattdessen fragte sie nach der ersten erschrockenen Stille: »Wie geht es dir?« Und sagte dann: »Wir müssen einen AP machen«, Sandys Kürzel für »Aktionsplan«. »Bist du sicher«, fragte ich, »dass du mich unterstützen willst? Ich würde es absolut verstehen, wenn du nein sagst.« Sandy zögerte nicht. »Natürlich bin ich dabei. Ich komme zu dir!«

Eine Viertelstunde später stand sie vor meiner Tür. Sie schloss mich fest in die Arme. (Sandy ist über einsachtzig groß, genau wie ich. Wenn kleinere Menschen mich umarmen, muss ich mich zu ihnen hinab beugen. Wenn Sandy mich in die Arme nimmt, begegnen wir uns auf einer Ebene, was sehr befriedigend ist.) Dann trat sie einen Schritt zurück und musterte mich mit einem Blick, der durchdringend und mitfühlend zugleich war.

»Setzen wir uns und reden wir über all das«, sagte sie.

Sandy ist in New York aufgewachsen und strahlt die Zuversicht und Gewandtheit aus, die für Menschen von der Ostküste so typisch ist. Sie liest alles, von der *New York Times* bis zu Untersuchungen über Rassismus in den USA, vom neuesten feministischen Sachbuch oder Roman bis zu esoterischen Texten über jüdische Spiritualität, und sie hat zu den meisten Themen eine Meinung, mit der sie nicht hinter dem Berg hält. Sie hat jahrelang im Bereich Gewalt gegen Frauen gearbeitet und eines der ersten Bücher über dieses Thema geschrieben; sie ist vom Mittleren Westen bis nach Alaska gereist, um Vorträge zu halten und ehrenamtliche Mitarbeiterinnen für die Betreuung geschlagener Frauen in Frauenhäusern auszubilden.

Selbst in Jeans und Sweatshirt sah Sandy sorgfältig gekleidet, flott und tüchtig aus. Dunkles, welliges Haar fiel ihr in die hohe Stirn, und ihre Augen schauten mich durch modisch gerahmte Brillengläser aufmerksam an.

»Also, Mädchen«, sagte sie. »Zuerst einmal erzählst du mir alles ganz genau.« Sie holte Block und Stift aus ihrer großen schwarzen Einkaufstasche.

Während ich redete, machte sie sich Notizen und bombardierte mich mit Fragen. »Was genau haben sie gefunden?« »Wann ist dein Operationstermin?« »Mit wem hast du bislang darüber gesprochen?«

Als ich fertig war, notierte sie sich abschließend noch einiges und beugte sich dann zu mir.

»Ich werde die anderen aus der Gruppe anrufen und wen immer du darüber hinaus noch informieren möchtest, und dann überlegen wir, wie wir das Ganze praktisch organisieren. Jetzt machen wir eine Liste der Termine, die du wahrnehmen musst, und wenn Crystal dich nicht begleiten kann, fährt eine von uns dich und bleibt bei dir. Und dann werden wir zusehen, was du sonst noch brauchst und wie wir dafür sorgen können, dass du es bekommst.«

Eine Viertelstunde später steckte Sandy ihren Notizblock wieder ein und schickte sich an zu gehen, blieb dann jedoch noch einen Augenblick sitzen und schaute mich an. »Es tut mir so Leid, dass du das durchmachen musst«, sagte sie.

Bevor sie ging, nahm sie mich noch einmal in den Arm, und ich fand Trost in ihrer Zuwendung und ihrer Tatkraft. Sandy würde die »Wandering Menstruals« zusammenrufen, und sie würden als innerer Kreis meinen äußeren Freundeskreis auf dem Laufenden halten. Ich war froh darüber, dass Menschen, die mehr Erfahrung mit diesen Dingen hatten als ich, meine Betreuung organisierten, vor allem weil ich gar nicht richtig wusste, was ich brauchen würde.

Ich musste die Teilnehmerinnen meiner Schreibkurse für Frauen darüber informieren, dass einige Termine ausfallen würden. An jenem Abend traf sich der fortlaufende Kurs in unserem Wohnzimmer, das Crystal sorgfältig in Beige und Rosa gestrichen hatte. Meine Schülerinnen saßen zwischen großen schönen Ficusbäumen und Palmen, um die Crystal sich kümmerte. Sie hatte zwei Jahre zuvor mit ihrer Erbschaft die Anzahlung für unser bescheidenes Häuschen geleistet.

Als ich meinen Schülerinnen erzählte, dass ich mich in wenigen Tagen einer Operation würde unterziehen müssen, meldete sich eine der Frauen, die auf dem Sofa saßen. »Ich werde die Nacht über bei dir im Krankenhaus bleiben«, sagte sie. Das verwunderte mich, denn ich kannte sie nicht besonders gut. Sie war geschieden und Mutter von vier Kindern, eine intelligente Frau mit viel Elan. Dann ergriff eine andere das Wort. »Ich auch«, sagte eine große, brünette Frau mit weichem Südstaatenakzent. Sie arbeitete als Krankenschwester in San Francisco und wirkte immer sehr freundlich. Ich wusste nicht, was ich sagen sollte. Ich hatte noch nie im Krankenhaus gelegen. War es angemessen, dass jemand die ganze Nacht bei mir blieb? Würde ich dieses Maß an Zuwendung brauchen?

Ich rief meine politischen Freundinnen von der »Graduate Theological Union« (etwa: Akademische Theologische Union, Anm. d. Ü.) an. Wir wollten zwei Tage vor meiner Operation über unsere Erfahrungen bei der Weltfrauenkonferenz in Beijing berichten. Ich beschloss, keinen Rückzieher zu machen, sondern an der Veranstaltung teilzunehmen.

Und ich rief in Joshua Tree in der Mojave-Wüste an, um mit Ruth Denison und anderen zu sprechen, die dort mit ihr lebten. Unsere Gespräche waren sachlich und behutsam. Ich würde erst nach dem Eingriff wissen, ob der Krebs in meine Lymphknoten gewandert war. Ich sprach mit meinen buddhistischen Freunden aus der Bay Area, die anboten, ins Krankenhaus zu kommen, und mich baten, sie auf dem Laufenden zu halten.

Und ich rief Nancy Berson an, eine frühere Schreibschülerin, die eine liebe Freundin geworden war. Nancy hatte mit Anfang dreißig Blasenkrebs gehabt und beriet jetzt Menschen, die an Krebs erkrankt waren. »Ich werde dich nicht im Krankenhaus besuchen«, sagte sie in ihrer typisch unverblümten Art. »Aber wenn du möchtest, dass jemand deine Anrufe entgegennimmt, kann ich das gern für dich tun.« Es war eine große Erleichterung, die Anrufe an Nancy weiterleiten zu können, denn nachdem ich mit den Menschen gesprochen hatte, die mir am nächsten standen, war ich es müde, weiteren Personen in meiner Umgebung, die gehört hatten, was los war, und ihre Hilfe anboten, ständig wieder die gleiche Geschichte erzählen zu müssen.

In den Tagen vor der Operation ging ich oft auf dem Mountain View Cemetery spazieren. Dieser Friedhof bildet eine weitläufige grüne Oase inmitten der Straßen und Verkehrsampeln, der Geschäfte und Wohnhäuser meiner unmittelbaren Nachbarschaft. Man tritt durch ein breites Portal, umrundet einen hohen Springbrunnen und wandert eine Allee hoch, die von ausladenden alten Eichen und Magnolienbäumen mit cremeweißen Blüten gesäumt wird, die wie blasse Flammen im dunklen Blattwerk leuchten. Auf dem höher gelegenen Gelände befinden sich die Grabstätten der Großen und Mächtigen in der Geschichte Oaklands an breiten, geschwungenen Wegen.

Seit Jahren nutzte ich diesen Friedhof, um zu joggen, zu picknicken und spazieren zu gehen. Eines Morgens, als ich einen der oberen Wege entlanglief, hatte ich einen Blick in die Büsche am Abhang links von mir geworfen und war staunend stehen geblieben. Ein Wurf junger Füchse starrte mich an, neugierig und verblüfft. Sie hatten zwischen den Büschen herumgetollt und hielten nun mitten in ihrem Tun inne; einer purzelte über einen anderen, ein dritter hockte sich hin, um ein Häufchen zu machen. Die Mutter war nirgends zu sehen. Ich stand da, schaute diese Geschöpfe ergriffen an und hätte sie gern berührt. Doch als ich mit ausgestreckter Hand näher kam, huschten sie davon, und ihre kleinen rotbraunen Hinterteile verschwanden im Gebüsch.

An einem anderen Tag hatte ich eine Ente mit braunem Federkleid beobachtet, die ihre fünf flauschigen Küken über den Schotterweg von einem Teich zum anderen führte. Unter den Bäumen und den Abhang hoch zwischen den Gräbern saßen verwilderte Katzen und beobachteten das Geschehen mit halb geschlossenen Augen, wie Spieler, die bluffen, bis sie die entscheidende Karte zücken und gewinnen. Als ich am nächsten Morgen an jener Stelle vorbeijoggte, fand ich auf dem Weg ein platt gewalztes Entenküken, Opfer eines zu schnellen Autos. Doch trotz der Gefahren, die hier lauerten, paarten sich die Enten auf den Teichen alle Jahre wieder, brüteten ihre Jungen aus und zogen sie groß.

Jetzt saß ich an einem hoch gelegenen Abhang unter einer großen, ausladenden Eiche im Gras und hielt Zwiesprache mit mir selbst. Unter dem düster bewölkten Himmel sahen die Grabmale der Reichen wie bizarre kleine Häuser aus. Sie waren aus blassem Stein oder Beton mit Pfeilern und Säulengängen aus poliertem Marmor, die Türen mit filigranen Ornamenten geschmückt; weibliche Statuen trugen das Gebälk des einen, Marmorengel beugten sich trauernd vor der Tür des anderen. Weiter unten, wo das gewöhnliche Volk unter dem Rasen lag, war ich kurz vorher zwischen den Grabsteinen herumspaziert und hatte die Namen gelesen – chinesische, vietnamesische, spanische, jüdische, irische. Auf einem neu aussehenden Stein zeigte ein Foto einen jungen Mann mit dunkler Haut, das Haar zu einem Pferdeschwanz zusammengebunden. Sein Kinn war trotzig erhoben, sein Blick herausfordernd. Achtzehn Jahre alt. Offensichtlich sehr geliebt, denn seine Angehörigen hatten einen Topf gelber Chrysanthemen auf sein Grab gestellt, echte Blumen, keine künstlichen, wie sie die anderen Gräber zierten. Ich hatte kürzlich im Radio eine Sendung über jugendliche Latinos gehört, die als Bandenmitglieder ein kurzes, gewalttätiges Leben führten. Vielleicht hatte auch er dazugehört. Wie schrecklich, dass er so jung hatte sterben müssen.

Dort oben sitzend, konnte ich das rhythmische Pochen eines Rasensprengers hören und das entfernte Rauschen des Straßenverkehrs. In der Stille bewegten sich die Bäume nur leicht, ihre Blätter erzitterten in einer Brise, die so sanft war, dass ich sie kaum spürte. Mein Bauch schmerzte; seit der Koloskopie war dieser Schmerz da, vielleicht eine Reaktion auf die »Demütigung« –, wie meine Akupunkteurin es nannte, dass mir dieses Ding da in den Darm geschoben worden war.

Tränen stiegen mir in die Augen. Ich haderte mit meinem Schicksal. Ich sah keinen Sinn darin, keine Bedeutung, keine Lektion, die ich zu lernen hatte. Doch ich wusste, ich hatte keine Wahl – wie so viele Menschen keine Wahl haben. Ich dachte an meine Mutter und an eine Situation, in der sie, die normalerweise eine sehr zurückhaltende Frau war, sich ungewöhnlich redselig gezeigt hatte, nämlich als sie auf die Geburt meines Bruders, ihres ersten Kindes, zu sprechen kam. Die ganze Familie hatte nach einem Festmahl zusammengesessen. Die Augen meiner Mutter strahlten vor Aufregung, als sie erzählte, wie sie stundenlang die Wehen durchlebte, ohne dass das Baby kam. Zu jener Zeit, Ende der zwanziger Jahre, saßen Frauen ihre Wehen im Entbindungssaal in Schaukelstühlen aus. Dort hockte meine Mutter also und schaukelte die ganze Nacht, und ihr einziger Trost war der Gedanke, dass im selben Augenblick überall auf der Welt Frauen ebenso wie sie dasaßen und schaukelten, ausharrten, warteten.

Mich verblüffte die Geschichte meiner Mutter, denn sie zeugte von einer größeren Ergebenheit und Einfühlsamkeit, als ich sie von meiner Mutter kannte, und es kam darin das buddhistische Verständnis von der wechselseitigen Verbundenheit aller Wesen auf beeindruckende Weise zum Ausdruck. Meine Mutter hatte begriffen, dass sie nicht allein war, dass ihre Erfahrung auch die Erfahrung anderer Frauen war, und sie war imstande, sich gut um sich selbst zu kümmern. Die Einsicht, dass unser Leben grundlegend verbunden ist mit dem Leben aller anderen Geschöpfe, ist darüber hinaus die Quelle von Mitgefühl. Zu erkennen, dass wir gleich sind in unserem Leid und unserer Freude, dass wir die gleichen Dingen wünschen und die gleichen Dinge fürchten, weckt den Wunsch in uns, zum Wohle aller Wesen zu handeln. Dieses Mitgefühl ist ein zentraler Wert im Buddhismus. Es wird verkörpert von den *Bodhisattvas*, erwachten Wesen, die gelobt haben, so lange auf ihre vollständige Befreiung zu verzichten, bis alle Wesen befreit sind. Bodhisattvas wirken inmitten der Welt, um das Leiden zu lindern und alle Wesen zu ihrer wahren Natur zu erwecken.

Bodhisattvas sind nicht unbedingt Buddhisten. Wir alle kennen in unserer Umgebung Menschen, die allen, mit denen sie zu tun haben, freundlich und liebevoll begegnen. Vielleicht war der Barmherzige Samariter ein Bodhisattva. Der Zenpriester Taigen Daniel Leighten hat ein Buch mit dem Titel *Bodhisattva Archetypes* geschrieben, in dem er die klassischen Bodhisattvas vorstellt und Parallelen zieht zu zeitgenössischen Persönlichkeiten wie Daniel Elsberg und Mutter Teresa sowie historischen wie Franz von Assisi.

Seit Jahren fühlte ich mich stark zu einer der himmlischen Bodhisattvas, der Göttin Kwan Yin, hingezogen. Als ich jetzt dort auf dem Friedhof saß, verspürte ich den unwiderstehlichen Drang, zu ihr zu beten. Das überraschte mich etwas, denn ich war, was Göttinnen und Götter anbetraf, früher immer sehr skeptisch gewesen. Aus meiner stark politisch geprägten Sicht, die ihre Wurzeln in den siebziger Jahren hatte, war jede Gottheit einfach eine Phantasie, mit der Menschen die Realität flohen. Als meine Freundinnen zu Beginn der achtziger Jahre von den uralten Kulturen zu sprechen begannen, welche Göttinnen verehrten, und selbst dazu übergingen, die Große Göttin und ähnliche Gestalten anzurufen, verurteilte ich dies, weil es von realem Engagement für soziale Veränderungen ablenkte. Als ich zu meditieren begann, beschäftigte ich mich zunächst mit dem Theravada-Buddhismus, der ältesten und strengsten der verschiedenen buddhistischen Traditionen. Im Theravada-Buddhismus gibt es keine Gottheiten; der Buddha selbst ist ein durch und durch menschliches Wesen. Das fand ich erfrischend, und ich interessierte mich nie sonderlich für die himmlischen Wesen, die in einigen anderen Formen des Buddhismus verehrt werden.

Dann, 1982, kurz nachdem ich im buddhistischen Sinne zu sitzen begonnen hatte, führte mich jemand in Kansas City, wo ich mich im Rahmen einer Lesereise aufhielt, in ein Kunstmuseum. Dort stieß ich auf eine lebensgroße hölzerne Statue von Kwan Yin aus dem China des zwölften oder dreizehnten Jahrhunderts. Sie saß da, freundlich auf mich herablächelnd, prachtvoll, die chinesische Bodhisattva des Mitgefühls, die am häufigsten verehrte Göttin in ganz Asien. Als ich zu dieser außergewöhnlichen Gestalt aufblickte, empfand ich ein erstaunliches Spektrum an Emotionen, das von tiefstem Kummer bis zu ruhigem Entzücken reichte. Ihr meditierendes Gesicht brachte einen Gleichmut zum Ausdruck, den ich enorm tröstlich fand. Von der Zeit an war Kwan Yin in meinem Leben präsent. Meine Partnerin und ich entwarfen eine Grußkarte mit ihrem Bild und verkauften sie. Jahrelang las ich alles, was ich über sie fand, und sammelte Bilder von ihr. Mir fiel auf, dass ihre Statue in Chinatown an der Eingangstür mancher Geschäfte und Restaurants wacht. Ich besuchte die Stadt der Zehntausend Buddhas in Talmage, Kalifornien, um sie dort im Schrein unter zehntausend kleinen, von chinesischen Mönchen und Nonnen gefertigten Buddha-Bildnissen zu finden. Als ich mich stärker für weibliche Spiritualität zu interessieren begann, stellte ich fest, das Kwan Yin perfekt in den Pantheon von Göttinnen passt, die von Frauen angerufen werden. Indem ich im Laufe der Jahre mehr über Kwan Yin erfuhr, musste ich meine frühere negative Einstellung zu weiblichen Gottheiten überprüfen und mich fragen, was eine Göttin für mich denn tatsächlich bedeutete. Ich gelangte zu der Ansicht, dass eine weibliche Gottheit für ein höheres Prinzip oder eine höhere Wahrheit steht, eine Quelle von Weisheit, Mitgefühl und Macht. Sie gemahnt uns an eine umfassendere Realität und ist außerdem Beweis dafür, dass das Göttliche, das Spirituelle, das Transzendente in einer speziell weiblichen Form visualisiert werden kann. Ob jene Wesen als Energie oder sichtbare Präsenz in der Welt tatsächlich existieren, halte ich mal für möglich, mal für zweifelhaft.

Am eindringlichsten verkörpert Kwan Yin die Eigenschaft des Mitgefühls. Sie heißt auch »Die, die das Weinen der Welt hört«, und sie ist unermüdlich tätig, um allen leidenden Wesen zu helfen. Wenn wir über Kwan Yin meditieren – wie sie am Fluss sitzt, einen Weidenzweig in der Hand, oder in einer Lotosblüte steht und in ihrem Gefäß das Elixier des Mitgefühls trägt, um es über die Welt zu ergießen –, kann das unser Herz öffnen und uns die Wahrheit erschließen, dass wir unser Leben mit sämtlichen Wesen teilen, menschlichen und anderen. Sie bittet uns, so wie sie das Weinen der Welt zu hören, und der erste Schritt besteht immer darin, uns voller Mitgefühl der eigenen Person zuzuwenden.

Im Oktober 1995 war Kwan Yin für mich aufgrund der Reise, die ich in jenem Sommer zur 4. Weltfrauenkonferenz unternommen hatte, besonders präsent. Da ich wusste, dass ich nach China fahren würde, dem Geburtsland von Kwan Yin (oder »Guan Shih Yin«, wie die Chinesen sie nennen), stellte ich Nachforschungen über sie an und fand heraus, dass es tatsächlich einen Ort in China gibt, von dem es heißt, dass sie dort beheimatet sei. Mit einer chinesisch-amerikanischen Freundin, einer Anhängerin von Kwan Yin, unternahm ich eine Pilgerfahrt zu einer Insel im südchinesischen Ozean namens Putuo Shan, einem Ort, der ganz Kwan Yin geweiht ist. Während meines sechstägigen Besuches dort erfuhr ich ihre alles durchdringende mitfühlende Präsenz aufs Lebhafteste. Sie war spürbar in den Felshöhlen am Meer, die sich an langen, sanft geschwungenen Stränden entlangzogen. Sie fand Ausdruck im Meereswind, in der Wärme von Steinen und Sand, dem Zirpen der Zikaden in den Büschen und *in mir*.

In Oakland nun, einen Monat später, saß ich im Mountain View Cemetery unter einem großen, ehrwürdigen Baum und visualisierte sie. Zunächst sah ich sie als Gestalt außerhalb von mir im vollen Mond über dem Meer und öffnete mich für die Kraft ihres Mitgefühls. Dann visualisierte ich Kwan Yin immer näher und näher, bis sie mit mir verschmolz und ich ihre Präsenz eindringlich in mir spürte. Durch diese Meditation lösten sich die Unterschiede zwischen Innen und Außen auf, und ich erlebte eine zutiefst beglückende Einheit mit allem Leben. Dann wurde Kwan Yin wieder eine von mir getrennte Gestalt, wurde kleiner und kleiner und verschwand, bis ich allein in mir ruhte und mich stark mit mir selbst verbunden fühlte.

»Bitte gib mir in diesen kommenden Tagen Halt«, sagte ich laut. »Bitte hilf mir, ganz in meiner Erfahrung präsent zu sein, mich ihr mutig und realistisch zu stellen.

Bitte hilf mir, rücksichtsvoll und freundlich zu den Menschen zu sein, die mich unterstützen, und es ihnen zu danken.

Bitte hilf mir, genügend Größe zu besitzen, um anzunehmen, was mit mir passieren wird, und bei alledem in meiner Mitte zu bleiben.

Bitte hilf mir, mit Crystal zusammen zu sein, die Angst hat, dass ich sterbe und sie verlassen werde. Hilf mir, ihr gegenüber nicht ungeduldig zu sein und mich nicht in ihren Pessimismus und ihre Angst hineinziehen zu lassen.«

Am Tag zuvor hatten Crystal und ich uns gestritten, weil sie Forderungen an mich stellte, die mir unverständlich waren. Sie hatte darauf beharrt, dass ich eine Lebensversicherung abschloss. Sie wolle nicht »alles ausbaden« müssen, wenn ich sterben sollte. Sie wollte nicht für meine Beerdigungskosten zuständig sein. Und sie wollte das Geld zurückhaben, das ich ihr schuldete. In den letzten Jahren hatte ich zwar Abzahlungen auf den Kredit geleistet, den Crystal mir gewährt hatte, aber nur sporadisch. Doch sie hatte miterlebt, wie ich eine große Summe Geld für China zusammenbekam, und wusste, dass ich ihr Darlehen leicht hätte zurückzahlen können, wenn ich gewollt hätte. Als ich aus China heimkehrte, war sie verletzt und voller Groll; die ganzen unbearbeiteten Gefühle der vergangenen vier Jahre hatten sich in ihr angesammelt. Als sie sich jetzt damit konfrontiert sah, künfig vielleicht noch mehr finanzielle Verantwortung übernehmen zu müssen, war ihre Grenze erreicht. Sie befürchtete, in Zukunft ihre eigenen Rücklagen antasten zu müssen, um mich zu unterstützen; sie wollte, dass ich mich auf die Möglichkeit meines Todes vorbereitete und ihr damit zeigte, dass sie mir am Herzen lag. Wieder führte unsere Unterschiedlichkeit dazu, dass wir uns gegenseitig verletzten: Unsere Bedürfnisse waren nicht die gleichen. Ich hätte mir gewünscht, dass Crystal zu mir sagt: »Du bist mir kostbar. Ich habe Angst, dass du stirbst und mich verlässt.« Und sie hätte sich gewünscht, dass ich zu ihr sage: »Ich weiß, das wird finanziell hart für dich. Ich will zumindest sicherstellen, dass du versorgt bist, wenn ich sterben sollte.« Stattdessen hatten wir beide das Gefühl, dass die eine die Bedürfnisse der jeweils anderen nicht verstand und berücksichtigte, und wir zogen uns voneinander zurück.

Jetzt bat ich Kwan Yin, mir zu helfen, mitfühlend mit Crystal umzugehen, ihre Ängste zu verstehen und ihre Bedürfnisse auch dann mit einzubeziehen, wenn ich um mein eigenes Überleben kämpfen musste. Ich hoffte, dass wir uns wieder näher kommen würden.

Die Luft strich kalt und ein wenig feucht über meine Wangen, als würde es bald regnen. Ich hörte die Zweige der Palmen im Wind wie große Flügel gegeneinander schlagen.

Ein winziges Flugzeug zog vom Flughafen in Oakland aus eine Schleife am Himmel. Ruth Denison hatte einmal erzählt, wie sie in der Wüste stand, zu einem Flugzeug hinaufschaute und sich die Passagiere vorstellte, die dort tranken und aßen und in einer völlig anderen Welt lebten. Das gleiche Gefühl hatte ich jetzt auch. Ich war in ein anderes Reich übergewechselt, wie der Romancier Harold Brodkey es angesichts seiner Aids-Diagnose beschreibt: »Ich fühlte mich [...], als sei ich zu einer Party eingeladen, ja fast entführt worden, einem düsteren, wenn nicht gar grausamen Fest, einem Fest der schwer Geplagten.« Ich fühlte mich jetzt von anderen ebenso weit entfernt wie die Menschen in dem Flugzeug, das gerade über meinem Kopf dahinflog, von mir entfernt waren. All jene, die zu dem »Fest der schwer Geplagten« noch nicht eingeladen worden waren, existierten in einem gewissen Abstand von mir. Auch wenn ich wusste, dass diese Trennung eine künstliche war, fühlte ich mich gefangen in diesem individuellen Körper, der schon bald massiven Eingriffen ausgesetzt sein würde.

Ich war jetzt das Zentrum eines Geschehens: Die Menschen in meinem Umfeld machten sich bereit, mir zu helfen. Ich war diesmal diejenige, welche. Und so sehr die anderen auch mit mir waren, war ich doch allein in diesem Mittelpunkt, auf den alles verwies. Ich musste mich diesem Alleinsein stellen und mich tief darauf einlassen, um zu einem Ort werden zu können, an dem wir uns – ob die anderen es wussten oder nicht – in unserer Menschlichkeit und unserer Angst vor dem Tod begegneten. Krank oder gesund, für uns alle galt die Erste Edle Wahrheit des Buddha, die Wahrheit des Leidens; und wir schaffen uns unser Leiden, indem wir uns an Gefühle und Erfahrungen, Menschen und Dinge klammern und versuchen, dem, was sich permanent verändert und wandelt, Beständigkeit zu verleihen.

Vielleicht sollte ich mich auf den Tod vorbereiten, dachte ich, und einfach davon ausgehen, dass ich bei der Operation am Donnerstagmorgen sterben würde. Mich darauf vorzubereiten hieße, bis dahin in jedem Moment ganz gegenwärtig zu sein. Und zwar ab sofort: mit dem Wind, der mir über die Haut strich, den kitschigen Monumenten hier auf dem Friedhof und den Bäumen – vor allem den Bäumen. Sie sangen für mich, der Wind spielte Melodien auf ihnen. Hier und jetzt sollte mein Erleben so klar, so intensiv und ruhig sein, dass es in Ordnung wäre, wenn ich auf dem Weg nach Hause sterben würde. Doch dann dachte ich an das Krankenhaus, und mir wurde klar, dass es eine Sache war, hier in dieser Weite und Schönheit zu sitzen und zu glauben, ich könne innerlich loslassen; und eine ganz andere, in einem Krankenhaus zu liegen, umgeben von Apparaten, voll gepumpt mit Chemie, Eingriffen ausgesetzt, die mir helfen sollten, die aber dennoch entsetzlich furchteinflößend waren. Sich auf die Wiese zu legen und loszulassen – das wäre ein friedliches Ende.

Als es dunkler und kühler wurde und die Wolken sich über mir zusammenballten, begann ich zu singen: »*Namo Guan Shih Yin pusa*«, die chinesische Anrufung von Kwan Yin. Sie rettet uns vor dem Unheil. Sie kommt in vielen Verkleidungen daher, um Menschen aus brennenden Gebäuden zu befreien, Meeresstürme zu besänftigen und Seeleute zu retten. Als ich sang, spürte ich sie in allem, ähnlich wie am Strand von Putuo Shan – in dem Gras unter mir, der Brise auf meiner Haut, dem fernen Gemurmel des Verkehrs, in meinem eigenen Körper. In meinem Darm. Kwan Yin war auch in meinem Tumor präsent – selbst dort. Würde ich in jedem Arzt, jedem der Chirurgen Kwan Yin sehen können? Der Anästhesistin? Den Krankenschwestern? Konnte es nicht sein, dass sie alle Kwan Yin waren?

Während ich sang und um Kwan Yins Hilfe bat, spürte ich, dass meine Stimme, meine Bitte, meine Frage irgendwo ankamen und empfangen wurden. Sie erreichten *mich* tief in meinem Inneren, überwanden meine Selbstbezogenheit und berührten einen Ort der Stille, der losgelöst von Kampf und Angst existiert, jenen Ort der großen Ruhe, den ich in meiner Meditation erfahren hatte – so leer und grenzenlos wie der Himmel.

Pema Chödrön, buddhistische Lehrerin und Nonne, sagt: »Wenn wir direkt in unser eigenes Herz schauen, finden wir den erwachten Buddha, die völlig unverstellte Erfahrung der Dinge, wie sie wirklich sind.«

Hier unter diesem ausladenden Baum und dem wolkenverhangenen Himmel spürte ich die Lebendigkeit all dessen, was mich umgab, spürte, wie mein Körper und Geist Teil dieses Lebens waren. Und ich wusste auch um meine Getrenntheit. »Hilf mir«, sagte ich und spürte, wie unendlich allein ich war, eine winzige Gestalt vor einem weiten Horizont. Und doch antwortete Kwan Yin, weckte in mir einen Widerhall so tief innen wie das Innerste des großen Baumes, unter dem ich saß. Ich ließ mich hineinsinken in jenen Ort des Widerhalls und stellte fest, dass ich bereit war, die Erfahrung zu machen, die ich machen musste.

Dhamma Dena, 1981

Pflege die heilende Kraft des reinen, nicht anhaftenden Geistes.

RUTH DENISON

Ich wurde vor zwanzig Jahren in der Mojave-Wüste in meine spirituelle Praxis eingeführt. Eine Freundin fuhr mit mir zusammen dorthin – zehn Stunden südlich von Oakland, durch die kleine Stadt Joshua Tree und einen langen Wüstenhang hinauf zur Copper Mountain Mesa, wo wir auf einer sandigen, unbefestigten Straße zu einer Reihe von flachen Gebäuden gelangten, die unter einer mörderischen Sonne kauerten. Hier lernte ich Ruth Denison kennen, eine gebürtige Deutsche, die in der burmesischen Tradition des Theravada-Buddhismus geschult war. Ruths Flexibilität und ihr Gespür dafür, was westliche Menschen brauchen, um Achtsamkeit zu praktizieren, bildeten die Grundlage für den provozierenden Unterrichtsstil, den sie entwickelt hatte – der zwar in der traditionellen Praxis wurzelte, aber durch ihre eigenen Neuerungen bereichert wurde. Sie galt als kreative Lehrerin, der jedes Mittel recht war, um ihr geliebtes *Dharma* zu vermitteln; außerdem war sie die erste buddhistische Lehrerin, die Retreats nur für Frauen anbot.

Ein anderer Mensch hätte sich der Meditation wahrscheinlich langsam und behutsam genähert, mit kurzen Sitzungen von wenigen Minuten täglich beginnend und sich allmählich zu längeren Phasen des Sitzens steigernd; das wäre vernünftig gewesen. Doch ich war ins kalte Wasser gesprungen und hatte mich gleich für ein siebentägiges Schweigeretreat angemeldet, dessen Ablauf so aussah, dass wir um sechs Uhr aufstanden, meditierten, frühstückten, die Morgenmeditation im Sitzen und Gehen fortsetzten, zu Mittag aßen, ruhten, am Nachmittag erneut zur Sitz- und Gehmeditation zusammenkamen, zu Abend aßen und anschließend den Dharma-Vortrag von Ruth besuchten, um dann wieder zu meditieren, schlafen zu gehen und am nächsten Morgen erneut um sechs Uhr aufzustehen.

Das Schweigen, das bis auf Ruth, welche die Meditationen leitete und abends Dharma-Vorträge hielt, alle einhielten, fiel mir schwer, da es in mir das Gefühl auslöste, nicht wahrgenommen zu werden. Mir kamen die anderen Teilnehmerinnen wie Zombies vor, die langsam und mit ernsten Gesichtern umhergingen und jeden Blickkontakt mit anderen mieden. Besonders schmerzlich empfand ich das bei der Freundin, die mich mitgenommen hatte. Normalerweise schwatzten wir miteinander, schütteten uns gegenseitig das Herz aus und rissen Witze. Jetzt schaute sie an mir vorbei, als ob ich gar nicht existierte. Erst gegen Ende der Woche begann ich zu spüren, wie wohltuend das Schweigen und das Fehlen der üblichen Formen sozialen Kontakts waren. In diesem Vakuum konnte ich meinen automatischen Impuls beobachten, mich an andere Menschen zu wenden und ihre Aufmerksamkeit auf mich zu ziehen. Ohne diese Stimulation war ich auf mich selbst zurückgeworfen und schmorte in meinen eigenen Sorgen, den Vergleichen, mit denen ich mich selbst ab- oder aufwertete, den Verletzungen, die ich erinnerte, und meinem Gefühl der Unzulänglichkeit. Anfangs war das eine Qual, aber als die Woche voranschritt, stellte ich fest, dass ich dankbar dafür war, meine Gedanken und Empfindungen ohne Ablenkung durch die Meinungen und Reaktionen anderer Menschen zu erfahren. Manchmal stieg Traurigkeit in mir hoch, und ich spürte, wie mir die Tränen warm über das Gesicht liefen; manchmal empfand ich eine tiefe, beinahe schmerzliche Zärtlichkeit für mich, als würde ich ein Kind bei dem Versuch beobachten, einer schwierigen Aufgabe gerecht zu werden; hin und wieder weitete mir ein tiefer Frieden den Brustkorb, und ich stellte fest, dass ich lächelte. Ich hatte Freundschaft geschlossen mit der Stille.

Ich kehrte ein-, zweimal im Jahr in die Wüste zurück, um dort an Retreats teilzunehmen und von Ruth Denison zu lernen, und begann auch zu Hause zu meditieren. Im Laufe der Jahre wurde Ruths Meditationszentrum Dhamma Dena – das nach Dhammadinna, einer bemerkenswerten Lehrerin aus der Zeit des Buddha benannt ist – für mich zur Wiege, in der meine zaghaften anfänglichen Versuche, achtsam zu sein, geschaukelt und genährt wurden. Ich erfuhr, dass die Praxis, die Ruth lehrte und die *Vipassana* oder Einsichtsmeditation heißt, aus der Tradition des Theravada-Buddhismus stammt. Weder das berühmte Zen mit seiner Poesie und seiner strengen Ästhetik noch der exotische tibetische Buddhismus mit seinem weltberühmten Dalai Lama ist der ursprüngliche Buddhismus, sondern der Theravada-Buddhismus, der vom Buddha vor 2500 Jahren in Indien gelehrt wurde und heute noch in ganz Südostasien verbreitet ist. In dieser Tradition liegt die Betonung auf »reiner Achtsamkeit« und »urteilsfreiem Gewahrsein«, um ohne Wertung und ohne Verleugnung vollkommen in der eigenen Erfahrung präsent zu sein.

Hierdurch gelangen wir zu einem Verständnis der drei Merkmale der Existenz: *Dukkha* oder Leiden, *Anicca* oder Unbeständigkeit und *Anatta* oder Unwirklichkeit des individuellen Selbst. »Sowohl die individuelle Existenz als auch die ganze Welt«, schrieb der Theravada-Mönch Nyanatiloka, »sind in Wirklichkeit nichts als ein Prozess sich ständig wandelnder Phänomene, die sich zusammensetzen aus den Fünf Daseinsgruppen.« Mit anderen Worten, alles, was existiert, ist etwas vorübergehend Zusammengesetztes und stetem Wandel unterworfen, wobei wir menschlichen Wesen aus materiellen und immateriellen Komponenten bestehen, die eine Zeitlang zusammenwirken und sich bei unserem Tod auflösen. Diese Komponenten »konstituieren in keiner Weise eine Ich-Entität oder fortdauernde Persönlichkeit. Auch außerhalb dieser Daseinsgruppen existiert kein Selbst, keine Seele oder Substanz, die sie ›besitzt‹.« So ist zum Beispiel ein Haus aus verschiedenen Materialien gebaut, aber losgelöst von diesen zusammengesetzten Elementen verfügt es über keine »Haus-Identität«. Der Buddha sagt, dass alles, was existiert, weder ein dauerhaftes Selbst noch einen Wesenskern besitzt. In der Vipassana-Meditation werden wir uns der sich ständig wandelnden Natur unserer Empfindungen und Wahrnehmungen bewusst und beginnen die Illusion eines stabilen Selbst als solche zu erkennen. Leiden entsteht, wenn wir versuchen, an angenehmen Gefühlen festzuhalten oder Schmerz auszuweichen. Befreiung erlangen wir, wenn wir imstande sind, die Erfahrung des ständigen Wechsels und Wandels der Welt der Phänomene vollständig zu erkennen und anzunehmen. Das ist das Ziel der buddhistischen Lehre.

Der Theravada-Buddhismus wurde in den Vereinigten Staaten vor allem durch westliche Menschen eingeführt, junge Leute, die ihn in Burma, Thailand oder Sri Lanka studierten und die Praxis mit zurückbrachten, um sie in Amerika weiterzuvermitteln. Ruth Denison, etwas älter als die meisten anderen dieser Menschen, hatte mit ihrem amerikanischen Ehemann Burma bereist, dort studiert und praktiziert und war von dem bekannten burmesischen buddhistischen Meister U Ba Khin autorisiert worden, Meditation zu unterrichten. Doch war sie mit ihren Fähigkeiten stets bescheiden umgegangen; nach ihrer Rückkehr in die Vereinigten Staaten hatte sie ihre Meditationspraxis ständig vertieft, sowohl allein als auch in Zen-Zentren in Los Angeles (zu der Zeit gab es keine Theravada-Zentren in Südkalifornien), ohne als Lehrerin zu wirken. Sie und ihr Mann beherbergten in ihrem Haus in Hollywood spirituelle Lehrerinnen und Lehrer und schlossen sich einem Kreis von Suchenden an, dem unter anderen auch Alan Watts und Timothy Leary angehörten. Mit der Zeit sammelten sich Schülerinnen und Schüler um Ruth und baten sie um Meditationsunterweisungen. Sie folgten ihr in die Wüste, und das Zentrum, das heute Dhamma Dena heißt und damals lediglich aus einigen kleinen Gebäuden bestand, wurde gegründet.

Von meinen ersten Besuchen in Dhamma Dena an bildete die weite, karge Landschaft ein kraftvolles Umfeld für die Praxis. Ich kann mich lebhaft an viele Begegnungen mit der Wüste und mit Ruth erinnern, zum Beispiel an jenen Morgen zu Beginn der achtziger Jahre, an dem ich die Pause nach dem Frühstück nutzte, um mich hinter dem Werkstattschuppen zu verstecken und Tagebuch zu schreiben. (Während der Meditationsretreats wird von lesen und schreiben abgeraten.)

Die Sonne brannte auf mich herab, während ich mich über mein Notizheft beugte, hin und wieder aufblickend zu der flachen, bräunlichen Erde, den Salbei- und Kreosotbüschen, die im Wind nickten. Gelbe Blüten schmückten die Kreosotbüsche in diesem kurzen Wüstenfrühling. Weit hinten lagen über das Land verstreut einige wenige winzige Häuser; in der Ferne säumten gerundete Berge wie schlafende Elefanten den Horizont.

Ein satter, tiefer Ton erfüllte den Himmel und hallte in meinem Körper wider. Dieser gutturale Klang war den ganzen Tag über immer wieder zu vernehmen – er erinnerte uns daran, wo wir uns befanden: der Flecken trockene Erde, der sich vor mir erstreckte, lag in der Nähe des Marineinfanteriekorps von Twentynine Palms, nicht weit vom Flugtestzentrum der Edwards Luftwaffeneinheit; und im Norden befanden sich das U.S. Marinewaffenzentrum, das Irwin Militärreservat und die Randsburg Waschteststrecke. Die Wüste mit ihrer Weite fördert die Meditation, sie ist so offen und still; der Lärm der Flugzeuge und Explosionen zerriss die Stille und brachte uns unsere Sterblichkeit zu Bewusstsein.

Hier in der hoch gelegenen Wüste auf der Copper Mountain Mesa, unmittelbar nördlich des Joshua Tree National Monument, waren Leiden und Vergänglichkeit enge Gefährten. Ein Hemd, das man zwei Wochen draußen auf der Leine lässt, wird von der Sonne verzehrt, der Stoff hängt in Fetzen. Ein unerwünschter Hund, den man aus einem fahrenden Wagen stößt, mag verwirrt und hungrig umherwandern, bis er in die grausamen Fänge einer der aufgestellten Fallen gerät. Pflanzen verdorren, die Haut trocknet aus und bekommt Falten, die Augen sind geblendet von der Sonne, welche mit der Intensität eines Blitzlichtes scheint.

Ich packte gerade mein Notizbuch ein und schickte mich an, meinen privaten Platz hinter dem Schuppen zu verlassen, als eine Gestalt in einem langen Rock hinter dem Holzhaufen hervortrat. Ruth war breitschultrig und von kleinem Wuchs; um ihr Haar hatte sie ein weißes Tuch geschlungen, und der Wind ließ ihre langärmelige weiße Bluse und den braunen Rock flattern. Mit einem Ausdruck von Zufriedenheit betrachtete sie die Wüstenschildkröte, die sie in den Händen hielt. Ein alter Dachshund trottete hinter ihr her und brach in ein tiefes, kehliges Husten aus, als er seine Schritte beschleunigte, um sie einzuholen.

»Ach, hier versteckst du dich!« Ruth blieb stehen und schaute mich einen Augenblick an, als wisse sie nicht, ob sie ein Gespräch mit mir anfangen oder weiter ihre eigenen Angelegenheiten verfolgen sollte. Die Schildkröte ruderte kräftig in der Luft, den Kopf aus dem Panzer gestreckt.

Ruth grinste auf das Tier herab.

»Schau sie dir an! Ich habe sie zwischen dem Schrott gefunden, wo sie sich im Draht verfangen hatte. Sie konnte sich nicht rühren. Ich komme manchmal hierher, um nach ihr zu sehen.«

Sie hielt mir die Schildkröte hin, um sie mir zu zeigen.

Das Tier war etwa so groß wie eine kleine ovale Auflaufform, sein gräulicher Panzer zusammengesetzt aus harten Plättchen, abgegrenzt durch Linien in dunklerem Grau. Sein Kopf wackelte hin und her, und als Ruth es vorsichtig auf die Erde setzte, mühte es sich ab, die Last seines Gewichtes auf hornigen Zehennägeln voranzubringen.

Laut buddhistischer Überlieferung sind Schildkröte und Elefant Symbole für Achtsamkeit: Sie bewegen sich langsam und bedächtig, schauen dabei nach unten auf den Boden und haben zugleich ihre Umgebung im Blick.

»Sie hat Hunger!«, sagte Ruth und faltete die Hände vor dem Bauch. »Ich werde sie mit ins Haus nehmen und ihr etwas Salat geben.«

Der Hund kam angelaufen, um die Schildkröte mit seinen alten, bläulich angelaufenen Augen zu begutachten, und ich musste lächeln, da mir einfiel, was Ruth am Tag zuvor über seine dunklen Haarbüschel über den Augen gesagt hatte. »Besondere Augenbrauen«, hatte sie gemeint, die störrischen Strähnen glättend. »Ich nenne sie Suzuki-Augenbrauen. Habt ihr jemals ein Bild des großen Zengelehrten D.T. Suzuki gesehen? Er hatte Augenbrauen, die ins Universum stachen.« Sie hatte innegehalten und forschend das Gesicht des Hundes betrachtet. »Ja, sie bildeten einen Schirm über seinen Augen.«

Jetzt suchte der Hund, der Uliloo hieß, nach Schatten unter dem Vorsprung einer provisorischen hölzernen Plattform, die jemand als Unterlage für seine Matratze gebaut hatte. Nur seine struppige braune Schnauze lugte hervor und zeigte abwechselnd zur Schildkröte und zu Ruth.

»Möchtest du dich setzen?«, fragte ich und machte Anstalten, ihr einen Platz anzubieten.

»Nein, Liebes, ich habe noch viel zu tun. Ich muss ins Haus zurück, und um neun Uhr sitzen wir ja, nicht?«

Doch statt davonzueilen, bückte sie sich, um Uliloo den Kopf zu streicheln, wobei sich ihr Rock über den trockenen gelben Staub breitete. »Er ist wirklich ein Schatz, weißt du. Er darf jetzt nichts essen, weil er später zum Tierarzt muss. Er schaut mich an. Weißt du, wie abhängig Tiere sind? Er kann nicht sprechen. Sein Bedürfnis ist da: Er will fressen. Und er kann mich nur anschauen, er kann nicht wütend werden, er kann sich nicht selbst etwas nehmen. Die Abhängigkeit ist enorm. Wir sind uns dessen nicht bewusst. Erst wenn du das Leiden der Welt wirklich zu sehen beginnst, bekommst du ein Gefühl dafür.«

Uliloo ließ sich auf die Seite fallen und hechelte so heftig, dass er zu würgen begann. Das Würgen steigerte sich zu einem Hustenanfall, bei dem das Tier zu einer vollkommenen Verkörperung von Leiden wurde. Dieser alte Hund hatte einen Herzfehler; seine Lungen und Bronchien füllten sich mit Flüssigkeit. Ich beobachtete ihn mitfühlend, inzwischen an diese Beschwerden gewöhnt, während Ruth sich ihm besorgt zuwandte, ihn zärtlich streichelte und ihm gut zuredete, sich zu entspannen.

Nach diesem Anfall fiel Uliloo erschöpft zurück und grunzte rhythmisch vor sich hin.

Ruth ließ sich auf der Kante der Plattform nieder, schüttelte den Kopf und schaute den Hund höchst besorgt an. Sie war eine sechzigjährige Frau mit einem markanten, faltigen Gesicht. Ihr Haar, dessen Pony unter dem Tuch hervorlugte, war von einem stumpfen Blond mit einem Stich Rot. Im ersten Jahr, in dem ich mit Ruth Denison meditierte, hatte ich sie nie ohne eines dieser Tücher gesehen, die sie um den Kopf schlang und hinten zusammenband, und ich hatte mich gefragt, ob sie vielleicht eine Glatze hatte. Doch in Wirklichkeit hatte sie langes Haar, das sie unter dem Tuch zusammenrollte. »Noch kein einziges graues Haar«, hatte sie mir erzählt. »In meiner Familie werden wir nicht grau.« Einmal, bei einem Besuch der Frauen-Sangha in Berkeley, hatte sie ein Kleid in leuchtenden Farben angehabt und das Haar offen getragen. Die Wirkung war verblüffend; sie sah verletzlich aus wie ein junges Mädchen.

Jetzt blinzelte sie in die Sonne, die dunklen Brauen über den tiefen Augenhöhlen waren gerunzelt, ihre strahlend blauen Augen umschattet. Ihr Kinn war ein stolzer Bug, ihr Gesicht ein Schiff, das sich seinen Weg durch turbulente Gewässer bahnte.

Ich sah ihr an, dass sie jetzt keinerlei Absicht mehr hatte, ins Haus zurückzukehren, denn sie schaute auf die Gegenstände, die sich neben uns häuften, und überlegte ohne Zweifel, wie man sie verwenden konnte. Hinter uns befand sich ein Schrottplatz mit altem

Holz, ausrangierten Haushaltsgeräten, zusammengerolltem Draht, Türen in verschiedenen Formen, Fensterflügeln und Metallresten, alles ordentlich aufgereiht oder gestapelt: der Schutt der Wüste, zusammengetragen aus verlassenen Häusern oder von früheren Siedlern hergebracht, die beschlossen hatten, aufzugeben und nach Los Angeles oder San Bernardino zurückzukehren, wo die Sonne nicht so stach und der Wind nicht so heimtückisch war. »Geschenke des Universums«, nannte Ruth diese Dinge.

Ich war missmutig und müde, nachdem ich mich durch die Meditation am frühen Morgen gekämpft und hinterher dafür kasteit hatte, dass ich wahrlich kein besonders religiöser oder spiritueller Mensch war. Ruth hingegen hatte sich immer zur religiösen Praxis hingezogen gefühlt. Als Kind in Deutschland war sie eine treue Anhängerin der Kirche gewesen und hatte das Gebet geliebt. Selbst die Zuneigung zu ihrem amerikanischen Ehemann hatte darauf beruht, dass er so »spirituell« war und als Mönch in der Hindu-Tradition des Vedanta gelebt hatte. Ich rutschte mit steifem Hinterteil auf meinem provisorischem Sitz aus gestapelten Brettern herum, bis ich es einigermaßen bequem hatte, und schaute zu Ruth hinüber, die ein rostiges Stück Metall aufgehoben hatte und es nun mit dem scharfen Auge eines Menschen untersuchte, der alles zu nutzen weiß.

Wir begannen uns darüber zu unterhalten, wie Ruth dazu gekommen war, Retreats nur für Frauen anzubieten, im Wechsel mit allgemeinen Retreats, die von Männern und Frauen besucht wurden.

»Ich bin bestimmt keine Frau, die total vom Mann abhängig ist«, sagte Ruth. »Vor meiner Ehe war ich ziemlich selbstständig; ich war Lehrerin und Schulleiterin. Als ich heiratete, übernahm ich für eine Weile die Rolle der Hausfrau, da ich nicht arbeiten gehen musste. Aber wie du siehst, bin ich nicht dabei geblieben, denn noch fließt Blut in meinen Adern. Doch ich muss sagen, dass ich eine bemerkenswerte Eigenschaft besitze, ich habe nämlich keinerlei Bedürfnis nach Rache.« Sie hatte uns bei früherer Gelegenheit von ihren Erfahrungen während des Zweiten Weltkriegs in Deutschland erzählt, wo sie mißhandelt und vergewaltigt worden war, aber offensichtlich hegte sie keine Bitterkeit.

Ruth fuhr fort: »Ich habe in vieler Hinsicht gute karmische Kräfte mitgebracht – natürliche Ausgeglichenheit, einen Sinn für Gerechtigkeit, der aus einer tieferen Seele oder einem tieferen Grund stammt, und großes Mitgefühl. Ich liebe das Leben. Und damit einher gehen Einfühlungsvermögen und Anteilnahme, *wirkliche* Anteilnahme. Wenn du so empfindest, kannst du nicht zurückschlagen, ganz gleich, wie groß das Unrecht war, das dir zugefügt wurde. Denn wenn du zurückschlägst, spürst du, wie du das Leben verletzt, und im Buddhismus ist der Grundsatz sehr wichtig, Leben nicht zu verletzen.«

Ich hatte Ruth unermüdlich arbeiten sehen, um dieses Zentrum aufzubauen und am Laufen zu halten, wo Menschen Gelegenheit fanden, zu meditieren und sich selbst kennen zu lernen, wo sie sich darin übten, im Augenblick präsent zu sein und zuzulassen, dass sämtliche Lebensformen ihren vollen Zyklus durchliefen und ihr Potential entfalteten. Ruth war den Kakteen im trockenen Wüstengarten liebevoll zugetan und beobachtete den kleinen Vogel, der jedes Jahr zu seinem Nest zwischen den Stacheln dieser Pflanzen zurückkehrte und dort seine Jungen großzog. Sie putzte und reparierte und pflegte die materielle Umgebung und fütterte die Kaninchen und Kojoten, wenn deren Nahrung knapp war. Und sie gab ihren Schülerinnen und Schülern auf das Großzügigste, stets nach Wegen suchend, uns für unsere ureigene Freude und Schönheit zu erwecken. Für mich hatte all das etwas Feierliches, wie eine große und freudige Möglichkeit, in Harmonie mit der gesamten Existenz zu leben.

Später sah ich Ruth munter davoneilen, die Schildkröte vor sich her tragend. Uliloo kämpfte sich hoch, um ihr zu folgen. Bei diesem stürmischen Abgang, den Körper leicht vorgeneigt und den Rock um ihre Beine gebauscht, ähnelte Ruth einer jener Fabrikarbeiterinnen auf den Lithografien von Käthe Kollwitz, eine unverwüstliche Frau mit starken Armen, deren Leben aus Arbeit besteht.

Ich stand da und dachte nach über das, was sie gesagt hatte. Das Leben zu fördern, es zu nähren und zu feiern, selbst mein eigenes – mir aus dem Weg zu treten und das Spiel zu genießen.

Über diese Möglichkeit nachsinnend, ging ich langsam zurück zum Dukkha-Haus, dem Schlafsaal für Frauen.

Seit zwei Tagen hatten wir uns nun schon in der aus Beton errichteten Meditationshalle in Achtsamkeit geübt. Das Bestreben der Meditation geht einzig dahin, aufmerksam zu werden für das, was hier und jetzt geschieht. Das ist leichter gesagt als getan, denn gewöhnlich befinden wir uns entweder in der Zukunft oder in der Vergangenheit; unser Affengeist springt überall herum, ohne *hier* zu sein. Erinnern, planen, sorgen, sehnen, bedauern – so lenken wir uns endlos von unseren augenblicklichen Empfindungen ab. Wo findet das Leben statt? In unserem Körper, unseren Gefühlen, unserem Denken. Wir beginnen mit unserem Bemühen um Achtsamkeit beim Körper, der als erste Grundlage der Achtsamkeit bezeichnet wird.

Im Laufe der Zeit erfuhr ich, dass die Meditierenden in der traditionellen Vipassana-Praxis im Allgemeinen zwei Jahre damit verbringen, sich intensiv und ausschließlich auf die Achtsamkeit für den Körper zu konzentrieren, bevor sie zu den anderen Grundlagen der Achtsamkeit übergehen, und sich auf diesem Wege methodisch der wahren Natur ihrer menschlichen Existenz bewusst werden. Diese Praxis, so heißt es, »bewirkt, dass die Welt sich zeigt«.

Ruth läutete die Glocke für uns, um mit der Meditation zu beginnen. Ich saß mit gekreuzten Beinen so aufrecht da, wie es mir möglich war, und schloss die Augen. Ruths Stimme wies uns an, unsere Aufmerksamkeit auf die Bewegung des Atems zu richten. Dieser, so erläuterte sie, sei das Element Luft, das wir mit sämtlichen lebenden Geschöpfen teilen, das uns unaufhörlich am Leben erhält, vom ersten Atemzug an bis zu dem Zeitpunkt, wo das Leben aus uns entweicht. Und trotzdem sind wir uns dieser kontinuierlichen Aktivität fast nie bewusst. Wenn wir uns jetzt darauf ausrichteten, versicherte sie uns, würde uns das helfen, uns innerlich zu sammeln und ruhiger zu werden.

Eine Möglichkeit, dies zu tun, so sagte sie uns, bestehe darin, die Aufmerksamkeit auf den Bauch zu lenken, der sich bei jedem Einatem ausdehnt und dann zu seinem ursprünglichen Zustand zurückkehrt. Da dies eine relativ grobe Bewegung ist, kann man sich gut darauf konzentrieren.

Also wies ich mich an, bewusst wahrzunehmen, wie mein Bauch sich beim Einatmen dehnte und beim Ausatmen wieder flach wurde. Ich übte mich darin, mir diese simple Körperbewegung bewusst zu machen, und einige Atemzüge lang lief alles gut. Dann wanderten meine Gedanken zu meiner Wohnung in Oakland, und ich fragte mich, ob die Frau, die versprochen hatte, meine Katze zu füttern, das auch tat. Hatte ich ihr auch alles richtig erklärt? Hatte ich ...

»Wenn euer Geist abschweift«, erklang Ruths Stimme aus dem vorderen Teil des Raumes, »bringt ihn freundlich zurück und richtet ihn wieder auf den Atem aus.«

Erschrocken wurde mir klar, wie weit ich mich von meinem Körper und aus diesem Raum entfernt hatte. Obwohl ich diese Meditation seit einem Jahr machte, fiel es mir immer noch schwer, meine Konzentration zu halten. Demütig lenkte ich meine Aufmerksamkeit wieder auf die Bewegungen meines Bauches.

Jetzt wies Ruth uns an, uns unserer Nasenflügel bewusst zu werden, zu spüren, wie es sich anfühlte, wenn die Luft beim Ein- und Ausatem über die Oberlippe strich. Sie bat uns, unseren Atem nicht zu manipulieren, indem wir tiefer oder flacher atmeten, sondern ihn einfach zu beobachten.

Allmählich gelang es mir, meinen Fokus zu halten, und ich spürte, wie mein Atem langsamer und feiner wurde.

Bei meinen ersten Retreats in Dhamma Dena hatte ich manchmal verstohlen zu den anderen Meditierenden geblickt – einem Mann, der sehr ruhig und aufrecht dasaß, einer Frau im langen Rock, die beim Meditieren lächelte – und gedacht, *die* wissen *garantiert*, wie es geht! Das Herz sank mir bei dem Verdacht, diese Praxis könne für mich nicht geeignet sein und es sei ein Fehler gewesen, herzukommen; ich würde niemals imstande sein, so ruhig und gelassen dazusitzen. Inzwischen wusste ich, dass die Person, die in perfekter Haltung dasitzt, innerlich toben oder völlig abheben kann. Vielleicht schwelgte sie auch in sexuellen Phantasien oder »stromerte in Lala-Land herum«, wie Ruth es nannte. Und ich hatte entdeckt, dass die Situation jedes Mal, wenn ich mich zum Meditieren hinsetzte, neu war. Es war unmöglich, vorauszusagen, was ich erleben würde, und ich musste mich der Wirklichkeit jedes einzelnen Augenblicks hingeben, während ich mich um Konzentration bemühte.

Aus dem vorderen Teil des Raumes erklang wieder Ruths Stimme. »Wenn ihr feststellt, dass ihr Gedanken nachhängt, dann erkennt, dass ihr Gedanken nachhängt – und es ist hilfreich, wenn ihr zu euch sagt: ›Denken‹. Dann kehrt mit eurer Aufmerksamkeit behutsam wieder zum Atem zurück.

Lasst zu, dass euer Atem seinen natürlichen Ausdruck findet«, mahnte Ruth uns. »Ihr seid nur die Beobachterinnen, ihr müsst euch nicht einmischen. Der Körper atmet von selbst.«

Mit aller Sorgfalt, die ich aufbringen konnte, richtete ich mein Bewusstsein wieder auf mein physisches Sein, um die Berührung des Atems auf meiner Oberlippe zu spüren.

Und so verstrich die dreiviertelstündige Sitzung, im Wechsel zwischen der Konzentration auf meinen Atem und sorgenvollen Gedanken und Frustration. Ruths ruhige Stimme rief mich immer wieder auf, achtsam zu sein; immer wieder machte ich mir klar, dass ich »gedacht«, »mich gesorgt« oder »Erinnerungen nachgehangen« hatte, und kehrte mit meiner Aufmerksamkeit zum Atem zurück.

In den letzten fünf Minuten schaute ich wiederholt verstohlen auf die Uhr und meinte diese Stille nicht eine Sekunde länger ertragen zu können. Mein Körper verspannte sich und zuckte, wollte aufstehen und sich schütteln. Während ich heimlich den dünnen Zeiger meiner Uhr beobachtete, wie er von Sekunde zu Sekunde vorrückte, wurde mir das langsame Vergehen der Zeit zur Qual.

Als schließlich vorn im Raum die Glocke anschlug, begriff ich, wie weit ich von jeglicher Konzentration entfernt war.

»Schaut euch in der Zeit vor dem letzten Glockenschlag noch einmal an, was ihr tut, und widmet euch erneut der Achtsamkeit für den Atem«, wies Ruth uns an.

Ich nutzte diese erneute Chance, um mit meiner Aufmerksamkeit zu meiner Oberlippe zurückzukehren und den Fluss des Atems dort wieder zu spüren. Mein Geist kam zur Ruhe, und ich war innerlich klar.

Der letzte Glockenschlag ertönte. Meine Hände vor mich auf den Teppich legend, verbeugte ich mich, lobte mich für mein Bemühen und gab meiner Dankbarkeit für die Möglichkeit, praktizieren zu können, Ausdruck.

Ich schaute hoch und sah Ruth entspannt und offen vor uns sitzen. Sie lächelte mit einer wissenden Zärtlichkeit, die mir die Tränen in die Augen trieb.

»Jetzt habt ihr *Dukkha* erfahren«, sagte sie. »Die Erste Edle Wahrheit des Buddha, wie sie in Pali genannt wird, *Dukkha* – die Wahrheit vom Leiden. Weil wir menschliche Wesen sind, leiden wir; weil wir uns an angenehme Empfindungen klammern und die unangenehmen wegzustoßen versuchen, leiden wir.

Und ihr habt die Unbeständigkeit erfahren – wie alles sich fortwährend im Fluss befindet und sich verändert. Ihr habt das mit jedem Atemzug bemerkt, stimmt's? Wie es mit dem Einatem beginnt, zur Vollendung gelangt und mit dem Ausatem stirbt. Dann muss der nächste Atemzug kommen. Das ist die Wahrheit allen Lebens – dass es ständig ins Sein tritt und sich wieder auflöst, auch unser kostbarer Körper. Das ist die Wahrheit von der Unbeständigkeit oder Vergänglichkeit, die der Buddha lehrte.«

Sie saß da und schaute uns an, ließ zu, dass Stille ihre Worte umgab. Dann erhellte ein ermutigendes Lächeln ihr Gesicht.

»Ihr seid also zu den tiefen Lehren des Buddhismus vorgedrungen. Ich gratuliere eurem wunderschönen Selbst zu dieser ausgezeichneten Meditation.«

Mutter Highland

Freude ist genau das, was passiert,
wenn wir unsere Meinung davon abziehen.
Joko Beck

Ich war wie gesagt noch nie zuvor über Nacht im Krankenhaus gewesen. Als ich mich wegen eines gebrochenen Armes und einer Knieverletzung hatte behandeln lassen, konnte ich anschließend nach Hause gehen, um mich in meinem eigenen Schlafzimmer zu erholen. Als Sekretärin eines Herzspezialisten in einer Klinik in San Francisco und Schreibkraft im pathologischen Labor eines weiteren Krankenhauses hatte ich geglaubt, nützliche Arbeit zu tun, die sich viel mehr im Einklang mit der buddhistischen Idee vom »rechten Lebenserwerb« befand als meine früheren Jobs bei einer Mietwagenfirma und einer Versicherungsgesellschaft. Im gestärkten weißen Kittel hatte ich Untersuchungsergebnisse protokolliert, Versicherungsformulare ausgefüllt und war mit Akten oder frisch entnommenen Gewebeproben über die Krankenhausflure geeilt. Meine Arbeit hatte sich mehrere Schritte von den Betten der Patientinnen und Patienten entfernt abgespielt.

Nun hatte meine Position gewechselt, und ich konnte mich des schrecklichen Gefühls nicht erwehren, dass jetzt ich diejenige war, die mitten im Spinnennetz hing. Die Zeit schien sich zu verengen und unerbittlich auf den Augenblick zuzulaufen, in dem man mich in den Operationssaal schieben und aufschneiden würde. Am meisten Angst hatte ich vor der Betäubung, jenem Sturz ins schwarze Loch des Unbewussten, der äußersten Hilflosigkeit, aus der ich möglicherweise nicht wieder auftauchen würde.

Als Crystal und ich am frühen Morgen auf die Schnellstraße einbogen, war der Verkehr auf unserer Seite spärlich, während sich die Pendler auf der Gegenfahrbahn in Richtung Westen zur Bay Bridge und nach San Francisco in einem zähen Strom von Wagen voranbewegten. Die Schnellstraße wand sich durch East Oakland; die bewaldeten Hügel, wo die Reichen wohnten, erhoben sich zu unserer Linken, während sich das flache Land der gewöhnlichen

Bevölkerung zu unserer Rechten bis zur Bucht hinunter erstreckte. Schon bald ragte vor uns hinter den mit Häusern übersäten Hügeln das hohe Gebäude des Highland Hospital auf. Es sieht aus wie ein Luftschutzbunker, dachte ich, während ich die graue Betonfestung betrachtete.

»Was glaubst du, wie lange es dauert, bis sie dich zur Operation holen?«, fragte Crystal. Sie war keine Frühaufsteherin, und an diesem Morgen schien sie mir besonders benommen.

»Keine Ahnung. Es hieß, wenn ein Notfall eingeliefert wird, müssen alle anderen warten. Sie wollen, dass man so früh kommt, damit man auf jeden Fall bereit ist.«

Zu meinen Füßen stand Crystals Tasche mit den Notenblättern, ihrem unfertigen Entwurf.

Als wir mehrere Häuserblocks vom Krankenhaus entfernt auf einen Parkplatz bogen, nahm ich einen langen, tiefen Atemzug. Ja, dies hier geschieht wirklich, sagte ich zu mir. Du wirst diese Operation wirklich erleben.

Der Vorbereitungsraum hatte eine niedrige Decke und war nur schwach beleuchtet; in der Mitte befand sich die helle Insel der Schwesternkanzel. In meinem Krankenhaushemd wurde ich in einem hohen Bett an einen Platz in der Reihe von Körpern gerollt, die darauf warteten, durch die Schwingtüren in einen von mehreren OPs gebracht zu werden. Eine freundliche Krankenschwester legte eine Nadel in eine Vene meiner Hand und schloss mich an einen Tropf an. Sie zog einen Stuhl für Crystal herbei und kehrte dann zur Schwesternkanzel zurück.

Dann warteten wir. Crystal wandte sich mir aufmerksam zu und verwickelte mich in freundliches Geplauder, bis ich ihr sagte, es sei wirklich in Ordnung, wenn sie an ihrem Stück arbeite. Daraufhin zog sie ihren Entwurf aus der Tasche, legte ihn auf ihren Schoß und beugte sich darüber. Da ich weder meine Brille noch etwas zu lesen dabei hatte, blieb mir nichts anderes zu tun, als zuzusehen, wie die Zeiger der Wanduhr langsam vorrückten, und meine Umgebung zu beobachten. Die anderen Patienten lagen still da; ein Mann hatte die Hände auf der Brust gefaltet und starrte an die Decke. Die Krankenschwestern schrieben auf Klemmbretter, führten Telefonate und besprachen sich mit den Ärztinnen und Ärzten in grünen Kitteln.

Nach einiger Zeit stellten Crystal und ich fest, dass eine Stunde vergangen war. Vielleicht war ich bald dran. Bislang war noch niemand aus dem Raum geschoben worden. »Kann ich etwas für dich tun?«, fragte sie. »Hm«, sagte ich zögernd. »Ich bin nicht sicher, ob mein Tropf funktioniert.« Wir beide starrten eine Weile unverwandt auf den durchsichtigen Plastikbeutel, der an seinem Ständer hing. Kein Tröpfeln. »Ich hole die Schwester«, sagte Crystal. Sie legte ihre Noten beiseite und ging zur Schwesternkanzel. Dort sprach sie mit einer Frau, die sich umdrehte und zu mir herschaute. Erst als mein Tropf richtig angeschlossen worden war, wandte Crystal sich wieder ihrer Komposition zu.

Erleichtert lehnte ich mich zurück, um einen muskulösen Krankenpfleger zu beobachten, der den Patienten neben mir versorgte.

Gut, sagte ich mir, wie wäre es, wenn du einfach atmest? Wie ich es in Dhamma Dena und so oft morgens zu Hause getan hatte, richtete ich meine Aufmerksamkeit auf den Atem, die Wärme meines Bauches unter meinen Händen spürend, während er sich hob und senkte. Hör auf zu warten, sagte ich mir. Dies kann Zeit zum Meditieren sein; und schon bald konnte ich mich für eine Weile konzentrieren und gelangte in einen Zustand der Ruhe, in dem ich die Geräusche im Raum hörte, ohne von ihnen abgelenkt zu werden.

Eine weitere Stunde verging. Der wie aufgebahrt daliegende Mann wurde durch die Schwingtüren davongerollt. Ich hätte ihm fast zugerufen: »He, viel Glück! Gute Reise! Hals- und Beinbruch!«

Plötzlich jedoch wurde ich mir aufs Schärfste bewusst, dass mein Körper bald unter das Messer kommen würde. Man würde mich aufschneiden! Ich richtete mich auf.

»Meine Güte, Crystal«, sagte ich, um mich von diesen Gedanken abzulenken. »Jetzt sind schon drei Stunden vergangen!«

Sie schaute hoch, und ich beobachtete, wie sie aus ihrer Konzentration auftauchte und sich von der Musik losriss. »Tatsächlich?«, fragte sie und warf einen Blick auf die Uhr.

Um mir Zuspruch zu geben, begann sie mir all die Menschen aufzuzählen, die angerufen hatten, um ihrer Sorge um mich Ausdruck zu verleihen. »Wir werden morgen bei uns zusammenkommen, um zu besprechen, wie die Leute dir helfen können. Die ›Wandering Menstruals‹ organisieren das Treffen.«

»Ja?« Ich versuchte mich auf ihre Worte zu konzentrieren, mich von der Angst zu lösen, die in diesem Warteraum herrschte, von den daliegenden Körpern und von dem, was mir bevorstand.

»Und sie alle kommen hierher. Du wirst viel Besuch haben.«

»Hm«, nickte ich abwesend und gab den Versuch auf, mir das vorzustellen. Meine Freundinnen und Freunde existierten in einem anderen Universum, in dem es die kleinen Geräusche und gedämpften Stimmen, das Chrom und Glas dieses Raumes nicht gab.

Ich legte mich wieder hin und versuchte mir mein Leben zu vergegenwärtigen, das mich so eng mit den Menschen verband, die Crystal aufgezählt hatte. Ich hatte mir, während ich heranwuchs, in so vieler Hinsicht angewöhnt, mich von anderen fern zu halten, dass ich schließlich in einer Festung lebte und mich entweder mit der Illusion meiner Überlegenheit tröstete oder mich mit der Überzeugung quälte, allen anderen unterlegen zu sein. Dieses emotionale und psychische Vakuum hatte mich in eine Sackgasse katapultiert. Als ich Anfang dreißig war, verheiratet, mit meiner Arbeit als Angestellter und mit meinem Schreiben beschäftigt und scheinbar glücklich, wachte ich eines Samstagmorgens auf und war nicht imstande, aus dem Bett aufzustehen. Mein Mann bastelte nebenan an seinem Amateurfunkgerät herum, während ich in einem grauen Nebel versank.

Als ich so dalag und über mein Leben nachsann, wurde mir klar, dass mein Alleingang nicht funktionierte. Ich brauchte andere Menschen. Und doch wusste ich, dass sie mir nur beistehen konnten, wenn ich bereit war, meine Festung zu schleifen und mich ohne Abwehr zu zeigen – eine Vorstellung, bei der mein Herz entsetzt zu flattern begann. Mein Mann hatte bereits einmal bissig zu mir gesagt: »Sandy, warum schließt du dich nicht der menschlichen Rasse an?« Als ich am nächsten Samstagmorgen wieder im Bett lag und mich nicht bewegen konnte, wusste ich, dass ich mich entweder der menschlichen Rasse anschließen musste oder zugrunde gehen würde; so vieles in mir war schon taub, und wenn ich nicht schleunigst etwas unternahm, würde ich mit Sicherheit sterben.

Ich fand zur Frauenbewegung der frühen siebziger Jahre, wo Frauen zusammenkamen, um ihr Leben zu ändern und eine menschliche Zukunft für alle zu schaffen. Ich schloss mich einer Selbsterfahrungsgruppe an, in der Frauen über ihr Leben sprachen. Als ich an der Reihe war, zwang ich mich – zitternd vor Angst und meine Eingeweide weich wie Gelee – in einem Raum voller fremder Frauen meine Lebensgeschichte zu erzählen und mich auf eine Art und Weise zu zeigen, wie ich es nie zuvor gewagt hatte. Alle Urteile fielen von mir ab, als ich von den Hoffnungen und Ängsten der anderen Frauen hörte, von ihren Kämpfen ums Überleben, um eine sinnvolle Arbeit und die entsprechende Anerkennung, um den Unterhalt der Kinder und deren Erziehung.

Bei diesen Treffen, wenn andere von ihrem Schmerz und ihren Sehnsüchten erzählten, oder bei den Demonstrationen (oder »Aktionen«, wie wir sie nannten), bei denen wir die Institutionen konfrontierten, die Frauen und Kinder diskriminierten, wurde ich manchmal von einem Gemeinschaftsgefühl getragen, das so stark war, dass ich es nur als spirituell bezeichnen konnte – es war ein Gefühl der Zugehörigkeit nicht nur zu dieser Gruppe von Frauen, sondern zur ganzen Menschheit, ein Gefühl von Zusammengehörigkeit, das Verantwortungsbewusstsein und Zärtlichkeit für jedes lebende menschliche Wesen in mir weckte. Ich hatte einen Weg gefunden, mich »der menschlichen Rasse anzuschließen«, und für die nächsten zehn Jahre war dieses Engagement meine spirituelle Praxis. Es war eine natürliche Entwicklung – von meinen persönlichen Sorgen ausgehend, wuchs in mir ein Gefühl von allgemeiner Verantwortung für alles Leben. Als ich Anfang der achtziger Jahre zum Buddhismus kam, war mir vieles schon vertraut, und ich kombinierte meine spirituelle Praxis mit der politischen Arbeit. Meditation und die Praxis, allen Wesen liebende Güte zu schicken, halfen mir, in kritischen Situationen besonnen zu bleiben und den gewalttätigen Aktionismus zu vermeiden, der die Taktiken der Unterdrücker spiegelt.

Meine buddhistische Praxis half mir generell, mit schwierigen Situationen in meinem Leben umzugehen und meine Krisen zu bewältigen, wie ein Steuer, mit dem ich selbst bei stürmischster See meinen Kurs halten konnte. Sie zeigte mir Wege auf, bewusst wahrzunehmen, was ich fühlte und erlebte, sowie mit dem tiefen Wissen um die wechselseitige Verbundenheit und die Kontinuität allen Lebens in Kontakt zu bleiben.

Jetzt würde der Krebs mich lehren, wie es war, andere in einer lebensentscheidenden Situation zu brauchen. Die Freundinnen und Freunde, die Crystal erwähnt hatte, waren Menschen, mit denen ich gearbeitet, meditiert, gelebt und Spaß gehabt hatte. Wir hatten unser Leben miteinander geteilt, und so war eine starke Verbindung zwischen uns entstanden; es war also nahe liegend, dass sie mir halfen.

Im Vorbereitungsraum vor den Operationssälen ließ ich jenes andere Leben los und vertraute darauf, dass es irgendwann nach diesem schicksalsträchtigen Tag zurückkehren würde. Mein Leben fand jetzt hier in diesem Raum statt. Mein Körper wurde immer ruheloser vom Herumliegen in diesem Bett, und meine Gedanken wanderten wild umher, außer in den kurzen Phasen, in denen ich sie beruhigen und mich auf meinen Atem ausrichten konnte.

Eine weitere Stunde verstrich. Ein weiterer Patient wurde weggeholt.

Die Krankenschwester kam und tätschelte mir die Hand. »Es tut mir Leid, dass Sie so lange warten müssen.«

Als sie gegangen war, drehte ich mich auf die Seite, die Infusionsnadel in meiner Hand im Auge behaltend, und beobachtete Crystal, die über den großen Blättern ihrer Komposition brütete und die endlosen Details einer Arbeit überprüfte, die für viele Instrumente und Stimmen gedacht war. Ich sann darüber nach, was sich seit unseren ersten gemeinsamen Jahren, als wir uns bei jeder Gelegenheit berührten und begierig liebten, alles verändert hatte. Wir hatten so viele Bereiche unseres Lebens geteilt: Wir hatten uns gegenseitig in unserer Arbeit unterstützt, waren zusammen gereist und gewandert und hatten Musik- und Tanzveranstaltungen besucht. Als wir uns die Alvin-Ailey- und die Merce-Cunningham-Tanzgruppe angesehen hatten, waren wir von der Schönheit der tanzenden Körper so erregt gewesen, dass wir nach Hause eilten, um uns zu lieben – nicht ohne über uns selbst zu lachen. Im Winter fuhren wir zum Ski-Langlauf nach Lake Tahoe, und in der schneebedeckten Landschaft ging mit Crystal eine Verwandlung vor. Ihre Befangenheit und ihre Zurückhaltung fielen von ihr ab, und sie wurde ausgelassen und fröhlich und half mir geduldig bei meinen ersten unbeholfenen Schritten auf Skiern. Hin und wieder kam ihre Tochter uns besuchen, und wir entwickelten eine herzliche Beziehung zueinander. Crystal kaufte das Haus in Oakland und sorgte auf diese Weise dafür, dass wir beide genug Raum hatten, um daheim zu arbeiten. Wir hatten uns ein gemeinsames Leben aufgebaut, dessen Struktur und Routine uns beiden zugute kam, das wir genossen und das uns in schwierigen Zeiten trug. Ich hatte der tiefen Verbindung, die ich auf der Wiese in Vallecitos gespürt hatte, vertraut, und gewusst, dass ich mich ganz auf diese Beziehung einlassen wollte.

Doch im Lauf der Zeit hatten unsere Streitereien um Geld, um unterschiedliche Lebenseinstellungen sowie meine Ungeduld und ihre Angst vor meiner Wut dazu geführt, dass wir uns sowohl körperlich als auch emotional voneinander zurückzogen. Allmählich schwand die Intimität aus unseren gemeinsamen Aktivitäten; wir berührten uns kaum noch und hatten uns seit über einem Jahr nicht mehr geliebt. Ich fühlte mich immer noch zu Crystal hingezogen, aber ich konnte den Abstand zu ihr nicht überbrücken.

Auch sie war mit unserer Beziehung sehr unzufrieden, wie sie mir später erzählte. Während ich in China gewesen war, hatte sie unser gemeinsames Leben betrachtet und war zu der Überzeugung gelangt, dass sie diejenige sei, die mehr gab, zumindest materiell – schließlich hatte sie mir Geld geliehen und uns ein schönes Zuhause geschaffen, für das ich zwar Miete zahlte und einige Instandhaltungsarbeiten übernahm, aber nicht so viel Verantwortung trug wie sie. Die jahrelang ungelösten Konflikte spitzten sich zu, schürten ihren Ärger und ihre Überzeugung, dass entscheidende Veränderungen anstanden. Sie fühlte sich von mir ausgenutzt und kam zu dem Schluss, wenn ich nicht mehr Verantwortung für das Haus übernehmen und meine Schulden bei ihr nicht zurückzahlen würde, könnte dies das Ende unserer Beziehung sein.

Als ich aus China zurückkehrte, teilte Crystal mir ihre Überlegungen jedoch nicht mit, da sie so beschäftigt war mit Komponieren, und so wusste ich nicht, dass das Gebäude unseres Zusammenlebens bereits Risse zog und schwankte. Dann kam der Krebs – brutal und unausweichlich –, und die Abgründe in unserer Beziehung schienen plötzlich unüberbrückbar.

Als der Krankenpfleger kam und die Arretierung an den Rädern meines Bettes löste, schaute Crystal hoch und riss alarmiert ihre blauen Augen auf. »Jetzt also«, sagte sie. Sie stand da, ihre Noten an die Brust gedrückt, und einen Moment lang blickten wir uns fest in die Augen. Dann zog die weiße, schalldichte Zimmerdecke an mir vorüber. Ich hörte, wie die Doppeltüren aufschwangen und begriff, dass es zu spät war, um aus dem Bett zu springen, mir die Nadel aus der Hand zu reißen und davonzurennen!

Als ich an jenem Abend erwachte – oder halb erwachte, denn ich trieb in einem Morphiumnebel –, war es, wie Crystal vorausgesagt hatte. Vertraute Gesichter schwebten vor mir, Hände berührten meinen Arm und drückten meinen Fuß irgendwo am unteren Ende des Bettes. Blumensträuße waren eingetroffen und Grußkarten an die vergilbten Wände geheftet. Das Zimmer, in dem ich lag, war klein, und hinter dem Vorhang neben meinem Bett lag, wie mir verschwommen bewusst war, eine weitere Person. Lachen und Musik aus einem Fernseher beherrschten die Atmosphäre, vom Gang draußen drangen laute Geräusche herein. Die Schwestern hasteten hin und her. Meine Freundinnen hatten viel Überredungskunst aufbringen müssen, um mich sehen zu dürfen, erzählten sie mir; unten in der Eingangshalle wurde jede Besucherin, jeder Besucher überprüft. »Ich bin ihre Schwester!«, hatte jede meiner Freundinnen beharrlich behauptet, um an dem bewaffneten Wächter vorbei in den sechsten Stock zu gelangen und sich zu mir in den Raum zu quetschen.

»Sie haben aber viele Schwestern!«, bemerkte die Krankenschwester.

In jener Nacht blieb meine Schülerin Deborah bei mir und beantwortete einige meiner Fragen nach dem Krankenhaus. »Nein, Sandy, nicht alle Krankenhäuser sind wie dieses.« Ich sagte mir, sie müsse es wissen, denn sie arbeitete als Krankenschwester in der Universitätsklinik in San Francisco. Sie kicherte und ließ ihren Blick umherwandern. »Das hier ist im Vergleich zu den meisten anderen wirklich ein Zirkus.«

Deborah ist eine große Frau mit langen braunen Haaren. Sie spricht mit dem reizenden, langsamen Akzent von North Carolina, als kostete sie die Worte hinten im Mund und lutschte ihnen die Ecken ab, so dass sie weich wie Toffee aus ihrem Mund kommen.

Deborah half mir in einen Sessel und rieb mich mit einem feuchten, weichen Waschlappen ab, der nach der Eukalyptusseife roch, die sie von zu Hause mitgebracht hatte. Sie sparte den zwanzig Zentimeter langen Schnitt aus, der meinen Bauch in zwei Hälften teilte, strich vorsichtig um die Infusionsnadel herum und achtete auf den Schlauch, der sich durch meine Nase in mein Inneres schlängelte und eine braune, säurehaltige Flüssigkeit aus meinem Magen leitete. Mein Körper, der sich nach der Attacke des Eingriffs äußerst verletzlich anfühlte, überließ sich allmählich ihren Berührungen. Ich empfand einen tiefen, sinnlichen Genuss, verstärkt durch das Bewusstsein, noch am Leben zu sein und körperlich lustvoll empfinden zu können. Als Deborah mich mit einem Handtuch trocken gerieben hatte, wechselte sie die Bettwäsche, half mir, mich wieder hinzulegen, und breitete das sauber duftende Laken über mich.

Vielleicht war Kwan Yin ja von ihrer Insel in Südchina herbeigeeilt, um Deborahs Körper zu bewohnen und ihre behutsamen Hände zu lenken. Es gibt so viele Überlieferungen, die um ihre Hände und Arme kreisen: die tausendarmige Kwan Yin, allzeit bereit, einzugreifen und Unheil zu verhindern oder Wünsche zu erfüllen; die gefeierte Prinzessin Miao Shan, die ihre Arme und Augen opferte, um ihrem Vater das Leben zu retten; die Statue, deren rechter Arm fehlte, die über das Meer in ein kleines Dorf kam und einen Zimmermann dort bewog, der Göttin einen neuen Arm zu schnitzen.

Doch Deborah wusste nichts von diesen Geschichten; sie wollte ein Gespräch über Literatur führen. In meinem Morphiumnebel treibend, sammelte ich, was mir an kümmerlicher Gedankenkraft geblieben war, und wir sprachen über Schreibende und das Schreiben. Dann schlief ich ein – das Bild von Deborahs rundem Gesicht, das mich anlächelte, vor Augen.

Am nächsten Nachmittag kamen in der Besuchszeit ziemlich viele Menschen, um meine Zimmergefährtin, eine afroamerikanische Frau zu besuchen. Auf meiner Seite des Vorhangs, der uns trennte, bevölkerten mehrere meiner Freundinnen den Raum. Der Fernseher plärrte. Im Korridor schlugen Türen, und Menschen redeten laut. Ich kauerte mich im Bett zusammen und dachte bei mir: Das halte ich nicht aus! Durch das Morphium fühlte ich mich wie erschlagen, unfähig, mich zu schützen oder innerlich einen Ort zu finden, wo ich ausruhen konnte.

Ich hatte mir vorgestellt, das Morphium würde mich in einen Rausch versetzen – vielleicht ähnlich wie Gras oder LSD (Drogen, die ich seit Jahren nicht mehr genommen hatte). Aber die Erfahrung war mit nichts vergleichbar, was ich je erlebt hatte. Irgendwo in meinem Unterleib war Schmerz, und das Morphium war die gesegnete Stahltür, die ihn dort unter Verschluss hielt. Aber es bewirkte auch, dass ich mich von allem, was mich umgab, abgeschnitten fühlte. Ich kämpfte darum, gegenwärtig zu sein – in diesem Raum, diesem Augenblick –, aber es wollte mir nicht recht gelingen. Da ich mich als Meditierende stets darum bemühte, so präsent wie möglich zu sein, erlebte ich diese Getrenntheit, als würde ich jedes einzelnen Augenblicks beraubt. Noch schlimmer war, dass ich aufgrund der Wirkung der Droge jedem Geräusch, jedem Anblick, jeder kleinen Erschütterung und damit meiner ganzen Umgebung gnadenlos ausgeliefert war. Ich hatte keinerlei Möglichkeit, Dinge auszublenden. Die Tür, die im Gang knallte, das Dröhnen der Fernsehstimmen, Stöße gegen mein Bett – all das drang in mich ein und attackierte mich. Das Morphium hatte mich all meiner Kräfte beraubt, so dass ich nicht auf meine Praxis zurückgreifen und mich in dieser Umgebung erden konnte. Aber vielleicht lag der Fehler auch bei mir – ich konnte es nicht annehmen. Ich wehrte mich gegen das Morphium und die Umgebung, wollte sie anders haben, statt sie zu lassen, wie sie waren, und meine Erfahrungen damit zu erforschen.

Die Sozialarbeiterin des Krankenhauses war eingetroffen. Sie diskutierte mit Crystal über mein Bett hinweg bis in alle Einzelheiten, ob ein Antrag auf finanzielle Beihilfe sinnvoll sei. Eine weitere Besucherin, eine junge Frau namens Corbin, eine ehemalige Schülerin von mir, kam auf mein Bett zu und stolperte plötzlich über den Fuß meines Infusionsständers. Der Ständer geriet ins Wanken, und bevor sie danach greifen konnte, riss der Schlauch heftig an der Nadel in meiner Hand. Ich fuhr zusammen, schnappte nach Luft und schaute Corbin in die Augen, während ihr klar wurde, was sie angerichtet hatte. Ich sah, wie entsetzt sie über ihre Ungeschicklichkeit war.

Corbin und ich blickten uns hilflos an. Offensichtlich waren wir beide gleichermaßen in Not. Die Situation wurde dadurch so surreal, dass Crystal und die Sozialarbeiterin gar nicht mitbekamen, was vor sich ging. Ich sah, wie Corbin um eine Entschuldigung rang, und wusste nicht, was ich tun sollte, also bat ich sie: »Corbin, könntest du mir den Rücken ganz leicht massieren?« Sie nickte, trat sorgfältig um den Tropf herum, und ich drehte mich auf die Seite. Als sie begann meinen Rücken zu massieren und dabei kräftig die Muskeln knetete, protestierte ich: »Nein, bitte nur den Rücken entlangstreichen.« Während Corbin ihre warme Hand mit langsamen Streichbewegungen von meinen Schultern nach unten zu den Hüften gleiten ließ, waren wir umhüllt von Nähe und Vertrautheit.

Crystal und die Sozialarbeiterin fuhren fort, Möglichkeiten der Gesundheitsfürsorge zu diskutieren, während ich mich bemühte, mit meiner Aufmerksamkeit bei Corbins Berührungen zu bleiben. Ihre Unbeholfenheit war verschwunden, und die Hand, die mich berührte, strahlte Kraft und Sicherheit aus. Hin und wieder machte sie eine kurze Pause und hielt mich einfach. In meinem Morphiumnebel versuchte ich dann, so gut ich konnte, aufmerksam für den Hautkontakt zwischen Corbin und mir zu bleiben, und allmählich vermittelte mir die Wärme dieser Berührungen das Wissen um unsere Verbundenheit: zwei lebendige Wesen, nicht getrennt, zusammen atmend, Haut an Haut ihre Wärme teilend. Dann begann Corbins Hand wieder meinen Rücken entlangzustreichen, glitt langsam nach unten und verteilte das Gefühl der Verbundenheit, bis sich mein ganzer Körper beruhigte. Mein Atem war irgendwo jenseits von mir – durch das Opiat nicht zugänglich –, aber die Berührungen von Corbins Hand schenkten meinen aufgewühlten Sinnen etwas Frieden.

Ich blieb mit meiner Aufmerksamkeit bei dem sachten, stetigen Streicheln, dankbar für Corbins Bereitschaft, sich mir tröstlich zuzuwenden, und dankbar dafür, dass ich sie hatte um Hilfe bitten können.

Der Buddhismus versteht Existenz als ein unermessliches, miteinander verwobenes Ganzes, und eine der schönsten und eindringlichsten Darstellungen dieser Sicht ist das Juwelennetz Indras. Indra war eine der wichtigsten Gottheiten des alten Indiens; das kosmisch-philosophische Bild von Indras Netz, das die organische Wechselbeziehung aller Existenz repräsentiert, stammt aus dem Hua-Yen-Buddhismus, der sich im siebten Jahrhundert in China entwickelte. Das Netz durchzieht das ganze Universum und stellt Zeit in vertikaler und Raum in horizontaler Ausdehnung dar. Wenn man das Netz visualisiert, sieht man, dass sich an jedem Kreuzungspunkt der Fäden ein Juwel befindet, das für eine individuelle Existenz steht. Wie Nancy Wilson Ross es beschreibt: »Jedes dieser unzähligen Juwelen spiegelt auf seiner Oberfläche nicht nur jedes andere Juwel im Netz wider, sondern auch sämtliche Spiegelungen jedes Juwels und erzeugt damit zahllose, unendliche gegenseitige Widerspiegelungen, während es zugleich ein einziges und totales *Ganzes* bildet.« Auf diese Weise existieren Einheit und Vielfalt zusammen, eine Sicht, die uns auch vermittelt, dass spirituelle Freiheit nur in Beziehung zu anderen gewonnen wird.

Diese wechselseitige Durchdringung sämtlicher Phänomene wird im Buddhismus immer wieder betont. Ich empfand sie im Krankenhaus, wo ich umgeben war von der *Sangha*, besonders stark. Die Gemeinschaft (*Sangha* in Sanskrit) ist eine der wichtigsten Dimensionen des engagierten Buddhismus. Wir stellen uns oft vor, dass buddhistische Suchende jahrelang allein in Höhlen, im Wald oder auf Berggipfeln meditieren, so dass es uns überraschen mag, welche Wichtigkeit der Gemeinschaft beigemessen wird, aber der Buddha selbst hat die Bedeutung der Gruppenbindung und des Zusammenwirkens mit anderen immer wieder betont. Allein zu meditieren ist ein völlig anderes Gefühl, als in einem Raum voller Menschen in Meditation zu sein. Wenn ich mit anderen zusammen meditiere, kann ich beinahe greifbar spüren, wie meine Praxis unterstützt wird. In der Gemeinschaft sind wir zudem gefordert, die Lehren im täglichen Leben praktisch umzusetzen. Es ist eine Sache, zu spüren, wie das Herz sich in der Meditation voller Mitgefühl öffnet, und eine völlig andere, in Kopf und Herz offen zu bleiben, wenn wir es mit einem Nachbarn, einer Kollegin oder einem Partner zu tun haben, die uns mit ihrer Wut konfrontieren.

Im Krankenhaus spürte ich, wie die *Sangha* für mich an Bedeutung gewann, während ich die Zuwendung meiner buddhistischen, feministischen, politischen, theologischen, lesbischen, nachbarlichen und sonstigen Freundinnen und Freunde empfing, die einfach aus Liebe kamen und sich mir von ihrer reinsten Seite zeigten. Auch die Krankenschwestern und Pfleger, die mich versorgten, gehörten dazu. Ich begann das Netzwerk menschlicher Unterstützung zu erfahren, das sich um mich herum bildete und mich in den kommenden Monaten tragen würde.

Liegt das Schwergewicht auf der Gemeinschaft, wird uns unsere »Gewöhnlichkeit« bewusst. Wir teilen die Elemente, welche die Welt und damit auch menschliche Wesen ausmachen – Erde, Luft, Feuer und Wasser –, mit allen anderen Geschöpfen. Und wir durchlaufen ähnliche Entwicklungsphasen: Wir werden geboren, reifen heran, altern und sterben. Wir sind Teil des großen Netzes, das sämtliche Wesen im Universum einschließt und spiegelt. Also gab ich mich Corbins Hand auf meinem Rücken hin, und vielleicht spürte sie meine Dankbarkeit.

An jenem Abend passierte ein kleines Wunder. Ein neuer Schub von Besucherinnen war eingetroffen. Aus dem Fernseher plärrte das brutale Gerede von Zeichentrickfiguren, Apparate surrten, Stimmen drangen auf mich ein – ich fühlte mich, als würde mir durch die ständigen Angriffe auf meine Sinne die Haut abgeschält. Hinter dem Vorhang schwatzten die Besucherinnen meiner Zimmergenossin.

Kathryn, eine Freundin von der Graduate Theological Union, die an meinem Bett saß, muss meine Verzweiflung gespürt haben, denn sie nahm meine Hand und begann die ersten Töne von »Amazing Grace« zu summen. Ihre Stimme bildete einen ruhigen Strom inmitten all des Getöses.

Plötzlich verstummte der Fernseher. Hinter dem Vorhang breitete sich tiefe Stille aus. Dann schlossen sich mehrere voll tönende weibliche Stimmen der Stimme meiner Freundin an, und die sanfteste, zärtlichste Version dieser ehrwürdigen Hymne erfüllte den Raum. *Amazing grace, how sweet the sound ...*

Kathryn und ich sahen uns erstaunt an. Meine anderen beiden Freundinnen drehten sich um und starrten auf den Vorhang. Der Gesang ging weiter, eine innige, heilige Fassung dieses wunderschönen alten Liedes. Ich fühlte mich wie von liebevollen Armen gehalten und gewiegt.

Als der letzte Ton verklungen war, stand Kathryn auf und lugte hinter den Vorhang. »Das war wunderbar«, sagte sie zu den mir verborgenen Sängerinnen. »Uns allen hier hat das sehr gefallen.«

Mit meiner durch die Operation angeschlagenen Stimme (zusätzlich behindert durch den Schlauch, der durch meine Kehle in meinen Magen führte), krächzte ich: »Könnt ihr nicht noch etwas singen?«

Das taten sie. Sie sangen die getreue Fassung von »Jesu geh voran«, ein Kirchenlied, das ich als Kind in der methodistischen Kirche in Ohio gesungen hatte. Ich kannte es gut.

Als das Lied verklungen war, hatte sich die Atmosphäre im Zimmer völlig gewandelt. Wir wiegten uns jetzt in einer tröstlichen Stille, und all die aggressiven Geräusche aus dem Gang blieben außerhalb der friedlichen Blase, die uns umgab. Ich stellte fest, dass ich lächelte, und fühlte mich zum ersten Mal seit der Operation entspannt.

Ein strahlendes Gesicht schaute hinter dem Vorhang hervor. »Ich hoffe, Sie fühlen sich bald besser«, sagte die Frau und verschwand wieder. Ich hörte, wie die Besucherinnen meiner Zimmergefährtin gute Nacht sagten und gingen.

Am nächsten Tag erzählte mir Charlene, meine Bettnachbarin, dass es die Stimmen ihrer Schwestern gewesen waren, die so wunderschön geklungen hatten. Diese drei Frauen bildeten einen Chor namens Webb Sisters. Sie hatten unter stehenden Ovationen das Monterey Blues Festival eröffnet und sangen regelmäßig in afroamerikanischen Kirchen und bei anderen religiösen Zusammenkünften.

Ja, Freundlichkeit und Schönheit strahlten für mich, sofern ich empfänglich dafür war.

Hilf mir, die Nacht durchzustehen

Heilung schmerzt.
NANCY BERSON

In unserem kleinen Zimmer waren Charlene und ich uns auf eine gewisse Art näher gekommen: nicht durch den üblichen Austausch von Informationen, sondern indem wir uns bestimmte Gefühle mitteilten. (Ich sollte zehn Tage in jenem Zimmer verbringen.) Charlene, die an einer Divertikelentzündung des Darmes litt, welche bald von selbst abklingen würde, ging häufig nach unten, um eine Zigarette zu rauchen. (Die Patientinnen und Patienten standen in ihren Bademänteln in der kalten Luft draußen vor der Eingangshalle und qualmten vor sich hin.) Im Anschluss daran schaute sie jedes Mal bei einer anderen Patientin vorbei, mit der sie befreundet war. »Ihr Mann starb bei einem Autounfall«, erzählte mir Charlene. »Sie konnte seinen Tod nicht verwinden, und vor lauter Kummer fing sie an zu trinken und trieb es so weit, bis ihre Nieren versagten. Sie ist in einem solch schlechten Zustand, dass man nicht mehr viel für sie tun kann.«

Als Charlene heute von einer ihrer Zigarettenpausen zurückkehrte, sah sie aus wie vor den Kopf geschlagen. Sie hockte sich auf ihr Bett und starrte vor sich hin, schaltete noch nicht einmal den Fernseher an.

»Wie geht es ihr heute?«

Charlene warf mir einen raschen Blick zu, und ihr Gesicht verriet, dass sie froh über meine Anwesenheit war.

»Sie ist gestorben.«

Wir saßen still da, bis Charlene wieder das Wort ergriff.

»Als ich in ihr Zimmer kam, waren sie und ihre Sachen schon fortgeschafft worden. Dann hat die Krankenschwester es mir erzählt.«

Wir saßen da und betrachten die beigefarbene Wand. Nach etwa zehn Minuten richtete Charlene sich auf und griff nach der Fernbedienung. Den ganzen Nachmittag tobten Zeichentrickfiguren über den Bildschirm, und Charlene schaute mit abwesenden Augen zu, ihr Gesicht düster und bekümmert.

Ihren Rückzug respektierend, tat ich, als würde ich lesen, aber ich konnte Charlenes Schock und Trauer spüren und musste an ihre Freundin denken, die ein so tragisches Ende gefunden hatte. Ich fragte mich, ob ich für die beiden etwas tun konnte. In der Meditationshalle von Dhamma Dena hatten wir oft eine Praxis durchgeführt, die als *Metta* oder liebende Güte bekannt ist, und anderen liebevolle Wünsche geschickt: »Mögest du frei sein von Feindseligkeit. Mögest du frei sein von Kummer und Leid. Mögest du glücklich sein.« Während ich jetzt dasaß und auf die Seiten meines Buches schaute, öffnete ich mein Herz zunächst für mich selbst (denn im Buddhismus beginnt Mitgefühl immer mit einer liebevollen Haltung sich selbst gegenüber). Dann stellte ich mir Charlene vor, wie sie mit ihrer Freundin, die ich nie gesehen hatte, vor mir stand. »Möget ihr frei sein von Kummer und Leid«, wünschte ich den beiden stumm. »Möget ihr Frieden finden.«

Am dritten Morgen nach der Operation stellten der Chirurg und die Assistenzärzte fest, dass sich in meiner Wunde eine Infektion ausbreitete. Eine halbe Stunde später kam ein Arzt mit Bürstenschnitt, der sich über mich beugte und die meisten der oberflächlichen Fäden aus meinem Bauch zog, während ich vor Schmerz mit den Zähnen knirschte. Er war ehemaliger Militärarzt, kurz geschoren, energisch und noch nicht lange im Highland Hospital. Er versicherte mir, dass die Infektion jetzt, wo die Wunde offen war, abklingen würde. Als er das Zimmer verlassen hatte, war ich angesichts dieser Neuigkeiten noch immer wie erschlagen. Eine Infektion! War sie schlimm? Was konnte passieren?

An jenem Abend kamen mehrere Freundinnen zu Besuch. Zwei von ihnen waren vom Theater, dramatisch in Schwarz gekleidet und mit extravagantem Schmuck behängt. Mein Militärarzt hob die Brauen, als er ins Zimmer kam und die beiden sah. Einen Moment stand er still da, überrascht, so nehme ich an, von der sprühenden Lebendigkeit meiner Freundinnen, die in dieser grauen Umgebung besonders auffiel. Dann trat er näher und machte sich an der offenen Wunde in meinem Bauch zu schaffen. Als Erstes zog er die Mulltupfer heraus, die am bloßen Gewebe festklebten. Ich stöhnte, und die Gesichter meiner Freundinnen verzogen sich voller Anteilnahme.

Der Arzt stocherte mit einem Wattestäbchen in der Wunde herum, während ich dalag und auf seinen schwarzen Bürstenschnitt starrte, erstaunt über das Ziehen und Brennen, das er durch sein Tun verursachte.

Besorgt auf die geschäftigen Hände des Arztes blickend, fragte Naomi ihn nach den Zukunftsaussichten von Highland Hospital angesichts der jüngsten Etatkürzungen der kalifornischen Regierung und des problematischen Eifers Amerikas, die Krankenversorgung als staatliches Wirtschaftsunternehmen zu betreiben.

»Dieser Laden sollte geschlossen werden«, sagte er und griff nach einem frischen Mulltupfer. »Hier wird ziemlich ineffektiv gearbeitet. Die Versorgung der Patienten ist kostenintensiver als anderswo.«

Meine Freundinnen starrten ihn an, und ich spürte, wie sie vor Wut kochten.

»Aber was ist mit den Menschen, die keine andere Möglichkeit haben, als sich in Highland behandeln zu lassen?«, beharrte Grace.

Er beugte sich dichter über meine Wunde. »Man könnte das Geld, das hier reingesteckt wird, anderen Krankenhäusern zukommen lassen, wo die Leute besser versorgt werden.«

»*Müssen* Sie die Mulltupfer da rein tun?«, fragte ich.

»Hm-hm.«

»Dann müssen Sie sie ja auch wieder rausnehmen.«

Er hob den Kopf für einen äußerst knappen Blick in meine Augen. »So schlimm?«

»Ja, ziemlich.«

Er begann Mull in meine Wunde zu stopfen, wobei der rauhe Stoff mein Gewebe malträtierte.

»Das ist nur zu meinem Besten, ja?«, fragte ich.

»Glauben Sie, was Sie wollen.«

Er richtete sich auf und schaute meine Freundinnen mit dem Gesichtsausdruck eines Mannes an, der sich geschlagen gibt. »Warum kann man nicht mehr Geld locker machen?«, fragte Grace ihn. »Warum kann die Qualität der Versorgung nicht verbessert werden?«, drängte Naomi. Zum ersten Mal lächelte er, amüsiert über diese Frauen, die nicht locker ließen.

Und dann war er weg.

Das Morphium wurde abgesetzt. Jetzt machte sich der Schmerz bemerkbar. Die ganze Nacht lang lag ich auf der Seite, der Schlauch scheuerte an dem empfindsamen Gewebe meiner Nasenwände. Ich versuchte ihn mit der Hand so zu halten, dass er nicht drückte. Der Schlauch war an eine summende Apparatur angeschlossen, die die Magensäure absaugte und in ein Gefäß neben meinem Bett leitete. Diese Säure, die normalerweise die Nahrung zersetzt, hätte meine Magenwände zerfressen, wenn sie nicht herausgepumpt worden wäre, denn im Augenblick gelangte keine Nahrung in meinen Magen, und das würde so lange der Fall sein, bis die Chirurgen zu dem Schluss kamen, dass der Schnitt in meinem Darm ausreichend verheilt war.

Es war ein Uhr nachts. Charlene hatte den Vorhang zugezogen und den Fernseher ausgestellt. Ich hörte sie nebenan leise schnarchen.

Ich versuchte meine Schultern zu heben und zu senken, während ich tief atmete. Meine Rückenmuskeln waren verspannt und schmerzten dumpf. Vorsichtig drehte ich mich im Bett um in der Hoffnung, den Schmerz in meinem unteren Rücken zu lindern, aber vergebens. Und bei jeder Bewegung drückte der Nasenschlauch gegen die bereits wund gescheuerte Haut.

Am schlimmsten war der Schmerz in meinem Bauch. Die offene Wunde pochte und brannte unter den Mulltupfern. Um den Bauch zu öffnen, hatten die Chirurgen mehrere Muskelschichten durchtrennen müssen, und um ihn wieder zu schließen, mussten sie eine Schicht nach der anderen zunähen, von der tiefsten bis zur obersten, der Haut. In meinem Fall wurde die oberste Schicht offen gelassen, damit die Infektion behandelt werden konnte. Mein Militärarzt hatte mir versichert, dass sich die Wunde mit der Zeit von selbst schließen werde. Der Körper werde sich selbst reparieren; die Hautoberfläche werde sich zusammenziehen, damit die Wunde sich schloss. Ich hoffte, er hatte Recht.

Ich döste, nur um beim Aufwachen festzustellen, dass es erst halb zwei war. Der Morgen rückte in endlos weite Ferne, als ich mir der Schmerzen in meinem Rücken und des drückenden Schlauchs in meiner Nase wieder bewusst wurde. Meine Hand brannte an der Stelle, wo die Nadel steckte, die mich mit dem Tropf verband.

Um mich abzulenken, betrachtete ich die Blumensträuße und Pflanzen, die dicht gedrängt auf meinem Nachttisch standen. Eine weiße Hortensie im Topf, ein Strauß roter Rosen; blaue Iris und zartes weißes Schleierkraut in einer großen Glasvase. Crystals Mieterin aus dem Souterrain hatte mir eine Halloweenpflanze gebracht, gehalten von einer Strohbäuerin mit Kürbiskopf, auf dem ein großer Hexenhut thronte. Karten standen zwischen den Blumen und waren an die Wände geheftet. Meine Schwester hatte mir aus Florida eine große, bunte Genesungskarte geschickt.

Jeden Abend füllte sich meine Hälfte des Zimmers mit Besuch, und immer war mindestens eine von den »Wandering Menstruals« darunter. Sie erzählten mir, dass sie sich bei mir zu Hause mit Crystal getroffen und einen Plan für meine Versorgung nach meiner Entlassung gemacht hatten. Ich war glücklich über jeden Menschen, der zur Tür hereinkam, denn sie alle brachten mir Liebe, Anteilnahme, Humor und Zuwendung.

Ich war auch etwas überrascht von dieser Großzügigkeit, vor allem von Menschen, die ich gar nicht näher kannte. Eine Schülerin, eine Zenmeisterin, eine junge Frau, die mit mir die Graduate Theological Union besucht hatte, sie alle kamen, um bei mir zu sitzen, und schenkten mir Cassetten, Bücher, einen kleinen, zusammendrückbaren Gummipinguin (gegen die Angst) und einen kostbaren glatten Stein zum Festhalten.

Der Pinguin stand auf dem Nachttisch zwischen den Karten. Ich griff nach ihm, drückte seinen weichen Gummikörper zusammen und glitt schon bald in den Schlaf.

Als ich einige Zeit später wieder aufwachte, fühlte ich mich von Schmerz geradezu überwältigt. Mitten in dieser langen Nacht stieg Frustration in mir auf, und ich tat mir selbst Leid. Crystal war am Tag zuvor zu Besuch gekommen, und wir hatten über die näher rückende Aufführung ihres Chorstückes gesprochen. Ich hatte meine ganze Kraft zusammengenommen, um ihr zu helfen, einen Weg zu finden, wie sie mit den Chormitgliedern arbeiten konnte, denn diese taten sich schwer damit, sich auf die provozierenden Dissonanzen und Multi-Rhythmen ihrer Komposition einzulassen. Indem ich mich in ihr Dilemma einfühlte und mit ihr daran arbeitete, es zu lösen, empfand ich zum ersten Mal seit unserem Krach vor der Operation eine gewisse Nähe zu ihr. Wir gingen herzlich miteinander um – Crystal, deren Verpflichtungen ihr über den Kopf zu wachsen drohten, und ich, die ich versuchte, ihr nützliche Ratschläge zu geben und sie zu beruhigen. Ganz gleich, was sonst zwischen uns geschah, wir waren immer imstande gewesen, uns gegenseitig bei unserer Arbeit zu unterstützen. Aber als sie gegangen war, lag ich erschöpft in meinem Bett und spürte, dass das Gespräch mich viel Kraft gekostet hatte.

Jetzt, um drei Uhr morgens, starrte ich in das Halbdunkel des Krankenzimmers. Mein Rücken pochte, und die Wunde brannte vor Schmerz.

Was würde Ruth Denison zu meinem Dilemma sagen? Ich stellte mir vor, wie sie mit ihrem kräftigen Körper und den breiten Schultern am Fußende meines Bettes stand und sich zu mir vorbeugte. »Liebes«, hörte ich sie sagen. »Ein Teil deiner Schmerzen geht auf deine Angst vor Schmerz zurück. Du möchtest so sehr, dass er verschwindet. Du ziehst in die andere Richtung, deswegen wird der Schmerz größer.«

Bei vielen ihrer Vorträge in der Meditationshalle in Dhamma Dena hatte Ruth über unsere Angst und unser Leiden gesprochen.

»Wie wäre es, wenn du dich deinem Schmerz hingibst, ihn willkommen heißt wie einen Freund? Du bringst ihm großes Interesse entgegen und schenkst ihm deine ganze Aufmerksamkeit. Kannst du deinem Schmerz diese Aufmerksamkeit schenken? Wie sehen die Empfindungen in deinem Rücken aus? Wie ist ihre Beschaffenheit, ihre Intensität, ihre Struktur? Bleiben sie immer gleich oder verändern sie sich? Dein Schmerz ist nicht einfach Schmerz: Er ist ein würdiges Objekt für dein meditatives Forschen. Kannst du mit ihm sein? Kannst du zu diesem Körper/Geist-Prozess zurückkehren und bei ihm bleiben, ihn erforschen und erkennen, dass er fortwährender Veränderung unterworfen ist, dass er keine Substanz hat?«

»Schon gut, Ruth, *schon gut!*«

»Ja, Liebes, versuche es. Du weißt, wie es geht.«

Langsam drehte ich mich wieder auf die Seite, rückte den Schlauch in meiner Nase zurecht, glättete den anderen Schlauch, der von der Nadel in meiner Hand zu dem hängenden Beutel mit

Flüssigkeit lief, und versuchte, so weit wie möglich mit meinem Körper in Kontakt zu kommen. Zuerst achtete ich auf meinen Atem, beobachtete, wie er langsamer und tiefer wurde. Dann wurde ich mir meines unteren Rückens bewusst, wo ich einen wulstigen, verhärteten Gürtel von Empfindungen wahrnahm. Ich blieb mit meiner Aufmerksamkeit dort und beobachtete diesen Schmerz, der sich verfestigt zu haben schien, verweilte bei ihm, auch wenn ich den Drang verspürte, ihm zu entkommen. Nein, bleib hier. Sei Beobachterin.

Während ich meine Aufmerksamkeit auf meine Körperempfindungen richtete, verloren sie allmählich ihre Solidität. Jetzt erlebte ich sie als Bewegung, als ein Pulsieren und Fließen, den chaotischen Tanz von Atomen. Weiter drang ich nicht vor; ich erlebte diesen Aufruhr immer noch als meinen Schmerz, begann aber ein aufrichtiges Interesse an der Natur meiner Empfindungen zu entwickeln – an manchen Stellen heiß, dann wieder wie elektrische Ströme, die meine Nerven zum Zucken brachten, oder wie ein Fließen von Teilchen. Ich blieb mit meinem Bewusstsein dort, in meinem unteren Rücken, fasziniert von dieser Aufführung.

Eine Zeitlang war meine Konzentration beständig, selbst wenn ein Teil von mir aufschreien wollte vor Schmerz. Von irgendwo weit her vernahm ich die Stimme einer Krankenschwester. Meine Zimmergefährtin schnarchte und drehte sich in ihrem Bett herum. Ich blieb weiter bei den Empfindungen in meinem Rücken, richtete mich immer stärker auf das Muskelgewebe dort unten aus.

Und schließlich waren da nur noch Empfindungen – ohne einen Namen, eine Definition, eine Assoziation –, nur ein elementares Vibrieren von Phänomenen, die Ausdruck von Leben waren.

Einige wenige Augenblicke konnte ich bei dieser Erfahrung des Fließens, losgelöst von meinen Identifikationen und Wünschen, verweilen. Welch unglaubliche Freiheit mir das schenkte.

Dann fiel ich zurück in mein »Ich«, erlebte die Empfindungen, als hafteten sie an »mir«, und sie wurden wieder zu Schmerz. Das Muskelgewebe in meinem unteren Rücken beschwerte sich aufgebracht.

Ich verbrachte die Stunden bis zur Morgendämmerung, indem ich abwechselnd tief in die Empfindungen und die Energie im

Muskelgewebe eindrang und die Aktivität dort dann wieder als »Schmerz« identifizierte und empfand. Vor und zurück, aufmerksam und wieder in meiner Konzentration nachlassend und mich erneut konzentrierend.

Schließlich drang das Morgenlicht fahl durch das Fenster ins Zimmer. Ich hörte, wie Charlene sich in ihrem Bett umdrehte, und wusste, bald würde die Krankenschwester kommen.

Allmählich wurden die Vorrichtungen, die mich an eine Apparatur oder einen Tropf fesselten wie Gulliver an den Boden, entfernt. Wie kann ich die Erleichterung beschreiben, als die Krankenschwester meinen Nasenschlauch herauszog? Sicher, es war die reinste Marter, aber anschließend konnte ich ungehindert atmen, beide Nasenlöcher waren jetzt wieder frei. Welche Freude mein Körper empfand!

Und ich trank etwas Saft – zum ersten Mal seit sechs Tagen nahm ich etwas in den Mund und schluckte es.

Eines Nachmittags stand Sandy Butler am Fußende meines Bettes, sprühend vor Energie. Ihre Vitalität machte mir meine eigene Schwäche bewusst. »Crystal lässt dich ganz lieb grüßen«, sagte sie zu mir. »Sie steht so schwer unter Druck mit ihrer Komposition, dass sie heute nicht kommen kann, aber sie denkt an dich.« Ich stellte mir vor, wie Crystal an dem Tisch saß, an dem sie ihre Musik schrieb, ihr Keyboard vor sich. Einen Augenblick zog sich mein Herz vor Sehnsucht nach ihr zusammen.

»Was macht deine Wunde?«, fragte Sandy.

»Ach, immer noch entzündet.«

»Und wann bekommst du die Untersuchungsergebnisse?«

Sandy war praktisch und direkt wie immer, aber ich fragte mich unwillkürlich, wie sie die Situation empfand und ob sie emotional noch immer erschüttert war durch den Tod ihrer Partnerin. In jener schwierigen Zeit hatte ich Sandy besser kennen gelernt. Wir waren uns schon früher in einer feministischen Gruppe begegnet, und ich war beeindruckt gewesen von ihrer Intelligenz, ihrer Zuversicht und ihrer Statur, hatte mich aber nicht bemüht, ihr näher zu kommen. Als dann ihre Partnerin mit Krebs kämpfte, wurden Sandy und ich Freundinnen. Sandy fuhr von San Francisco, wo sie lebte, regelmäßig über die Bay Bridge, um einen Nachmittag mit mir in Oakland zu verbringen. Da ich ihre Partnerin kaum kannte und nicht zu den Menschen gehörte, die sich um sie kümmerten, wurde ich für Sandy zum »Außenposten«. Wir gingen unter den Bäumen auf dem Mountain View Cemetery spazieren, sprachen über Politik und Literatur, über Sandys zwei erwachsene Töchter und deren Leben – über alles, nur nicht über Krebs und Krankheit.

Sandy ging schnell und sprach schnell; sie tat ihr Bestes, sich eine Verschnaufpause von ihren Sorgen zu gönnen, während sie mir erzählte, wie aufgeregt sie gewesen war, als sie zum ersten Mal bei einer wichtigen Konferenz die Eröffnungsrede hielt, oder wie sie mit den Frauen arbeitete, die in Frauenhäusern tätig waren. Ich passte mich ihren großen Schritten an und erfuhr, dass Sandy Jazz liebte und sehr viel darüber wusste. Mir wurde klar, dass Sandy unsere Treffen deswegen so schätzte, weil sie ihr ins Bewusstsein riefen, dass die Welt aus mehr bestand als daraus, zuschauen zu müssen, wie ihre Partnerin den Kampf um ihr Leben langsam verlor.

Jetzt, im Highland Hospital, hob ich als Antwort auf Sandys Frage beide Hände.

»Was ist los?«, fragte sie.

»Das ist ein schwieriges Thema.«

»Der Untersuchungsbericht?«

»Hm-hm.«

Sandy senkte den Kopf, sah mich einen Augenblick über den Rand ihrer Brille hinweg an und trat dann näher, um sich neben mich auf das Bett zu setzen. Sie schlang die Arme um mich. »Tut mir Leid, dass ich dich gleich so ins Verhör genommen habe.«

Während ich mich in ihre warmen Arme schmiegte, wurde mir bewusst, wie viel Angst in mir wach wurde, wenn ich an die Untersuchungsergebnisse dachte. Irgendwo in dem großen Gebäude des Highland Hospital schlitzte ein Pathologe den Abschnitt meines Darmes auf, den sie aus meinem Bauch entnommen hatten, und schnitt den Tumor auf. Ein weiterer Pathologe beugte sich über ein Mikroskop und untersuchte die Zellen der Lymphknoten, die mit dem Darmabschnitt zusammen entnommen worden waren, und sprach die Worte ins Diktaphon, die eine Sekretärin später tippen würde – Worte, die über meine Zukunft entschieden.

Sandy und ich saßen still da. Sie hatte die Arme fest um mich geschlossen und blickte aus dem Fenster neben meinem Bett in den strahlenden Herbsthimmel. Jeden Tag sah ich, wie sich der Himmel von der Morgendämmerung über volles Sonnenlicht bis zum Zwielicht des Abends veränderte. Ich beobachtete, wie das Licht auf den Türmen des alten Krankenhauses spielte, das im Stil einer spanischen Mission in rotem Sandstein mit cremefarbenem Stuck gebaut war. Ich war sieben Tage lang nicht draußen gewesen, hatte weder frische Luft auf meiner Haut noch Erde oder Beton unter meinen Füßen gespürt. Der Wunsch, in die Welt hinaus zu entkommen, war nahezu überwältigend.

»Es wird noch eine weitere Woche dauern, bevor die Ergebnisse vorliegen«, erzählte ich Sandy. »Doktor Bold kam gestern zur Visite und sagte mir, ich solle nach meiner Entlassung einen Termin mit ihm ausmachen, damit wir uns den Bericht zusammen ansehen können.«

»Ich begleite dich«, bot sie an und schwieg einen Moment. »Es sei denn, Crystal geht mit dir.«

»Danke«, sagte ich zu ihr.

Als Sandy gegangen war, hörte ich eine Cassette von den Webb Sisters mit bluesgefärbten Gospels, die Charlene mir dagelassen hatte, als man sie entließ. Das Zimmer kam mir so groß vor ohne sie. Der Magenschlauch musste meine Kehle gereizt haben, denn jetzt hustete ich. Aber bei jedem Husten zuckte mein aufgeschnittener Bauch, und der Schmerz schoss mir durch den ganzen Leib. Also nippte ich an einem Glas Wasser und versuchte das Kitzeln hinten in meiner Kehle zu ersticken.

Die Wunde in meinem Bauch war ein langer Schlitz, noch gut zwei Zentimeter offen und innen rosarot und weiß. Dr. Bold und mein Militärarzt meinten, es sehe großartig aus, aber ich hatte fast die ganze Zeit heftige Schmerzen und bat darum, mir etwas dagegen zu geben.

In meiner letzten Nacht im Krankenhaus, als alles still war, wurde ich von schnellen Schritten im Gang geweckt. Der diensthabende Pfleger rief laut: »Was ist los?«, und aus dem Zimmer nebenan befahl eine angespannte Stimme: »Holt das Absauggerät!« Ich lag hellwach da, hörte, wie Schritte aus allen Richtungen herbeieilten und ein Rollwagen durch den Gang und holpernd über die Schwelle des Nebenzimmers geschoben wurde. Es steht auf der Kippe, dachte ich. Sie versuchen, ihn zurückzuholen. Die Geschäftigkeit hielt eine Weile an. Dann ebbte sie ab, und ich hörte, wie eine Schwester nach der anderen das Zimmer verließ. Ah, dachte ich, geschafft. Er hat's gepackt. Und ich glitt in den Schlaf.

An jenem Morgen war der Blick aus dem Fenster wunderschön, das Licht streifte die Bäume und ließ die kleine, ordentliche Häuserreihe auf der gegenüberliegenden Straßenseite wie von innen erleuchtet scheinen.

Als Willa, die Schwesternschülerin aus Nigeria, in mein Zimmer kam, um meine Vitalzeichen zu prüfen, fragte ich sie nach dem Aufruhr der vergangenen Nacht. Sie war eine scheue, zurückhaltende Person. Sie senkte den Kopf. »Er hat es nicht geschafft.«

»Aber warum nicht?«

»Das weiß niemand. Wir haben seine Vitalzeichen ständig überwacht, aber als Rhonda nach ihm sah, war er bereits tot. Wir konnten ihn nicht zurückholen.«

Der Mann, der gestorben war, so erzählte sie mir, war am Rücken operiert worden. »Aber daran stirbt man doch nicht!«, protestierte ich.

Sie beugte sich gerade über meinen Arm, um den Venenzugang zu überprüfen, der mich immer noch mit dem Tropf verband. Jetzt richtete sie sich auf und sagte, während sie mit zwei warmen Fingern die Innenseite meines Armes berührte: »Ja, aber bei einer Operation – und deren Nachwirkungen – kann alles Mögliche passieren.« Sie hielt inne und fuhr dann mit ihrem melodischen Akzent fort: »Die Atmung und all das – das gesamte Körpersystem wird solch einem extremen Zustand ausgesetzt ...«

Als ich wieder allein war, saß ich in meinem Bett und spürte, dass in dem Zimmer neben mir jemand gegangen war. Willa hatte gesagt, der Mann sei Mitte vierzig gewesen. Ich bin sicher, dass er und seine Familie nicht im Entferntesten daran gedacht hatten, er könne an einer Rückenoperation sterben!

Die »examinierte Schwesternhilfe« kam mit dem Frühstückstablett herein. Sie war aus Afrika oder der Karibik – ich konnte ihren Akzent überhaupt nicht einordnen. An diesem Morgen schaute sie mich nicht an, als sie mir das Tablett hinknallte. Ich sah, dass sie das Falsche gebracht hatte. »Entschuldigen Sie«, sagte ich. »Ich bekomme immer angereicherte Flüssigkeiten, keine klaren.« Sie verdrehte die Augen und zuckte mit den Schultern. »Das *sind* angereicherte Flüssigkeiten!«, schnauzte sie, drehte sich um und stürzte aus dem Zimmer. Ich fühlte mich, als hätte sie mich ins Gesicht geschlagen.

Vom Gang her hörte ich ihre laute, gereizte Stimme; dann vernahm ich, wie jemand protestierte: »Sie ist einfach unverschämt!« Ein Stimmengewirr brach aus, die Schwesternhilfe gab einen vernichtenden Kommentar zu den Charakterschwächen verschiedener Menschen ab, den ich aufgrund ihres deftigen Akzents kaum verstehen konnte, während mehrere andere Stimmen sich zu gleicher Lautstärke erhoben und gegen sie geiferten. Schließlich drohte sie mit einem gereizten Fauchen: »*Ich geh dir gleich an die Gurgel!*«

Ich richtete mich kerzengerade auf, meine Nerven bebten angesichts dieser Androhung von Gewalt, und mein Verstand forschte nach den Zusammenhängen. Was konnte diese Frau so auf die Palme gebracht haben – der Tod des Patienten letzte Nacht? Ein Streit mit ihrem Mann? Denn sie klang, als hätte sie völlig die Kontrolle über sich verloren. Jetzt hörte ich, wie die Krankenschwestern beruhigend auf sie einredeten, sie freundlich ermahnten und besänftigten.

Ihre Worte klangen in mir nach. »Ich geh dir gleich an die Gurgel!« Welch prachtvolle Drohung! Würde sie zubeißen oder ihre Fingernägel benutzen? Ich lehnte mich zurück und genoss das Drama, spürte, wie meine Stimmung stieg.

Doch dann wurde mir klar, dass ich ein Problem hatte: Woher bekam ich jetzt das richtige Frühstück?

Ich dachte wieder an den Mann, der im Nebenzimmer gestorben war. Auch mein Körper war solch einem »extremen Zustand« ausgesetzt und in der heiklen Balance zwischen Leben und Tod gehalten worden, damit sie mich aufschneiden und in mich hineingreifen konnten. Ich hatte mich ebenfalls auf diesem Grat befunden und war auf die Seite des Lebens gefallen, hätte aber leicht auch in den Tod stürzen können. »Es ist die Natur aller Dinge, Form anzunehmen, um sich wieder aufzulösen«, sagt der Buddha.

Ich spürte, wie Tränen mir in die Augen stiegen, überquollen und meine Wangen hinabliefen. Tränen fielen auf meine Hände, auf mein Krankenhaushemd. Ich empfand eine riesige, traurige Erleichterung um meiner selbst willen und eine tiefe Traurigkeit um des Mannes willen, der gestorben war, und seiner Familie. Ich weinte über meine traumatische Erfahrung und meinen Schmerz und über seinen. Und über die Schwesternhelferin, die vor Wut hysterisch herumgeschrien hatte: Welch schreckliches Ereignis hatte dieses Verhalten bei ihr ausgelöst?

Tränen liefen mir über das Gesicht, und ich begann zu schluchzen. Ich ließ es einfach geschehen, versuchte weder zu weinen, noch das Weinen zu unterbinden, ließ die Tränen auf meine Hände und mein zerknittertes Nachthemd fallen.

»Oh, was ist los?«

Ich schaute zur Seite und sah Willa im Türrahmen stehen, ein Frühstückstablett in den Händen, die Augen in ihrem freundlichen Gesicht rund vor Sorge.

»Alles in Ordnung«, brachte ich hervor. »Wirklich, es ist wirklich alles in Ordnung.«

Sie setzte das Tablett ab und blieb zögernd neben meinem Bett stehen. Ich wollte, dass sie ging, damit ich mit meinem Kummer und meiner Erleichterung allein sein konnte. Und kurz darauf verschwand sie auch.

Altar

*Jeder hat einen Geist, der sich ausdehnen kann.
Aber wir müssen diese Art Geist pflegen. Jetzt geht es um
das Loslassen von Hindernissen, ein Weiterwerden des Geistes,
bis er das Unmögliche einschließt, das, was besagt:
»Nichts existiert außer Frieden.«*
AYYA KHEMA

Im Wohnzimmer hatte ich in einem grob gezimmerten Schränkchen mit Kerzen, Räucherwerk, Steinen und einer Muschel einen Altar errichtet. Als ich aus dem Krankenhaus nach Hause kam, stellte ich Fotos von Verstorbenen dazu, die mir lieb und teuer gewesen waren. Ich wollte mit jenen kommunizieren, die jetzt in einem anderen Zustand existierten. Die Zenmeisterin Maurine Stuart schaute mich aus einem energischen Gesicht an, eine Augenbraue hochgezogen, als forderte sie mich auf, »nichts zu tun, um dem auszuweichen«, was auch immer mir auf meinem Weg begegnete. Nach jenem ersten Blick auf sie, den ich auf der Konferenz über Frauen und Buddhismus erhaschte, hatte ich mehr über sie erfahren. Seit vielen Jahren Vorsitzende der Cambridge Buddhist Association verkörperte Maurine die machtvolle Präsenz von Zen, jene Fähigkeit, in jedem Augenblick ganz da zu sein. Sie war von ganzem Herzen Zenmeisterin, ebenso wie sie von ganzem Herzen Ehefrau und Mutter, Konzertpianistin und Frau gewesen war. Sie wurde zutiefst verehrt. Es war schon einige Jahre her, seit sie an Krebs gestorben war, aber für mich war sie immer noch so gegenwärtig wie an jenem ersten Tag, an dem ich sie auf der Konferenz gesehen hatte, beeindruckend in ihrer schwarzen Robe, und später, wenn ich sie in ihrer Wohnung in Cambridge besucht und zugehört hatte, wie sie Bach und Beethoven spielte, oder mit ihr in ihrer Küche Tee trank.

An die Türen des Schreins waren Fotos von tibetischen Altären in Dharamsala, Indien, geheftet. Eine westliche Frau, die Freundin einer Bekannten, hatte dafür gesorgt, dass dort von den Lamas Wunschgebete für meine Heilung gesprochen wurden. Sie schrieb:

»In Bodhanath habe ich jetzt zwei Mal Gaben an der buddhistischen Stupa dargebracht, damit Zeremonien für dich und deine Heilung und für das Überwinden von Hindernissen abgehalten werden.« Die Fotos zeigten die großen, nach allen vier Himmelsrichtungen schauenden Augen des Buddha, bunte Arrangements aus Gebetsfahnen, unzählige Gebetsmühlen, umgeben von Butterlampen und *Tormas*, rituellen Gaben, die aussehen wie unförmige Kerzen. Die Frau hatte auch einen Lama bewogen, auf seiner Pilgerreise zur heiligen Stadt Bodhgaya, dem Ort der Erleuchtung des Buddha, Blumen, Butterlampen und Räucherwerk für mich darzubringen. Ich wusste, dass auch hier Menschen für mich beteten.

Aus der strengen Sicht des Theravada-Buddhismus, der keine Gottheiten verehrt, ergeben Gebete keinen Sinn; aber durch meine Verbindung zur Göttin Kwan Yin hatte ich mich für die Vorstellung geöffnet, dass an den Ereignissen unseres gewöhnlichen Lebens andere Dimensionen von Realität mitwirken. Wie die Meditation kann auch das Gebet im Buddhismus ein Weg sein, uns mit der letztendlichen, grundlegenden Natur des Universums zu verbinden. Durch das Gebet werden wir empfänglich für ein umfassenderes Bewusstsein und schließen uns an die Liebe und das Mitgefühl an, die allen Wesen zugänglich sind.

Dr. Larry Dossey, ein medizinischer Forscher, hat gezeigt, dass Beten die Heilung beeinflusst, ganz gleich, ob die kranke Person von diesen Gebeten weiß oder nicht. Dossey hat belegt, dass die Wirkung von Gebeten durch Entfernungen nicht abgeschwächt wird, also konnten die Rezitationen von tibetischen Männern in ihren rotbraunen Roben auf der anderen Seite des Globus tatsächlich Auswirkungen auf mein Befinden haben. Wenn Realität nichts örtlich Begrenztes ist, besteht die Möglichkeit, dass unzählige Einflüsse an vielerlei Orten der Welt zusammenwirken und den Ereignissen meines täglichen Lebens zugrunde liegen.

Ich würde alle Hilfe brauchen, die ich bekommen konnte, denn einige Tage zuvor hatte ich meine Untersuchungsergebnisse erfahren. In die lärmige chirurgische Klinik wurde ich weder von Crystal noch von Sandy, sondern von einer Frau namens Victoria begleitet, die ich von der Graduate Theological Union kannte. Knie an Knie saß ich mit ihr vor Dr. Bold, der mir die unscharfe Kopie des Berichtes zeigte und mir erläuterte, was man bei meiner Operation entdeckt hatte: Der Krebs war in die Darmwand gewachsen. Und dann kam die schlimmste Nachricht: »Zwei von 27 Lymphknoten positiv – das heißt, der Tumor hatte sich bereits auf zwei Lymphknoten ausgeweitet.« Victoria legte mir beruhigend die Hand auf die Schulter. »Ich werde Ihnen eine Zeichnung machen«, sagte Dr. Bold. »Aber Sie wissen ja, was für ein miserabler Künstler ich bin.« Er skizzierte einen langen, gewellten Schlauch. »Das ist Ihr Darm, sieht ähnlich aus wie ein Fragezeichen: Der Blinddarm liegt hier und Ihr Dünndarm in der Mitte. Ihr Tumor befand sich an dieser Stelle, den haben wir herausgenommen. Wir haben die Leber und den ganzen umliegenden Bereich untersucht und sind auf keine weiteren Tumorabsiedlungen gestoßen. Und bei dieser Operation nehmen wir auch alle Lymphknoten heraus. Einige Zellen haben gestreut und befanden sich in diesen Lymphknoten.«

Dr. Bold machte eine Pause und schaute von seiner Zeichnung hoch.

»Das ist kein gutes Zeichen«, sagte ich. »Drittes Stadium, stimmt's?«

»Ja.« Er nickte. »Aber wir können etwas dagegen unternehmen. Bei Menschen, bei denen das Risiko besteht, dass der Krebs streut, aber in so geringem Umfang, dass wir bei Röntgenuntersuchungen oder während der Operation nichts davon wahrnehmen, können wir die Gefahr, dass der Tumor sich ausbreitet, mindern. Darmkrebs behandeln wir mit Chemotherapie.«

Während ich zu Hause vor meinem Altar saß – wobei ich auf meine immer noch offene Operationswunde Acht gab –, betrachtete ich das Bild von Lex Hixon, einem berühmten religiösen Gelehrten und Meister, eingeweiht in mehreren Traditionen. Ich erinnerte mich an meine erste Begegnung mit ihm bei einem Vortrag in San Francisco, wo er Gedichte aus seinem Buch *Mother of the Universe* vorstellen wollte. Lex erklärte, zunächst werde eine Tänzerin die Bühne betreten; wir sollten wissen, dass sie, eine ganz normale Frau, zur Göttin Kali gewandelt worden war, welche die ursprüngliche Energie, die alles Leben erschafft und zerstört, verkörpert. Kali ist eine zürnende Göttin und doch steht sie für das Mütterliche, denn Leben und Geburt sind aufs Engste mit Tod und Zerstörung verbunden. Kali ist Schöpferin, Beschützerin und Zerstörerin in eins. Lex bat uns, uns vorzustellen, dass die Göttin tatsächlich im Körper der Tänzerin erscheinen würde.

Als eine kleine Frau in einem scharlachroten Sari die Bühne betrat, ging eine Woge der Erregung durch die Menge. Was sahen wir da vor uns? Und dann, mit einer Geste, die uns so fremd vorkam und in sich doch so vollkommen war, dass wir nach Luft schnappten, begab sich Lex, ein großer, kräftiger Mann mit Bart, auf die Knie und warf sich zu den mit Glöckchen geschmückten Füßen der Tänzerin nieder. Durch diese Geste vollkommener Hingabe ließ er sie als die Göttin selbst erkennbar werden. Einige Frauen begannen zu weinen; ich spürte, wie ich den Atem anhielt.

Später hatte ich mit Lex, der bei diesem Gespräch meine Hand hielt, einige Worte gewechselt und dabei gedacht: Sollte ich jemals bei einem Gelehrten in die Schule gehen, dann bei diesem. Ich hatte sogar erwogen, an die Ostküste zu ziehen, wo Lex lebte, und seine Schülerin zu werden.

Jetzt, wo der Krebs in meinem Körper war, tauchte Lex in einer Meditation auf. Er stand auf einer Lichtung inmitten dunkler Wälder, massig wie ein Bär. Ich sah, dass dort, wo sich sein Herz befinden musste, eine lavendelfarbene Kristallrose in seiner Brust glühte und ihr Licht verströmte. Ich wünschte mir verzweifelt, auch in meinem Herzen möge eine solche Blüte leuchten. Als Antwort auf mein Bitten sagte Lex: »Wenn du dieses ganze Jahr über stark bleiben kannst, wirst auch du solch ein Herz bekommen.«

In der trostlosen, mit Vorhängen abgetrennten Kabine im Krankenhaus erklärte Dr. Bold: »Ihr Tumor hatte bereits das Stadium erreicht, wo sich einzelne Zellen von ihm lösten. Die Aufgabe der Lymphknoten besteht darin, alles abzufangen, was streut. Sie haben also ihre Arbeit getan und einige Zellen aufgehalten, aber wir können nicht wissen, ob nicht eine dieser Zellen durchgeschlüpft ist. Oder zwei.«

Victoria fragte: »Wenn zu diesem Zeitpunkt Zellen in die Blutgefäße wandern, wo landen sie dann?«

»Mit größter Wahrscheinlichkeit in der Leber. Wir haben es dann immer noch mit Darmkrebs zu tun, sprechen aber in diesem Falle davon, dass der Krebs metastasiert oder sich auf die Leber ausgebreitet hat. Darmkrebs eben, der in der Leber wächst. Die besten Behandlungschancen bestehen, wenn die Anzahl der Krebszellen gering ist; es ist leichter, zehn als Hunderte von Millionen Zellen zu töten. Auch wenn wir nicht genau wissen, ob Zellen überhaupt gestreut haben, würde ich sagen, es ist in jedem Fall besser, Sie zu behandeln und Ihnen alle Heilungschancen zukommen zu lassen, so lange es noch um wenige Zellen geht. Das nicht zu tun hieße, die Möglichkeit zu ignorieren, dass einige Zellen bereits in Ihrer Leber zu wachsen begonnen haben, und Sie vielleicht erst in fünf bis sieben Jahren zu behandeln. Doch ich spreche hier lediglich eine Empfehlung aus. Ich möchte, dass Sie unsere Onkologen aufsuchen, die Sie noch ausführlicher informieren können.«

»Könnten wir nicht einfach dranbleiben und alle halbe Jahr einen Test machen oder so?«, fragte ich.

»Wir könnten über Bluttests feststellen, ob der Krebs in Ihrer Leber wächst«, antwortete Dr. Bold, »aber zu dem Zeitpunkt, an dem wir irgendwelche Abweichungen feststellen, ist der Krebs bereits relativ fortgeschritten.« Er machte eine Pause. »Bei etwa 30 bis 40 Prozent der Patienten mit einem ähnlichen Befund wie Ihrem hat der Krebs in andere Organe gestreut; 60 bis 70 Prozent hingegen bekommen niemals wieder Darmkrebs.«

Ich starrte Dr. Bold an, als er erläuterte, dass der Onkologe wahrscheinlich die Routinebehandlung von wöchentlichen Infusionen über einen Zeitraum von 48 Wochen empfehlen würde. 48 Wochen! Das war unvorstellbar für mich.

Lex Hixon starb wenige Wochen nach meiner Operation an Darmkrebs, der bereits zu weit fortgeschritten war, um aufgehalten werden zu können. Als junger Mann hatte er geschrieben:

Ich behaupte einfach,
alles ist Licht:
das Meer, die Hügel, die Pferde, die Symphonien ...
In den tanzenden Flammen meines Scheiterhaufens
möchte ich nichts anderes lesen
als die rätselhafte Inschrift:
Alles ist Licht.

Jetzt hatte ich Grund genug, an den Tod zu denken, mir eine herumirrende Krebszelle vorzustellen, die durch meinen Bauch in meine Leber wanderte, wo sie in jenes strotzende Organ eindrang und sich zu teilen begann, Zellen anhäufte, das zu Gewebe, dann zu einem Knoten wurde, zur Geschwulst, zum kleinen Monstrum, tödlicher noch als das letzte.

Und so betrachtete ich die Porträts der Toten und sann über die buddhistische Sicht des individuellen Selbst nach. Zenmeisterin Joko Beck (glücklicherweise noch am Leben) beschreibt einen Strom, in dem sich kleine Strudel bilden. Sie haben eine Form, sie sammeln Abfall an und wirbeln eine Zeitlang herum, immer noch Teil des Stromes und dennoch unterschieden von ihm; und dann verlagert sich ein Stein am Grunde des Flusses, der Strudel löst sich auf, der Abfall treibt davon, und wieder existiert nur noch der Fluss. So sind wir, jede und jeder von uns, ein Arrangement von Energie, das eine Zeitlang besteht und dann auseinanderbricht, sich auflöst und wieder im Strom aufgeht.

Als eine Schülerin Joko fragte, ob sie meine, das Leben unterscheide sich nicht vom Tod, antwortete diese: »Es gibt kein Leben und keinen Tod, *und* es gibt Leben und Tod. Wenn wir nur das Letztere kennen, klammern wir uns an das Leben und fürchten den Tod. Wenn wir beides sehen, verliert der Stachel des Todes weitgehend an Schärfe.« Der Strudel und der Fluss, relative und absolute Realität – indem ich saß, mitten im Leben, und mit den Toten redete, versenkte ich mich in beides.

Als wir uns von Dr. Bold verabschiedet hatten und aus dem Krankenhaus traten, nahm Victoria meinen Arm. »Wie geht es dir? Meinst du, du kannst fahren?« Denn dummerweise waren wir mit zwei Autos gekommen. Ich ging in mich und spürte, dass ich nicht ganz präsent, nicht ganz in meinem Körper war. »Komm, setzen wir uns«, drängte sie. Wir ließen uns auf einem Mäuerchen nieder. Victoria, Theologiestudentin und Theaterdirektorin, schien genau zu wissen, wie sie mir helfen konnte. »Stell deine Füße flach auf den Boden«, wies sie mich an. Ich tat es, spürte den harten Asphalt unter meinen Schuhen. Wir saßen still da, und ich hielt mein Gesicht der Herbstsonne entgegen. »Du musst jetzt keine Entscheidung treffen«, sagte Victoria. »Wir werden hören, was der Onkologe zu sagen hat. Nimm dir Zeit, über alles gründlich nachzudenken. Dr. Bold hat gesagt, du sollst dir einen Monat Zeit lassen, um dich von der Operation zu erholen, bevor du mit der Chemo anfängst. Also hast du einen Monat, um Nachforschungen anzustellen.« Ich nickte und blickte über die Straße zu den ordentlichen kleinen Häusern mit ihren Stuckfassaden, den bunten Stufen und den schmalen gepflegten Rasenflächen. Allmählich ließen die Häuser sich aus einer erweiterten, schwebenden Existenz in ihren normalen Umrissen nieder. Ich begann mir meines Atems bewusst zu werden – saß dort auf der Mauer und verfolgte den Ein- und Ausatem, ein und aus, und kehrte dankbar in meinen wunden, gefährdeten Körper zurück.

Auf meinem Altar zu Hause stand ein Foto von meinen Eltern, das ich einige Monate vor dem Tod meines Vaters aufgenommen hatte. Ich hatte meine Mutter ins Pflegeheim begleitet, um ihn zu besuchen. Wir hatten ihn in seinem Rollstuhl in den Garten geschoben, und sie hatte einen Stuhl herangezogen, um neben ihm zu sitzen. Sie schmiegten sich aneinander, ihre Köpfe berührten sich, sein Arm lag um ihre Schulter, ihre Hand auf seiner. Er war zweiundachtzig, sie neunundsiebzig Jahre alt, und die Liebe zwischen ihnen war immer noch stark. Als Heranwachsende hatte ich beobachtet, wie mein Vater meine Mutter jeden Morgen, wenn er sich auf den Weg zur Arbeit machte, küsste, und am Nachmittag, wenn er in seinem durchgeschwitzten Tischleroverall zurückkehrte, begrüßte er sie wieder, indem er sie in die Arme schloss. Er erzählte uns Geschwistern ständig, wie schön sie sei, was für eine wunderbare Figur sie habe und wies uns auf ihre samtige Haut und die Pracht ihres dunkelroten, welligen Haares hin, und meine Mutter, die schüchtern war, wurde dann immer rot und bat ihn inständig, damit aufzuhören.

Wir lebten in einem heruntergekommenen Vorort von Columbus in einem weißen Holzhaus, das kaum Platz für uns fünf bot. Bis ich dreizehn war, hatten wir keinen Fernseher. Als wir einen anschafften, lagen Mom und Dad manchmal zusammen auf dem Sofa, die Arme umeinander geschlungen, und schauten sich Milton Berle oder Midwestern Hayride an. Manchmal saßen sie auch getrennt in ihren Sesseln – ihrer hatte eine gerade Rückenlehne und geblümte Polster, seiner war riesig, körpergerecht geformt und aus grünem Plastik – und lasen Zeitung, rauchten und warfen sich gegenseitig hin und wieder Kommentare zu den Tagesereignissen zu.

Ich hatte zu meinem Vater bereits als ganz kleines Kind eine besondere Beziehung. In den heißen Sommern von Ohio streichelte ich die schwarzen, lockigen Haare auf seiner Brust, während ich mich an seine warme, braune Haut schmiegte. Ich spürte die Festigkeit seines Oberkörpers, das straffe Fleisch und die großen Rippen seines Brustkorbs, die sich wie Geweihe um sein Herz bogen. Mein Vater schaute über mich hinweg zu dem schlammigen Bach, wo mein Bruder und meine Schwester sich bespritzten und kreischten. Wenn er sprach, drangen die Vibrationen in mein Ohr, ein pelziges Brummen. Sein Körper wandte sich mir zu, er hielt mich auf seinem Schoß. Im Halbschlaf bewegte ich meinen Fuß verträumt auf seinen braunen, behaarten Knien. Er sprach mit meiner Mutter; durch meine halb geöffneten Augen sah ich ihr blassblaues Kleid, ihre Hand mit den vielen Sommersprossen und den goldenen Ring an ihrem Finger. Wir drei saßen im Schatten; ich war noch zu klein, um mit meinen Geschwistern in dem braunen Flusswasser zu baden. Dad hatte mich vor einer Weile hingetragen und ins Wasser getaucht; seine Hände waren so groß, dass sie meinen Brustkorb ganz umschlossen.

Während er mich jetzt in den Armen hielt, schlief ich fast ein, hingegeben, mich zutiefst geborgen fühlend; er würde mich niemals fallen lassen, nichts Böses konnte mir widerfahren. Ich schwelgte in diesem Luxus; wohlig-träumerisch trieb ich dahin, blinzelte aus dem Schatten ins Sonnenlicht, lauschte dem wilden Kreischen vom Fluss, bis es verklang und ich nur noch das regelmäßige Bum, Bum, Bum des väterlichen Herzens hörte, das mir vertraut war, sicher umhüllt von seinem großen Körper.

Als ich größer wurde und mein Bruder sich weigerte, etwas mit Dad zu unternehmen, wurde ich seine Gefährtin bei Angelpartien oder an langen Arbeitstagen in Hof und Garten. Mein Vater brachte mir viele nützliche Dinge bei und lobte mich für mein Bemühen. Als ich eines Tages im Alter von etwa zwölf Jahren im Wohnzimmer auf der Leiter stand und mit einer Malerrolle die Decke strich, schaute ich nach unten und sah, wie mein Vater mich voller Stolz beobachtete. Er wandte sich an meine Mutter und sagte: »Das Mädchen kann arbeiten.« Höchstes Lob. Er gründete ein kleines Bauunternehmen, errichtete ein bescheidenes Haus nach dem anderen, sich sorgsam jedem Detail widmend; um diese Unternehmen zu finanzieren, nahm er eine Hypothek auf das Haus auf, in dem wir wohnten, und setzte unser Heim aufs Spiel. Doch er konnte das neu gebaute Haus stets verkaufen, bevor die nächste Rate fällig wurde. Wir aßen oft Kartoffeln und Spaghetti; meine Mutter nähte unsere Kleider meistens selbst und durchstöberte die Läden nach Sonderangeboten. Aber mein Vater konnte die Häuser bauen, die er selbst entworfen hatte, und das, so begriffen wir, war besser als eine monatliche Lohntüte von einer großen Baufirma. Es war das Opfer wert, das wir brachten. Indem ich ihn beobachtete, lernte ich, dass man Risiken eingehen konnte, ohne Katastrophen heraufzubeschwören.

Später jedoch verstrickten mein Vater und ich uns in einen fortwährenden Streit, da er meine Lebensentscheidungen kritisierte – meine politische Einstellung, meine Frisur, meine Freundschaften; und sobald ich auf eigenen Füßen stehen konnte, flüchtete ich aus Ohio und vor meiner Familie. Aber ich habe ihn immer zutiefst geliebt.

Neben das Bild meiner Eltern hatte ich ein Foto meines Bruders George gestellt, das sein hübsches Gesicht mit den dunklen Kraushaaren und den strahlenden braunen Augen zeigte. Mein einziger, von mir innig geliebter Bruder konnte es meinem Vater nie recht machen: Sie waren ständig in Auseinandersetzungen verwickelt, und mein Vater gewann immer. George wuchs zu einem zurückhaltenden, unsicheren jungen Mann heran, und im Alter von achtundzwanzig Jahren hielt er sich eine Pistole an den Kopf und drückte ab. Ich war damals neunzehn und wurde ohne Vorwarnung mit dieser Gewalttat konfrontiert, auf die seine Abwesenheit folgte, die eine riesige Lücke riss. Die fünfundvierzig Jahre, die seitdem vergangen waren, hatten den Umständen seines Todes, der mich in eine schwierige und kritische Phase meines Lebens stürzte, nichts an Schärfe genommen.

Jetzt, wo ich mit der Möglichkeit meines eigenen Todes konfrontiert war, hatte ich einen Traum von George: Rücken an Rücken saßen wir nackt zusammen, unsere Hände ineinander verschränkt, verbunden durch eine Art Haube, die uns beide bedeckte und aus Blutgefäßen bestand. Ich begriff, dass er mich bei dieser Krebsreise in einer anderen Dimension begleiten würde, während ich sie in dieser durchlebte.

Ich streckte die Hand aus, um das Foto zu berühren. Sein Bild vor mir, schloss ich die Augen, konzentrierte mich auf meinen Atem und versank schon bald in einen Zustand gesammelter Achtsamkeit.

Als ich aus dem Krankenhaus nach Hause kam, musste ich die erste Zeit das Bett hüten und konnte weder kochen noch mich selbst versorgen. Crystal saß noch an ihrer Komposition, musste ihre Arbeit aber immer wieder unterbrechen, um viele Stunden am Telefon zu verbringen und die Menschen zu empfangen, die kamen, um mir etwas zu essen zu bringen oder mich einfach nur zu besuchen. Als wir bei meiner Heimkehr nach zehn Tagen zum ersten Mal wieder unser gemeinsames Schlafzimmer betraten, fand ich auf dem Kopfkissen eine schöne Karte, auf der in Crystals geschwungener Handschrift stand: »Willkommen zu Hause, Liebes.« Auf dem Nachttisch stand ein Strauß scharlachroter Blumen aus dem Garten. Crystal half mir behutsam ins Bett und deckte mich zu. »Ich bin so froh, dass du wieder zu Hause bist«, sagte sie und beugte sich vor, um mich auf die Wange zu küssen.

Doch die Anforderung, meine Pflege zu organisieren und gleichzeitig ihren Auftrag fertig zu stellen, zehrte enorm an ihren Kräften. Sie verbrachte den Großteil der Nacht in ihrem Studio, und wenn sie dann ins Bett kam, war sie so aufgedreht, dass sie kaum schlafen konnte, und sie musste früher aufstehen, als ihr lieb war, um sich wieder an die Arbeit zu setzen. Obwohl sie im Bett neben mir lag, schien es mir, als ob ich sie immer nur kommen und gehen sähe – wenn sie jemanden hereinbrachte, der mich besuchen wollte, oder kurz vorbeischaute, um mir zu sagen, dass sie mich liebe, bevor sie wieder in ihrem Studio verschwand. Ich war froh, dass Crystal trotz der schwierigen Situation weiter an ihrem Auftrag arbeitete und schwor mir, bis zur Uraufführung, die in einem Monat stattfinden würde, wieder so weit gesund zu sein, dass ich hingehen konnte.

Als meine Kräfte allmählich zurückkehrten, wurde es Zeit, über die Chemotherapie zu entscheiden. Sandy Butler ging zum Planetree Health Resource Center in San Francisco und kehrte mit dreißig Fallgeschichten von Chemotherapie bei Darmkrebs zurück. Wir saßen nebeneinander auf dem Sofa im Wohnzimmer und lasen die ellenlangen Krankenberichte und vertieften uns in die Statistiken. Bei der untersuchten Patientengruppe betrug die Rückfallquote ohne Behandlung 50 Prozent; mit Behandlung sank sie auf 25 Prozent. Diese Zahlen erschienen mir überzeugend. Die Vorstellung, in einem Jahr zu entdecken, dass ich Leberkrebs hatte, und mich dann zu fragen, ob eine Chemotherapie mich davor wohl bewahrt hätte, war ausschlaggebend dafür, dass ich mich zu der Behandlung entschloss, auch wenn ich den Gedanken verabscheute, mich mit Giften vollzupumpen und entsprechende Nebenwirkungen zu riskieren.

Mitte November entwarf ich einen Brief an all die Menschen, die an meiner Situation Anteil genommen hatten. An dem Tag, an dem ich ihn verschickte, hatte ich in *Turning Wheel*, der Zeitschrift der Buddhist Peace Fellowship gelesen: »Ich ahne etwas von jener Welt, in der alle Herzen miteinander verbunden sind und alle Schicksale ineinandergreifen ...«, und mir schien, dass auch ich zu ahnen begann, was das hieß. Ich dankte meinen Freundinnen und Freunden und berichtete ihnen dann von meinen weiteren Plänen.

Ich habe beschlossen, mich an die Empfehlungen der Ärzte zu halten und eine Chemotherapie zu machen. Das war keine leichte Entscheidung.

Die Chemo, die ich bekomme, ist laut Aussage des Onkologen eine »milde Form«. Er hat mir versichert, dass mir bei dieser Dosierung nicht die Haare ausfallen und ich auch nicht todkrank sein werde, wohl aber enorm erschöpft.

Vor Beginn dieser Behandlung werde ich mit allen mir zur Verfügung stehenden Mitteln mein Immunsystem stärken, damit ich die Chemo gut verkrafte. Meine Akupunkteurin berät sich mit einer Kollegin, die in chinesischen Krankenhäusern gearbeitet hat, wo die Chemotherapie mit Akupunktur und Kräutern kombiniert wird, um das Immunsystem zu stärken, und wir werden diesem Weg folgen. Ich werde eine reinigende Diät machen. Ich nehme zur Vorbe-

reitung bereits ein Kräutermittel namens Essiac, *das bekannt dafür ist, Krebs aufzuhalten oder sogar zu heilen. Ich werde mit Visualisierungen und Meditation arbeiten. Zunächst muss ich mich von der Operation erholen und dann meinen Körper für den ersten äußerst heftigen fünftägigen Chemotherapie-Zyklus stärken.*

Ein Jahr lang werde ich beträchtliche und entscheidende Zeit im Highland Hospital verbringen. Ich habe die beiden Krankenschwestern kennen gelernt, die auf der Onkologiestation arbeiten, und beide sind ganz außergewöhnliche Menschen. Ich vertraue darauf, dass sie mir da durchhelfen.

Hier zu Hause wird es eine Zeitlang sehr schwierig sein. Ich bin immer noch von der Operation geschwächt und konnte bislang weder meine Kurse noch meine anderen Arbeiten wieder aufnehmen. Nach nur wenigen Stunden draußen in der Welt muss ich mich hinlegen. Die Chemo wird eine weitere Herausforderung an meine Kräfte und meine innere Verfassung darstellen. Ich glaube, es wird noch dauern, bis ich wieder voll arbeiten kann.

Doch ein Aspekt dieser Erfahrung ist sehr ermutigend und heilsam – die Unterstützung durch Euch, die Ihr den verschiedenen Gemeinschaften angehört, denen ich verbunden bin: der buddhistischen Gemeinschaft, den feministischen und lesbischen Gemeinschaften, meinen »Wandering Menstruals«, dem Zentrum für Frauen und Religion und damit den Frauen, mit denen ich nach China zum NGO-Forum gereist bin, all meinen lieben alten Freundinnen und Freunden, die mich zum Teil schon seit fünfunddreißig Jahren kennen, also seit ich in die Bay Area gezogen bin, und den neuen Freunden, wie den freundlichen Leuten vom Monte Vista Market. Dass es Euch gibt, stärkt mich und fördert meine Heilung.

Eine Freundin sagte zu mir: »Eigentlich musst du niemandem danken. Wir tun hier nichts Ungewöhnliches, sondern einfach das, was wir tun müssen, wenn jemand Hilfe braucht.« Nun, mag sein. Aber ich möchte jeder und jedem Einzelnen von Euch danken, die Ihr an mich denkt und mir Gesundheit wünscht, mir Eure Zeit schenkt oder eine Mahlzeit, ein Gebet, eine Besorgung oder was auch immer. Ihr zeigt mir auf eine ganz reale, konkrete Weise, dass wir dieses Leben gemeinsam leben, von ganzem Herzen gegenseitig Anteil nehmen, mit grenzenlosem Mut. Ich bin Euch unendlich zugetan.

Land am Ende

Von Beginn an ist nichts verkehrt.
Es gibt keine Trennung: Alles ist ein strahlendes Ganzes.

JOKO BECK

Anfang Oktober, eine Woche vor meiner Krebsdiagnose, war in Point Reyes National Seashore ein Feuer ausgebrochen. Diese Landspitze hat, grob betrachtet, die Form eines Kojotenkopfes, dessen lange Schnauze in den Pazifik vorstößt. Point Reyes umfasst etwa 250 Quadratkilometer Wiesen, Wälder und Strand entlang der kalifornischen Küste.

Seit ich vor vielen Jahren nach Kalifornien gezogen bin, liebe ich es, nach Point Reyes hinauszufahren, dort am Strand entlangzulaufen, in den großen Dünen zu liegen und von den Klippen aus über den Ozean zu schauen. Crystal und ich fuhren sonntags oft hin, um mit unseren Fahrrädern die Wege zum Meer zu erkunden oder zu einer Lagune und einem Vogelschutzgebiet hinter dem Strand zu wandern. Auf unserem Weg zum Ozean kamen wir durch Wälder von Douglasfichten und Stachelkiefern, Virginischen Eichen und Kalifornischem Lorbeer. Seehunde räkelten sich an einigen der Strände, und stets flogen Vögel über unsere Köpfe hinweg: Möwen und Spatzen, Sumpfhabichte, Falken und Gabelweihen. Nachdem wir den Tag in der frischen Meeresluft verbracht hatten, machten wir oft in der kleinen Stadt Point Reyes Station, um dort zu Abend zu essen und dann müde und erfüllt von der tröstlichen, lebendigen Weite von Land und Wasser nach Hause zu fahren.

Dann wütete ein Feuer in Point Reyes. In den Abendnachrichten sahen wir, wie sich Rauchschwaden über orangeroten Flammen bauschten, während sich das Feuer durch endlose Quadratkilometer Land fraß. Wir sahen die verkohlten schwarzen Außenfassaden der Häuser, die in dem winzigen Ort namens Inverness zerstört worden waren. Die hohen Kämme mit Zwergeichen und die Täler mit Kalifornischem Lorbeer in der Gegend der Limantour Road lagen schwarz, nackt und rauchend da.

Nur wenige Tage nach dem Feuer entdeckte ich, dass ich Krebs hatte, und so traf mich die Zerstörung, die das Feuer angerichtet hatte, besonders hart.

Jetzt, an einem Sonntag Anfang Dezember, las ich, dass die verwüstete Meeresküste Anzeichen für neues Leben zu zeigen begann. Diese Vorstellung beschäftigte mich. Ich hatte mit der Chemotherapie angefangen, den ersten Fünf-Tage-Zyklus, und die verabreichten Medikamente, 5-Fluoruracil und Levamisol, hatten meinen Körper heftig mitgenommen. Die Äußerung des Onkologen, es könne sein, dass ich mich »müde fühlen würde«, schien mir der reinste Hohn: Ich war völlig erschöpft und hatte meinen Appetit fast gänzlich verloren. Alle Nahrungsmittel schmeckten für mich gleich – fade und Übelkeit erregend. Mein Mund fühlte sich innen wie verbrannt an, wund vor entzündeten Stellen, und auch in meiner Speiseröhre hatten sich Entzündungen gebildet, so dass Nahrung und Flüssigkeiten auf halbem Wege nach unten plötzlich auf Widerstände zu stoßen schienen und schreckliche Schmerzen verursachten. Um überhaupt essen zu können, musste ich mir zuerst ein flüssiges Betäubungsmittel in die Kehle träufeln. Die Chemotherapeutika, die mir verabreicht wurden, um den Krebs zu töten, zerstörten sämtliche sich schnell teilenden Zellen meines Körpers, ohne zwischen bösartigen Zellen und denen meiner Schleimhäute zu unterscheiden.

An jenem Sonntag verspürte ich, obwohl völlig ermattet, den verzweifelten Wunsch, mit Crystal nach Point Reyes zu fahren, um zu sehen, wie Gras und Farn auf den rauchschwarzen Hügeln neu zu sprießen begannen und auch die Büsche neues Grün durch die Asche trieben – Beweise dafür, dass das Leben durch die verheerende Zerstörung nicht vollends ausgelöscht worden war. Da Crystals Aufführung unterdessen stattgefunden hatte und sie wieder über mehr Zeit verfügte, planten wir hinzufahren, nachdem sie draußen im Hof einige Arbeiten erledigt hatte.

Ich saß am Küchentisch und versuchte gerade, eine Scheibe Toast in kleinen Bissen herunterzuschlucken, als Crystal über die hintere Treppe heraufkam. Ihr Gesicht trug einen eigenartigen Ausdruck, die blauen Augen waren schmal, der Mund verkniffen. Sie begann über das Geld zu sprechen, das ich ihr schuldete, und über meine Verantwortlichkeiten im Haus. Ihre Worte prasselten erbarmungslos auf mich herab, als hätte sie draußen im Hof mit sich selbst geredet und sich in einen Zorn hineingesteigert, den sie jetzt über mich ergießen wollte.

Ich saß mit eingezogenem Kopf da und hörte zu, während Crystal hin und her lief und redete, innehielt, um sich auf den Tisch zu stützen und mich anzustarren, und dann wieder durch das Zimmer fegte. Ich versuchte zu antworten, aber ihre Worte füllten die ganze Küche und ließen für nichts Raum als ihre Wut.

Einiges von dem, was Crystal sagte, stimmte. Ich hatte mich, was das Haus anbetraf, nicht partnerschaftlich verhalten, da ich kein Interesse daran hatte, ein Haus zu besitzen, und finanziell nicht in der Lage gewesen war, mich an der Anzahlung zu beteiligen. Ich hatte einen gewissen Teil ihres Kredites an mich zurückgezahlt und mich dann um die Restsumme nicht mehr gekümmert. Damit hatte sie absolut Recht, in diesem Sinne war ich ihr gegenüber respektlos gewesen; ich hatte ohne Skrupel alle möglichen kleineren Schulden bei anderen beglichen, während ich die Rückzahlungen an sie einfach schleifen ließ. Das schlimmste Vergehen war es gewesen, dass ich mir Geld für meine Chinareise beschafft hatte, ohne daran zu denken, den Betrag, den ich ihr schuldete, zu begleichen. Und doch war die Vorstellung, ich könne mehr im Haus tun und mehr Geld zahlen, angesichts meiner augenblicklichen Verfassung einfach unmöglich. Das musste Crystal doch wissen. Ich fragte mich, ob ihr Ausbruch auf Angst beruhte – Angst, ich könne sterben und sie allein lassen. Vielleicht fand sich für sie ein Weg, sich Unterstützung zu holen; ich wusste, dass es Selbsthilfegruppen für die Partnerinnen und Partner krebskranker Menschen gab.

»Auf keinen Fall!«, entgegnete sie, als ich dieses Thema anschnitt. Ihre Augen blitzten mich an. »Hier geht es *nicht* um etwas *Tieferes*« – sie schürzte die Lippen –, »sondern nur um das Geld, das du mir schuldest, und die Art und Weise, wie du mich ausnutzt!«

Plötzlich stellte ich fest, dass ich mit den Tränen kämpfte. Mein Brustkorb fühlte sich eingefallen und hohl an und schmerzte ebenso wie meine Kehle, wenn ich zu schlucken versuchte. Ich hatte keine Ahnung, wie ich die Situation zum Besseren wenden konnte. Sehnsüchtig dachte ich an die Meeresküste und die winzigen grünen Pflanzen, die in der ausgebrannten Umgebung zu neuem Leben erwachten. Ich wünschte mir so sehr, sie zu sehen und sie Crystal zu zeigen. Vielleicht konnten wir immer noch aus der Stadt fliehen, zusammen in der Meeresluft wandern, uns entspannen und miteinander ins Reine kommen.

»Nein«, sagte sie mit Nachdruck. »Wir sollten heute getrennte Wege gehen.«

Ich ging meine Jacke holen und meine Schuhe anziehen. Als ich das Haus verließ, schaute Crystal nicht hoch von den Stapeln geschäftlicher Unterlagen, die sie auf dem Küchentisch ausgebreitet hatte.

Ein paar Minuten lang saß ich in der Auffahrt im Wagen. Der Feuersturm von Crystals Zorn hatte mich erschüttert. Ich spürte, wie verletzlich und kraftlos ich war, und wusste, ich konnte ihr nichts entgegensetzen. Wie damals, als Crystal darauf bestanden hatte, dass ich eine Lebensversicherung abschloss, fühlte ich mich angegriffen. Offensichtlich hegte sie diesen Groll gegen mich schon seit Jahren. War sie von mir so eingeschüchtert gewesen, dass sie Angst gehabt hatte, ihr Anliegen vorzubringen? Es stimmte, im normalen Alltagsleben war ich groß und stark, und es stimmte auch, dass ich manchmal wütend auf Crystal wurde und sie sogar anschrie. Und ich weigerte mich, über Geld zu reden. Hatte mein Verhalten ihr Angst gemacht, so dass sie nicht mit mir über ihre Unzufriedenheit hatte reden können? Oder hatten wir gemeinsam ein Muster entwickelt, die Probleme zwischen uns nicht anzusprechen und stets an der Oberfläche zu verweilen?

Ich ließ den Kopf auf das Steuerrad sinken, überwältigt von all diesen Fragen, und mir wurde klar, dass ich im Moment nicht die Kraft in mir finden würde, liebevolles Verständnis für Crystal aufzubringen oder sie jetzt einfach als meine Freundin und Partnerin zu betrachten, die ebenfalls Hilfe brauchte. Mein Mitgefühl ließ mich im Stich; ich empfand ihre Wut auf mich wie eine große, schwarze Decke, die mir über den Kopf geworfen wurde und mir den Atem nahm. Ich musste dem allen entkommen. Irgendwie musste ich es schaffen, nach Point Reyes zu gelangen, um die greifbaren Beweise für das neue Leben zu sehen, die sich dort zeigten.

Ich drehte den Zündschlüssel, spürte, wie der Motor ansprang, und verließ unsere Auffahrt.

Die Fahrt durch die Straßen von Oakland erforderte meine ganze Konzentration. Ich fragte mich, ob ich auf der Schnellstraße zurechtkommen würde.

Im Radio hörte ich eine Sendung über Aids und lauschte gierig, getröstet durch das Wissen, dass auch andere litten. Jetzt musste ich auf die Schnellstraße einbiegen. Ich redete mir zu: »Du fährst. Konzentriere dich ganz auf den Augenblick.« Kurz stellte ich mir vor, die Kontrolle zu verlieren, einen Unfall zu bauen, und ich wusste, dass ich alles in meiner Macht Stehende tun würde, um das zu verhindern. Ich hörte Ruth Denisons Stimme, wie sie uns von ihrer »Fahrmeditation« erzählte. Sie hatte in der Meditationshalle vor uns gesessen, so getan, als hielte sie ein Lenkrad in den Händen, und uns gezeigt, wie man die Aufmerksamkeit auf all die vielen komplizierten Aspekte des Autofahrens richtet, um sich diese Aktivität bewusst zu machen, statt sich in Gedanken und Phantasien zu verlieren. Jetzt wendete ich ihre Methode an, konzentrierte mich auf meine Hände, die das Steuer hielten, auf den Druck, den mein Fuß auf das Gaspedal ausübte, meinen Blick auf die Route 80 mit ihrem Strom von Wagen. Ich sagte zu mir: »Fahren, fahren«, während ich die Richmond Bridge überquerte, um mich ständig daran zu erinnern, was ich tat. »Ich fahre Auto. In diesem Augenblick fahre ich Auto.« Ich sammelte meinen Geist, um ihn gebündelt auf diese Aufgabe zu richten.

Als ich auf die grünen Hügel von Marin zufuhr, erfasste mich eine große Welle von Müdigkeit. Unwillkürlich stellte ich mir vor, wie es gewesen wäre, Crystal bei mir zu haben und die Vorfreude mit ihr zu teilen. »Aber ich fahre Auto!«, rief ich mich in die Gegenwart zurück und sammelte erneut meine Kräfte, um meine Aufmerksamkeit ganz auf den fahrenden Wagen und die Straße vor mir zu richten.

Ich erreichte die kleine Stadt Fairfax und sah die vertrauten Örtlichkeiten – Spanky's Restaurant, das Siam Lotus Thai Restaurant. Gegenüber von Spanky's befand sich das Café, wo Crystal und ich auf der Hinfahrt immer Pause machten. Wir saßen dann an einem der kleinen Tische, tranken Milchkaffee und plauderten, bevor wir weiterfuhren. Die Erinnerung schmerzte mich. Wie ich die Zärtlichkeit und Fürsorge vermisste, die wir uns zu Beginn unserer Beziehung entgegengebracht hatten. Jetzt gab es nur noch kurze Augenblicke, in denen wir so miteinander umgingen – mit einer Karte oder einer Blume, einer Entschuldigung, guten Wünschen für mich –, und dann war es auch schon vorbei. Als ob ihre Verletztheit und Enttäuschung Crystal in eine Festung gesperrt hatten, die sie unerreichbar für mich werden ließ; gelegentlich streckte sie ihre Hand aus einem Fenster, um mich zu berühren, aber dann zog sie sie schnell wieder zurück.

Hinter Fairfax fuhr ich durch eine dicht bewaldete Hügellandschaft. Der Ozean schien weit entfernt. Wieder konzentrierte ich mich auf das, was ich tat: »Fahren!«, ermahnte ich mich und ließ andere Gedanken fallen. Zu meiner Rechten tat sich eine Wiese mit friedlich weidenden schwarz-weißen Kühen auf.

In Woodacre sah ich das Schild zum Spirit-Rock-Meditationszentrum; die Zufahrt schlängelte sich durch eingezäuntes Gelände, auf dem Pferde grasten, und die Hügel wuchsen mit ihren runden Silhouetten in den wolkenbedeckten Himmel. Ich war oft dort gewesen, um buddhistische Lehrerinnen oder Lehrer zu hören, an Meditationen und Festlichkeiten teilzunehmen. Ich dachte wieder, wie leicht es ist, in einer Meditationshalle zu sitzen und von liebender Güte für sämtliche lebenden Geschöpfe erfüllt zu sein, und wie schwer es ist, das im Alltag zu praktizieren, wo wir kämpfen, um uns vor unserer eigenen Wut und der unserer Mitmenschen zu schützen. Ich empfand es als Versagen, dass mein Bedürfnis, mich selbst zu schützen, mich daran gehindert hatte, in Crystals Herz zu blicken. Inzwischen kam sie und damit der Mensch, der mir am nächsten war, mir rätselhaft und bedrohlich vor.

Schon bald standen die Bäume immer dichter an der Straße, griffen über sie hinweg mit ihren gefiederten Ästen, und ich erblickte die geraden rotbraunen Stämme der Redwoods und die vielen kleineren Bäume, die sich zwischen ihnen drängten. Hier und da duckten sich in ihrem tiefen Schatten braune Schindelhäuser.

Als ich unter stattlichen Bäumen in den Samuel P. Taylor Park einbog, kurbelte ich mein Fenster herunter. Die Chemo hatte mir den Geruchssinn genommen, doch ich konnte mich an die scharfe

Frische von Bäumen erinnern, die feucht waren von einem kürzlichen Nieselregen. Im Park standen die Bäume noch dichter, und ein Bach lief neben der Straße her und plätscherte über Steine und heruntergefallene Äste.

Dann ließ ich die Bäume hinter mir, und zu meiner Rechten tauchte eine steinige Hügellandschaft mit braunen und schwarzen Kühen auf. Der Himmel über den Tieren schien endlos weit zu sein. Zwischen den Hügeln spiegelten die Aluminiumdächer der Schuppen das schwache Licht. Ich näherte mich dem Gipfel eines Hügels. Mit großer Erleichterung stellte ich dann fest, dass ich den Abhang Richtung Olema hinunterrollte. Ich konnte anhalten und eine Pause machen. Im Olema Farm House Restaurant saß ich an einem kleinen Tisch und bestellte mir einen Teller Muschelsuppe mit einem Stück warmem Baguette. Dann begab in mich auf die Toilette, holte meine kleine Flasche mit Betäubungsmittel hervor und träufelte mir mit der Pipette etwas davon in die Kehle. So konnte ich die Suppe und das Brot essen, sorgfältig kauend und schluckend, und das rauhe Kratzen der Nahrung an meinen Schleimhäuten ertragen, obwohl ich außer dem leicht säuerlichen Hauch von Wein in der Suppe nichts schmeckte.

Als ich wieder im Wagen saß und die kurvige Strecke nach Limantour zurücklegte, stieg die Straße an, wurde zum eng gewundenen Schlauch, und ich sah Moos an den Bäumen. Fast schwindelig vor Erschöpfung, erblickte ich keinerlei Anzeichen für das Feuer. War das vielleicht der falsche Ort – war in den Zeitungen nicht von Limantour die Rede gewesen? Sollte ich kehrtmachen?

Doch dann entdeckte ich die rauchschwarzen Stämme der Bäume neben der Straße und die Flächen von nacktem schwarzem Boden, wo der Unterwuchs verbrannt war. Und allmählich gingen die Bäume und Büsche in Ödland über – Hügel um Hügel bedeckt mit grauschwarzer Asche und nichts weiter, nur hier und da das einsame Skelett eines Baumes, das stehen geblieben war.

Plötzlich erreichte ich den Kamm eines Hügels und konnte über neblige Höhen bis zum Meer schauen, ohne die eigentliche Küste zu sehen. Die verkohlten Hügel schienen sich den ganzen Weg bis zum Wasser zu erstrecken, und während ich sie betrachtete, fragte ich mich nach den Tieren, die hier gelebt hatten. Was war aus den

Rehen, Füchsen und Rotluchsen, den Kojoten und Waschbären geworden? Und den Eulen! Den Schmetterlingen! Voller Entsetzen fuhr ich durch diese zerstörte Landschaft. Dann erinnerte ich mich daran, dass ich ja nach den neuen Trieben hatte Ausschau halten wollen, und ich erhaschte hier und da einen Blick auf das spärliche zarte Grün, das sich trotzig aus der Asche erhob. Ja, hier war es: das zurückkehrende Leben.

Die verbrannten Hügel setzten sich bis zum Ozean fort, und jetzt konnte ich den Estero hinter dem Strand sehen, ein ehemaliges Tal, das das Meerwasser gefüllt hatte und das jetzt durch große Sandbänke von der Brandung getrennt war. Das Licht spiegelte sich im Wasser und verwandelte den Estero in einen langen silbernen Streifen, der sich gegen das dunkle Land absetzte. Dahinter erhoben sich Dünen und die großen Wellen des Pazifik.

Ich fuhr den letzten Hügel hinunter und sah, dass das Feuer sich tatsächlich bis zum Meer hinuntergefressen hatte. Der dichte Unterwuchs des Vogelschutzgebietes war verschwunden, nur ein verkohlter Streifen Boden nahe am Wasser war geblieben. Was war aus den Vögeln und ihren Nestern geworden und den Insekten, von denen sie sich ernährten?

Ich fuhr auf den Parkplatz und stieg aus, hatte aber nicht mehr Kraft, als bis an den Rand des Asphalts zu laufen und über den Estero und das nackte Land zu schauen. Ich stand da, den Seewind im Gesicht, und empfand eine große Müdigkeit in meinem Körper.

Ich kehrte zum Wagen zurück, stieg ein und ließ den Kopf an der Lehne ruhen; mir graute vor der Rückfahrt in die Stadt. Nein, sagte ich zu mir, bleib hier. Doch diese vom Tod gezeichnete Landschaft war so schmerzlich anzusehen. Ich schloss die Augen, atmete ein, atmete aus. *Tonglen* fiel mir ein, eine Praxis aus dem tibetischen Buddhismus, um Negativität zu transformieren. Mit Hilfe dieser Technik des Gebens und Empfangens können wir uns dem Leiden, das wir um uns herum erleben, nähern und mit ihm sein, statt uns davon abzuwenden und unser Herz zu verhärten, um uns zu schützen. *Tonglen* beginnt damit, dass wir das Leid, den Hass oder die Zerstörung mit unserem Einatmen in uns aufnehmen, als wäre all das eine Wolke aus öligem schwarzem Rauch. Diese dunkle Wolke durchdringt uns bis in den Kern unseres Wesens, weicht unsere fortwährende Selbstbezogenheit auf. Dann atmen wir aus, schicken ein kühlendes Licht mit Wünschen für Freude und Wohlergehen aus. Wir geben unser Bestes für die Heilung der Welt. So allgemein beginnend, können wir uns dann bestimmten leidenden Wesen oder leidvollen Situationen zuwenden und daran arbeiten, zuerst den Schmerz in uns und dann in anderen umzuwandeln.

Ich beschloss, es mit dieser Praxis zu versuchen, und atmete das Entsetzen ein – ich nahm die Angst in mich auf, welche die Tiere empfunden haben mussten, als sie vor dem Feuer flohen, die der Vögel, als sie durch den Rauch von ihren brennenden Nestern fortflogen. Und mit dem Ausatem schickte ich ihnen Wünsche für Frieden und Trost, wo immer sie sich jetzt befanden. Ich atmete Zorn ein – meinen eigenen Zorn über die Zerstörung, die hier angerichtet worden war, und Crystals Zorn auf mich sowie den Zorn sämtlicher Wesen in der Welt, die verletzt waren und Angst hatten. Und während ich ausatmete, wünschte ich uns allen, dass wir die Dinge gelassen nehmen und Frieden damit finden konnten. Ich atmete die große Entkräftung all jener ein, die, um ihr bloßes Überleben zu sichern, zu schwer arbeiten müssen, und jener, die krank waren wie ich, und jener, die zu Tode erschöpft waren. Und mit dem Ausatmen schickte ich uns Kraft, Durchhaltevermögen und Vertrauen in das, was ist.

Ein- und ausatmend, nahm ich den Schmerz, der schwarz und schwer war wie diese Landschaft, in mich auf. Ich atmete für jedes leidende Geschöpf im Universum ein und war jetzt bereit, diesen Schmerz tief in mich einzulassen. Und dann gab ich all die Güte und Freude, den Humor und das Lebensvertrauen zurück, die ich jemals empfunden hatte. Ein und aus, ein und aus.

Als ich die Augen öffnete, verspürte ich einen wachsenden inneren Frieden.

Ich saß da und schaute auf die graue, bewegte Oberfläche des Ozeans und ein Lied begann in mir zu erklingen. Es war ein Gesang für Yemaya, die Yoruba-Göttin des Meeres und Schöpferin allen Lebens, das ich vor Jahren von der Gruppe Alive! gelernt hatte. *Ye ye ye Yemaya, Yemaya* ... In der Zeitung hatte ein Ökologe aus dem Naturpark die langfristigen positiven Auswirkungen des Feuers erläutert. Es hatte das Harz in den Zapfen der Stachelkiefern geschmolzen und die Samen befreit, die zu Boden fielen und damit die Grundlage für neue Wälder schufen. Durch die Asche würde sich der Nährstoffgehalt der Vegetation verbessern; Vögel und andere Tiere würden reichhaltigere Nahrung finden. Als ich mich jetzt hier umschaute, konnte ich mir nur schwer vorstellen, dass das Land wieder grünen würde, aber ich wusste, dass die zarten Spitzen, die ich gesehen hatte, das neue Wachsen sicherten.

Wir sind fortwährend mit Lektionen in Unbeständigkeit konfrontiert. Die buddhistische Lehre, die besagt, dass die Welt der Erscheinungen in einem unendlichen Fluss von Materie und Energie dahinströmt, wird nirgendwo offensichtlicher als am Rande des Meeres. Genau das Land, auf dem ich mich befand, wanderte Zentimeter für Zentimeter die kalifornische Küste hoch. Der schmale steinerne Keil, der jetzt Point Reyes genannt wurde, hatte vor Millionen von Jahren fünfhundert Kilometer südlich von Los Angeles begonnen sich nach Norden zu bewegen. Die Strände veränderten sich ständig, die Klippen wurden ausgewaschen, der Sand wanderte. Mein Körper heilte. Die Wunde in meinem Bauch hatte sich fast geschlossen, obwohl die Chemotherapie mich zermürbte. Das Land würde sich vom Feuer erholen, und das nächste Feuer würde kommen oder ein Erdbeben würde das Land aufreißen.

Nichts von Bestand; nichts, um sich daran festzuhalten, nur die Unausweichlichkeit des Wandels.

Ich saß in meinem Wagen und beobachtete, wie der Himmel über dem Meer dunkel wurde; ich wusste, dass ich bald nach Oakland würde zurückfahren und Crystal würde gegenübertreten müssen. Ich atmete ein und aus, wieder verbunden mit den Empfindungen meines Körpers. »Atme und wisse, dass du lebendig bist«, würde Ruth Denison langsam rezitieren. »Atme und wisse, dass alles dir hilft. Atme und wisse, du bist die Welt.« Die Luft wahrnehmend, die durch meine Nasenlöcher einströmte, spürte ich, wie sehr ich Teil dieser großartigen, sich wandelnden Landschaft aus Erde und Wasser war. Ich beobachtete, wie eine Möwe über dem Wagen dahinsegelte und mir die aufblitzende weiße Unterseite ihrer Flügel zeigte. Dann stürzte sie davon, und ich atmete aus. Für den Augenblick getröstet.

Flickzeit, 1984

Bei der spirituellen Reise geht es darum,
über Hoffnung und Angst hinauszugelangen,
unbekanntes Gelände zu betreten und immer weiterzugehen.

PEMA CHÖDRÖN

Während der Meditationsretreats in Dhamma Dena wurden wir auf vielen Ebenen zur Einsicht angeregt. Stille öffnete sich um mich herum, bot Möglichkeiten für neue Wege, mich und andere zu erfahren. Die Wüste selbst mit ihren Pflanzen, die so fein auf das Leben in dieser kargen Umgebung abgestimmt waren, mit ihren Vögeln und Schlangen, Kaninchen und Insekten, ihrem weiten Himmel und den fernen Bergen brachte mir vielfältige Lektionen über Unbeständigkeit und die Kostbarkeit allen Lebens bei. Ruth bot zahlreiche verschiedene Praktiken an, von der Sitz- und Gehmeditation zu improvisierten langsamen Bewegungen und schnellem Gehen in der Wüste. Sie lehrte uns, beim Essen und bei der Arbeit achtsam zu sein. Manchmal wies sie uns an, zu Musik zu marschieren oder zu Trommeln zu tanzen oder still dazusitzen und zu lauschen, während sie eine Reihe von Glocken anschlug, die im vorderen Bereich der Meditationshalle hingen. Sie dachte sich spontan kleine Rituale und Zeremonien für uns aus, die wir selbst durchführen konnten. Sie war sehr erfindungsreich in ihrem Bemühen, uns zu zeigen, wie wir in jedem Augenblick unseres Lebens achtsam sein können.

In ihren Dharma-Vorträgen stellte Ruth uns die großen Wahrheiten des Buddhismus und die vielen Wege und Methoden vor, mit deren Hilfe wir mehr Ruhe und Sammlung in unser Leben bringen können. Manchmal sprach sie über die »Fünf Hindernisse« und untersuchte jede einzelne der Tendenzen, die uns abhalten, ganz in die Gegenwart einzutauchen und empfänglich zu sein für den »erleuchteten« Augenblick, der uns immer offen steht. Oder sie erläuterte uns die »Vier Grundlagen der Achtsamkeit«, beginnend mit der Achtsamkeit für den Körper. Dann wieder führte sie uns im Verlauf eines einwöchigen Retreats durch die Elemente des

»Edlen Achtfachen Pfades«, die Anweisungen des Buddha für den Weg zur Erleuchtung.

Doch Ruths wirkungsvollste und eindringlichste Unterweisungsmethode waren ihre Geschichten. Nicht nur bei ihren formalen Dharma-Vorträgen, sondern oft auch im Laufe des Tages erzählte sie spontan Ereignisse aus ihrem Leben. Die Kraft dieser Geschichten beruhte unter anderem auf Ruths Bereitschaft, uns sowohl an ihrer Verwirrung und Schwäche als auch an ihrer Stärke und damit an ihrer menschlichen Fehlbarkeit teilhaben zu lassen. Scheinbar ziellos umherwandernd und viele Nebenwege einschlagend, landeten diese Erzählungen immer bei Momenten, die innerlich haften blieben, wie ein Pfeil, der auf etwas zeigte, das uns bislang entgangen war.

Eines Morgens, nachdem wir drei Stunden im Sitzen und Gehen meditiert hatten, fragte eine Frau Ruth nach der Praxis des Atmens, die ihr Schwierigkeiten bereitete.

»Vielleicht stellt ihr an einem gewissen Punkt fest, dass ihr nicht imstande seid, auszuatmen«, antwortete Ruth. »Wenn der Atem still steht, verbleiben Gifte im Körper und das erzeugt eine große Anspannung. Es kommt dann zu einem Stau, verbunden mit enormen Schmerzen und großer innerer Frustration. Das ist in unserer Atempraxis eine ganz natürliche Entwicklung.«

Sie neigte den Kopf zur Seite und überlegte. Das Morgenlicht zeichnete ihr markantes Gesicht nach.

»Aber wenn wir aufmerksam bleiben, mit einem offenen Geist, wenn wir weder Groll noch Wünsche hegen – wenn wir mit dieser Art von Geist, der völlig rein ist, aufmerksam sind, dann können wir zulassen, dass der Atem in einen ganz sanften Rhythmus übergeht.«

Sie beugte sich vor und sah uns herausfordernd an.

»Wenn ihr innerlich offen und frei von Groll oder Wünschen seid, könnt ihr dem Atem erlauben, sich ganz natürlich zu entfalten, stimmt's? Aber irgendwie können wir genau das nicht *tun!* Das Problem ist, dass unser Verstand seine eigenen Wege geht. Wir haben kaum Kontrolle über ihn. Wem ist das bereits aufgefallen?«

Einige der Meditierenden nickten.

Sie sprach darüber, wie körperliche Beschwerden den Verstand aktivieren, so dass Frustration aufkommt, auf die wir dann emotional reagieren. Und schließlich bezweifeln wir, jemals wieder atmen und diese Praxis befolgen zu können. Wir fragen uns, ob der Buddhismus wirklich »unser Ding« ist oder ob wir nicht einfach aufgeben und uns an den Strand legen sollten: Ein ganzes Drama entfaltet sich, während wir dasitzen und versuchen, gelassen zu erscheinen.

Wir lachten, weil wir uns von ihren Worten so treffend beschrieben fanden.

»Ich möchte euch also dringend bitten, ruhig zu bleiben und nicht in diesen emotionalen Reaktionen zu schwelgen, sondern einfach zu beobachten, was passiert, und die Praxis nicht anzuzweifeln.«

Ruth richtete sich auf und zupfte die Kette zurecht, an der ihre Brille hing. »Vielleicht fragt ihr euch, ob ich nach all den Jahren an dieser Praxis zweifele. Ich kann euch sagen, ich habe sie getestet. Es gab Zeiten in meinem Leben, in denen ich aufgrund von Schwierigkeiten mit der Atmung extreme Angst, extremen Schrecken und Schmerz erlebt habe.«

Die Stille unter uns wuchs, während sie fortfuhr zu erzählen.

»Meine Schwierigkeiten beruhten darauf, dass ich falsch praktizierte«, sagte sie und beugte sich wieder leicht vor. Ihr Gesicht war jetzt ernst. »Ich gehörte zu den Übereifrigen und konzentrierte mich zu sehr, trieb mich an, rücksichtslos und entschlossen. Das hatte entsprechend heftige Auswirkungen. Ein Jahr lang erlebte ich, was ich heute das dunkle Zeitalter meiner Praxis nenne. Ich litt innerlich enorm; mein Verstand verselbstständigte sich nahezu, und ich konnte ihn überhaupt nicht mehr bändigen. Ja, er geriet außer Rand und Band. Ich konnte mich in keiner Weise konzentrieren. Heute weiß ich, warum ich diese Erfahrung machen musste. Sie eröffnete mir einen großartigen Raum von Demut und Achtung vor mir selbst – und von Liebe.

Doch damals wusste ich nur, dass ich keine Macht über meinen Verstand hatte. Er wanderte einfach umher, brachte Bilder hervor und Angst. Selbst meine Vorstellungskraft litt und war beeinträchtigt. Mein ganzes Vermögen, achtsam beim Atem zu bleiben, war mir abhanden gekommen, war wie abgespalten. Einige von euch sind Psychologinnen oder Sozialarbeiterinnen – wahrscheinlich kennt ihr Menschen in diesem Zustand, stimmt's?«

Sie musterte uns und nickte, als eine Frau ihre Zustimmung äußerte. Dann faltete sie die Hände vor ihrem Körper und fuhr fort: »Aber ich litt nicht unter Zweifeln, denn ich wusste, dass diese Praxis gut ist, und mir war auch klar, dass meine Schwierigkeiten nicht auf Mängeln der Praxis, sondern auf meinem eigenen falschen Verhalten beruhten. Also vertraute ich. Demütig nahm ich die Praxis wieder auf, glücklich über jeden Krumen, über den kleinsten Schritt, der mir gelang. Den Besen in die Hand nehmen und begreifen: ›Ich halte den Besen in der Hand.‹ Oder mich verneigen und mehrmals zu mir selbst sagen: ›Ich verneige mich.‹ Ich sagte immer wieder zu mir: ›Ich habe eine Nase.‹ Ich berührte sie, rieb sie. Ich steckte sie in Wasser. Und machte mir klar: ›Diese Nase lässt die Luft durch.‹«

Sie machte eine Pause, saß jetzt wachsam aufgerichtet vor uns. Ich spürte, wie wichtig ihr der Zustand war, den sie erlebt hatte, und wie dringend es ihr war, uns ihre Erfahrungen verständlich zu machen.

»Weil ich ständig im Training, meine Konzentrationsfähigkeit gut ausgebildet war und ich gut praktizierte, waren die Schwierigkeiten, die ich erlebte, nicht so gefährlich. Ich verlor weder meinen Glauben noch Vertrauen und Zuversicht. So konnte ich mich der untersten Ebene der Praxis zuwenden, der bescheidensten, um dort anzufangen und allmählich zurückkommen. Auf diese Weise taten sich wunderbare Forschungsmöglichkeiten für mich auf, die ich heute als Lehrerin an euch weitergeben kann.

Doch während ich mich in diesem Zustand befand, konnte ich noch nicht einmal einen Wagen fahren. Die dafür nötige Konzentration vermochte ich nicht aufzubringen. Die Lage war wirklich *ernst*, meine lieben Freundinnen. Diese Kräfte waren völlig aus dem Gleichgewicht geraten.«

Sie schaute sich unter ihren etwa dreißig Zuhörerinnen um.

»Vielleicht kann ich euch, indem ich euch von dieser Erfahrung erzähle, vermitteln, wie enorm wichtig diese Praxis ist – und wie anfällig. Und welche Gefahren damit verbunden sind.«

Wenn wir den Atem forcieren, erläuterte sie uns, und ihn nach außen pressen, »kann der Ausatem den Geist mitnehmen«, so dass wir gespalten sind. Sie erinnerte uns daran, dass der Buddha uns nicht angewiesen habe, über den Atem ein bestimmtes Ziel anzustreben, sondern ihn so zu beobachten, wie er ist. «Das tat er deswegen, weil er um die heilende Kraft des reinen, nicht anhaftenden Geistes wusste«, sagte sie, »diese korrigierende Macht, die nichts fordert und auf diese Weise dem, was ihr beobachtet, erlaubt, zu seiner natürlichen Ordnung zurückzufinden.«

Sie lehnte sich auf ihrem Stuhl zurück, und ihr Gesicht entspannte sich. »Wenn ihr also Schwierigkeiten habt, Schmerz verspürt oder einen Stau erlebt, dann macht euch keine allzu großen Gedanken. Sorgt lediglich dafür, dass euer Geist rein ist und nicht reagiert. Alles andere wird mit der Zeit ... vielleicht braucht ihr zwanzig Jahre ...«, sie lachte, »... wird mit der Zeit in Ordnung kommen. Um diese zwanzig Jahre ein wenig *zu verkürzen* ...«, dieses Mal waren wir es, die lachten, »... komme ich ins Spiel und lade euch ein, mit einem ruhigen, absichtslosen Geist frei von Emotionen einfach zu beobachten, was ihr tut. Beobachtet, wie ihr atmet. Könnt ihr dabei etwas entdecken? Den Geist zu schulen und einzuladen, hier zu bleiben, in der Gegenwart – das hat nur einen einzigen Grund: einige der Schwierigkeiten zu überwinden, so dass wir mehr Vertrauen und Zuversicht bekommen.«

Sie machte eine Pause und blickte durch die Glastüren in die Wüste hinaus, wo eine Zwergeiche im Wind schwankte. Der Sand schimmerte gelblich in der heißen Sonne, und das Weiß der Windschutzmauer blendete fast. Wie durch Ruths Aufmerksamkeit herbeigerufen, tauchten zwei schwarze Hunde auf, scharrten und hechelten draußen vor der Mauer, jagten sich im Kreis, um dann wieder zu verschwinden. Ruth glättete die Falten ihres Rockes und ließ die Hände auf ihren Knien ruhen.

»Soviel zu einem für mich sehr schwierigen Erlebnis. Ich kann euch sagen, manchmal war es der reinste Horror. Von euch bekomme ich oft Ähnliches zu hören. Ihr erlebt, wie Angst aufsteigt, weil ihr das Gefühl habt, dass euch der Atem ausgeht.« Sie kicherte. »Die positiv Denkenden unter euch sagen sich dann: ›Aha. Mir bleibt der Atem weg, ich stehe kurz vor der Erleuchtung!‹ Das ist ebenfalls Unsinn, wisst ihr. Es zeugt einfach nur von völliger geistiger Abwesenheit. Ihr wisst noch nicht einmal, wo sich euer Geist befindet, aber um diese Unwissenheit zu rechtfertigen, sagt ihr: ›Ich fühle nichts; ich bin völlig leer: Wo bleibt die Erleuchtung? Ich bin jetzt bereit!‹« Ruth warf den Kopf zurück und schloss sich dem Lachen an, das im Raum einsetzte.

Dann wurden wir allmählich wieder still. Ruth wartete, betrachtete die Gesichter der vor ihr Sitzenden und sprach schließlich mit großem Ernst weiter: »Ich war absolut erschrocken, als ich den Atem nicht mehr spüren konnte. Ich hatte wirklich das Gefühl, gestorben zu sein. Also suchte ich die Bäume im Garten auf, betrachtete ihre Blätter und hielt mich an dem Gedanken fest: ›Da ist Leben, und auch ich bin Leben; wenn ich mich also eng an diesen Gedanken und diesen Ausdruck von Leben halte, kann ich etwas länger überleben.‹ Aber die Angst kehrte sofort zurück und war unerträglich. Abends rief ich einen hohen Zenmeister an, mit dem ich in Los Angeles praktiziert hatte. Als ich ihn bat, zu kommen und mich vor dem Sterben zu retten, sagte er zu mir, er könne nicht kommen, da er ein Retreat leite. Er riet mir, ruhig zu sterben. So lautete seine Botschaft.«

Eine Welle der Empörung ging durch den Raum.

»Ich verstand die Botschaft jedoch nicht und wandte mich an einen weiteren Meister. Zu der Zeit half ich beim Aufbau von zwei Zenzentren in Los Angeles mit und nutzte ihre Räume für meine Praxis. Ich rief also in jener Nacht um zwei Uhr den anderen Zenmeister an, und er kam zu mir. Ich war so verzweifelt. Ihn einfach nur anzuschauen gab mir schon ein schwaches Gefühl von Verbundenheit. Ich beschrieb ihm meinen Zustand, und er wusste, was da vor sich ging. Er half mir nicht. Er sagte: ›Lass los. Gib die Versuche auf. Stirb.‹ Und ging.«

Ruth saß jetzt ganz still, ihre Hände bedeckten die Knie, ihr Kopf war leicht erhoben. Ich spürte, wie sich mein Atem veränderte, wie ein inneres Fallen an einen Ort, der irgendwo zwischen Qual und Ehrfurcht angesiedelt war.

»Als er ging, dämmerte der Morgen. Zwei Freundinnen waren bei mir. Und ich bat sie, Vorbereitungen für mein Sterben zu treffen.« Als sie dieses Mal lachte, schlossen ihre Schülerinnen sich nicht an. Um mich herum sah ich lauter verstörte, aufmerksame Gesichter.

»Und ich ließ mich jetzt wirklich auf diese Erfahrung ein ... hielt nicht mehr fest, öffnete mich, fiel in das hinein, was dieser Augenblick brachte. Und plötzlich konnte ich wahrnehmen. Ich sah, wie meine Freundinnen Vorbereitungen trafen und wunderschöne Blumen aus dem Garten brachten, rosafarbene ... Amaryllis, heißen sie, glaube ich. Sie zündeten auch Kerzen an. Wir befanden uns in meinem Schlafzimmer. Und ich beobachtete sie einfach und hielt mich an den Rat, den mir beide Meister gegeben hatten: loszulassen. Ich verstand jetzt in gewisser Weise, was da passierte, und bat meine Freundinnen, mir aus der *Bhagavad Gita* und Abschnitte aus dem *Dhammapada*, der Weisheitslehre Buddhas, vorzulesen, und ich hörte einfach nur zu und fand Zugang zu dem, was mit mir geschah! Als ich diesen Worten lauschte, verstand ich. Ich gab jedes Widerstreben auf, jedes Bedürfnis, mir meines Atems bewusst zu sein, alles Wünschen und Wollen. Ich war entschlossen, mein Sterben zu beobachten, und was ich beobachtete, war, dass ich zum Atem zurückkehrte. Mein Körper wurde ganz entspannt. Ich empfand ein völliges Annehmen des Augenblicks. Und keinerlei Angst mehr.«

Ich spürte die Erleichterung der anderen im Raum, die den Ausgang dieser Geschichte ebenso begrüßten wie ich. Ruths Bericht veranschaulichte erneut die uralte Maxime: Sei in diesem Augenblick präsent für deine Erfahrung. Wie leicht sich das sagt – und wie schwierig und oft entsetzlich beängstigend es ist.

»Von der Zeit an fand ich wieder mehr Zugang zu mir selbst«, fuhr Ruth fort, »und konnte daran arbeiten, die Achtsamkeit für den Atem neu herzustellen. Ich brauchte ungefähr zwei Jahre, um wieder an den Punkt zu kommen, wo ich angefangen hatte. Ich sprach von meiner ›Flickzeit‹ – ich flickte mich selbst wieder zusammen. Wenn Freundinnen mich besuchten, sagte ich nach einer Weile einfach: ›Ich muss mich jetzt zurückziehen und flicken.‹ Ihr seht also, wenn wir gut mit uns umgehen, können wir uns für unser tiefes Selbst öffnen und diesen positiven Eigenschaften erlauben, uns zu unterstützen.«

Ruth beendete ihre Geschichte langsam, fasste ihre Botschaft noch einmal zusammen.

»Ihr erlaubt dem Geist, sich mit seinen Begierden, seinen Konditionierungen, seinem Denkzwang, seinem Streben, Grollen, Wollen und so weiter zu zeigen. Und dann werdet ihr zur wirklichen Forscherin. Ihr nehmt all das wahr, was erscheint, verbietet es nicht und verdrängt es auch nicht, sondern erlaubt ihm, im Licht eurer Aufmerksamkeit zu leben. Ruft euch in Erinnerung, dass dieser Vipassana-Geist, dieser aufmerksame, bezeugende Geist, bereits Teil eures wunderschönen Selbst ist. Wenn es euch gelingt, einfach offen dafür zu bleiben, könnt ihr euch auch diese Gelassenheit bewahren. Damit schafft ihr immer wieder aufs Neue eine wunderbare Grundlage für eure Praxis.«

Sie hob den Kopf, schaute nach hinten, wo ich saß, und fragte kurz: »Ergibt das Sinn für dich, Sandy?«

Ich dachte einen Augenblick nach. »Ja«, erwiderte ich, »das tut es.«

»Gut.« Ruth nickte energisch. »Ich hoffe, es ergibt für euch alle Sinn.«

Einverleibt

Bei den Entdeckungen, die wir durch die buddhistische
Praxis machen, geht es nicht darum, an etwas zu glauben.
Vielmehr geht es um den Mut, zu sterben, den Mut,
fortwährend zu sterben.

PEMA CHÖDRÖN

Wie ein Nebel, der sich von der Oberfläche eines schwarzen, tiefen Teiches löst, steige ich auf in Stimmen, Geräusche, hart wie stählerne Platten, dumpfe Aufschläge, ein Klirren. Ich nehme wahr, dass ich auf der Seite liege. Direkt mir gegenüber, auf einer flachen Liege mit Rädern wie der meinen, in diesem grellen Licht, das uns kein verschämtes Verbergen von Makeln oder Altersspuren erlaubt, erwidert ein Mann, dunkel wie der Teich, aus dem ich aufgestiegen bin, meinen Blick. Doch anders als jene Leblosigkeit, zieht seine Haut das Licht auf sich, glänzt in warmen Mahagonitönen. Er versucht, sich aufzurichten und hinzusetzen, seine Ellenbogen rudern in der Luft und das Krankenhaushemd rutscht hoch und entblößt seinen faltigen Oberschenkel. Niemand kommt uns zu Hilfe, wir sind völlig allein miteinander hier in den Eingeweiden des Highland Hospital, dem langen, dicht bevölkerten Flur und dem Labyrinth von Räumen der Notfallstation.

Dann tritt eine Assistenzärztin mit einem Klemmbrett zu uns. Sie hat ein wunderschönes asiatisches Gesicht, wie Kwan Yin.

»Welche Symptome haben Sie?«, fragt sie mich.

Ich bekomme keine Antwort zustande. Wenige Wochen nach meinem Ausflug nach Point Reyes habe ich eines Tages angefangen zu erbrechen und konnte nicht mehr aufhören. Habe ich das nicht bereits zwei Gruppen von Assistenzärzten erzählt?

Ich lege mich zurück und stelle mir diese junge Frau im weißen Kittel mit der raffinierten Kopfbedeckung und der fließenden Robe von Kwan Yin vor, der Wind vom Meer bringt den Stoff zum Flattern. Kwan Yin von den südlichen Meeren, Retterin der Fischer – hilf mir, diesen Sturm zu überleben. In uralten Zeiten wachte in Südchina in jeder Bucht und jeder Hafeneinfahrt eine örtliche Göttin. Sie wurde inmitten von Wolkenbrüchen, Gewitterstürmen und heftigem Seegang angerufen, um die Fischer aus der Gefahr zu erretten. Als der Buddhismus nach China kam, wurden diese rettenden weiblichen Gestalten neu geboren als Kwan Yin.

Die Woche, in der ich nichts gegessen und regelmäßig erbrochen hatte, war wie eine gefahrvolle Reise gewesen. Gepeinigt vom Aufbegehren meines Körpers, musste ich feststellen, dass meine Fähigkeit zu meditieren dahinschwand. Ich gelangte in einen Zustand jenseits von Entscheidung und Einsicht. Wenn ich immer noch eine Akteurin in meinem eigenen Drama war – jenem blassen, ätherischen Stück –, dann spielte dieses sich folgendermaßen ab: Das Bühnenbild ist düster und verhüllt, mit Trauerweiden, einem fernen Mond und einem Springbrunnen unter dunklen Büschen, eine gespenstische Landschaft wie aus dem neunzehnten Jahrhundert, die ideale Umgebung für Geister. Dann tritt eine schemenhafte Gestalt auf, die mit dünner Stimme verkündet: »Ich werde versuchen, wieder zu essen.« Der Versuch zu essen war die einzige willentliche Handlung, an der ich in den letzten Tagen beteiligt war; alles andere – das Erbrechen, das Einschlafen und wieder aufwachen – passierte ohne mein Zutun.

Dennoch kann ich diese Assistenzärztin, die vor Ungeduld die Lippen schürzt, als anmutige Verkörperung der Eigenschaft des Mitgefühls betrachten. Sie hätte in jenem Drama mitspielen können, zwischen den Zweigen der Trauerweiden schwebend wie Kwan Yin in den Darstellungen auf Putuo Shan, auf die menschlichen Wesen hinunterschauend, die sie anrufen.

»Was fehlt Ihnen denn?«, wiederholt die Assistenzärztin, und ich werde abrupt auf die Pritsche zurückgeholt, auf der ich liege.

Sprachlos schaue ich mich nach Hilfe um. Am Fußende der Liege erblicke ich Crystal und bin erleichtert. Aber sie sieht so blass und müde aus, dass sie mich erschreckt.

»Sie erbricht jetzt seit einer Woche«, informiert Crystal die Assistenzärztin. Flüchtig habe ich die Bilder der letzten Tage zu Hause vor Augen: wie ich schwach im Bett liege und Crystal zusehe, die die Bettpfanne mitnimmt, um sie zu leeren und wieder zurückzubringen; wie ich die einfache Mahlzeit zu mir nehme, die sie mir später bringt, und wir beide hoffen, dass ich das Gegessene bei mir behalten kann. Kein Wunder, dass sie so erschöpft aussieht, denke ich, denn sie hat außerdem den Auftrag für ein weiteres Chorstück angenommen, das in wenigen Monaten fertig sein muss, und jongliert ziemlich herum, um sowohl meine Pflege als auch die unter Termindruck stehende kreative Arbeit zu bewältigen. Als ich sie dort stehen sehe und im brutal grellen Neonlicht ihr angestrengtes Gesicht bemerke, empfinde ich große Dankbarkeit ihr gegenüber und wünsche, ich könnte ihr das Leben leichter machen.

Aber mein Magen kommt dazwischen. Ich spüre, wie er sich hebt, meine Speiseröhre sich zusammenkrampft, anspannt und dann loslässt. Neben mir auf der Pritsche erblicke ich eine flache Metallpfanne. Ich hebe den Kopf und erbreche die schaumige Flüssigkeit spritzend hinein.

»Krebs«, sagt Crystal zu der Assistenzärztin. »Chemotherapie.«

Meine Kwan Yin im weißen Kittel schreibt auf ihr Klemmbrett, ihre glatte Stirn ist ernst.

Als sie gegangen ist, frage ich mich, ob ich Crystal anlächele. Ich möchte ihr zeigen, wie dankbar ich dafür bin, dass sie da ist. Mein Brustkorb fühlt sich weich an, aber ich weiß nicht, ob mein Gesicht lächelt.

Nach dem schwierigen Tag in Point Reyes war Crystal freundlich zu mir gewesen und hatte am nächsten Morgen eine Karte auf mein Kopfkissen gelegt, auf der stand:

Es tut mir Leid, dass es dir so schlecht geht.
Es tut mir Leid, dass ich nicht gewartet habe, bis es dir besser geht, bevor ich »ausraste«.
Ich nehme an, ich habe alles unter Verschluss gehalten, bis die ganze Aufregung, der Druck und all das dazu führten, dass ich geplatzt bin.
Ich liebe dich immer noch sehr – Crystal

In den darauffolgenden Wochen war Crystal einen Tag freundlich und den anderen ärgerlich. Wenn sie nachts nach vielen Stunden Arbeit an ihrer Komposition ins Schlafzimmer kam, war sie zu aufgedreht, um schlafen zu können; sie stellte den Fernseher an und breitete ihre Unterlagen auf dem Bett aus.

In dieser letzten Woche des Erbrechens und der Schwäche hatte Crystal sich liebevoll um mich gekümmert und sich große Sorgen um mich gemacht, als ich schwächer wurde. Schließlich bekam sie Angst, ich könnte sterben, und rief die »Wandering Menstruals« an, damit sie ihr halfen, zu entscheiden, was zu tun war.

Als ich jetzt in ihr weißes, verstörtes Gesicht hochschaue, frage ich: »Seit wann sind wir hier?«

»Die Frauen von der Gruppe haben dich heute Nachmittag gegen drei Uhr hergebracht. Jetzt ist es elf.«

»Bist du die ganze Zeit hier gewesen?« Meine Stimme kommt träge daher, bringt kraftlos Worte hervor, die in der Luft schweben.

»Erst seit einer Weile. Als ich kam, war Sandy Butler hier.«

Hinter dem Vorhang bricht Lärm aus. Stimmen, rennende Füße. Sie rollen jemanden vorbei, schreien sich gegenseitig an: Hier klammern! Dort pumpen! Panik flattert wie ein großer Vogel durch den Gang; ich spüre den Lufthauch seiner Flügel auf meinen Wangen.

Nachdem ich in den stillen, dunklen Teich zurückgesunken war, komme ich nun wieder zu Bewusstsein und sehe, dass sich auf der Liege mir gegenüber jetzt eine alte Frau befindet. Freundlichkeit und die Sorge für andere haben ihr Gesicht mit feinen Runzeln gezeichnet. Es scheint, als seien ihr Rücken und ihre Glieder wie aufgeladen mit Schmerz; sie klammert sich an die schwielige Arbeiterhand eines jungen Mannes, der ihr ähnlich sieht. Sein dunkelhaariger Kopf ist dicht zu ihrem geneigt, sein Gesicht, größer und gröber als ihres, ist von Verzweiflung gezeichnet. Ich spüre, wie mir bei diesem Anblick die Tränen kommen.

»Was fehlt Ihnen denn?«, fragt ein junger afroamerikanischer Mann in steif gestärktem, schneeweißem Kittel.

Ja, was denn?, frage auch ich mich. Welche schreckliche Krankheit rafft diese Frau dahin? Ist sie in diesem qualvollen Zustand hier eingeliefert worden? Und wird sie Hilfe finden? Durch eine Spritze, ein Medikament ...

Der Assistenzarzt beugt sich zu mir herab und runzelt die Augenbrauen. Langsam begreife ich, dass er *mich* fragt, was mir fehlt.

Jedes Mal, wenn ich aus meiner Dunkelheit wieder ins Bewusstsein auftauche, nehme ich die Geräusche draußen vor der mit Vorhängen abgeteilten Kabine deutlicher wahr – das pausenlose geschäftige Treiben, das Klirren und Knallen und die angespannt erhobenen Stimmen.

Neben meiner Liege steht jetzt Deborah. Ich bin so froh, ihr rundes freundliches Gesicht zu sehen, zu spüren, wie ihre Hand meinen Arm streichelt. Deborah sagt mir, das Medikament, das aus dem Tropf in meine Hand läuft, habe das Erbrechen gestoppt. Als Krankenschwester weiß sie solche Dinge.

»Und siehst du diesen Beutel? Damit führen sie dir Flüssigkeit zu, damit du nicht austrocknest. Und ich wette, sie bringen dich bald hoch in ein Krankenzimmer, und dann kannst du ausruhen.«

Sie verdreht die Augen angesichts eines erneuten Aufruhrs im Gang draußen vor unserem Vorhang und sagt grinsend: »Ich nehme an, du hast *keine* besonders gute Nacht, hm?«

Ich spüre, wie mein Mund sich zu einem Antwortgrinsen verzieht: »Kann man wohl sagen.«

Merkwürdig, aber nach diesen vielen Stunden hier fühle ich mich völlig eins mit dem großen Ameisenhügel des Highland Hospital, wie ein Geschöpf, das dicht unter der Erdoberfläche lebt. Wie in Point Reyes, wo ich mich dem Ozean, der Küste, dem Himmel öffnete und eine innige Verbundenheit erfuhr, habe ich meine Umgebung hier in der Notfallstation im Erdgeschoss angenommen. Über mir liegen die vielen Stockwerke des Krankenhauses – Hunderte von Menschen, die sich bewegen und reden, Hände, die grob zupacken oder mit erprobter Zärtlichkeit berühren –, während ich hier im Bauch liege, wie der Tumor, der meinen Darm bewohnte und still und unbemerkt im Dunkeln wuchs. Ich kann mir nicht vorstellen, irgendwo anders zu sein als hier, einverleibt von diesem riesigen Körper.

Aber ich frage mich, wie viel Zeit vergangen ist, was in dieser fluoreszierenden Ewigkeit unmöglich zu ermessen ist.

»Deborah, wie spät ist es?«

Sie nimmt ihre Hand von meinem Arm, um auf ihre Krankenschwesteruhr mit dem großen Zifferblatt zu schauen. »Es ist halb vier morgens.«

Ich starre sie erstaunt an, während ich rechne. Ich liege jetzt seit zwölf Stunden auf dieser harten Pritsche. Der Gedanke stürzt mich in einen Sumpf von Schwäche. Und doch pulsiert es in meinem Kopf, in Armen und Brustkorb, vielleicht von den Medikamenten, die sie mir gegeben haben, der greifbaren Spannung um mich herum oder weil ich seit sieben Tagen außer dieser Flüssigkeit, die in die Vene auf meinem Handrücken tröpfelt, keine Nahrung zu mir genommen habe. Ich weiß, dass ich mich in einem Ausnahmezustand befinde, völlig durcheinander von der Qual, die ich hier miterlebt habe, der ständigen Hetze und Krisenstimmung, die ich durch jenen gelben Vorhang hindurch mitbekomme.

Ich versuche mich auf meinen Atem zu konzentrieren – die warme Luft, die beim Einatmen meine Oberlippe berührt, an meinen Nasenwänden entlangstreift –, um das Leben dort zu erfahren, wo es stattfindet. Doch wie aus dem Boden gestampft, steht plötzlich ein Arzt neben mir – aufrecht, energisch, blond, mit kleinen grauen Mäusetuffs an den Schläfen. Ist er einer der Chefärzte oder ein weiterer aus der Parade der Assistenten, die während der Nacht nach mir geschaut haben?

Er studiert das Krankenblatt, das er aus dem Halter genommen hat.

»Nun, Mrs. Bu-scher, es sieht so aus, als habe sich Ihr Zustand stabilisiert. Ich werde die Krankenschwester holen, damit sie Sie nach oben bringt, und wir werden Sie bis morgen dabehalten, um sicher zu gehen, dass es vorbei ist mit dem Erbrechen.«

Und weg ist er.

Deborah tätschelt mir den Arm.

Unsanft wird der Vorhang aufgerissen, und eine Krankenschwester kommt herein. Ihr weißer Anzug spannt an den Oberschenkeln. Sie sieht todmüde aus, aber entschlossen.

»Man wird bald jemanden von oben nach Ihnen schicken. Bis dahin stelle ich Sie in den Gang.«

In den Gang! Deborah sieht so betroffen aus, wie ich mich fühle.

»O nein, bitte nicht!«, bettle ich. »Lassen Sie mich hier!«

»Es ist nicht für lange«, antwortet die Schwester. Sie beugt sich vor, um die Arretierung der Liege zu lösen, und ich gleite aus meinem von Vorhängen geschützten Hafen, ein Opferlamm im Kanu einer bösen Zauberin, vom Ufer in einen Strom geschoben, in dem es von Krokodilen wimmelt. Zum zweiten Mal in dieser Nacht habe ich Angst; Flügel flattern in meiner Brust, fegen an meinen Rippen entlang.

Liege um Liege reiht sich an den Wänden dieses hellen, lauten Korridors. Krankenschwestern und Assistenzärzte absolvieren zwischen Krücken, Rollstühlen und Infusionsständern ihren gehetzten Hindernislauf. Patienten liegen da mit Prellungen, blutend, mit großen, klaffenden Wunden, die Löcher in ihrer Haut hastig mit Mulltupfern bedeckt; aufgerissen, geöffnet, niedergeworfen von einem sich verkrampfenden Herzen, einem durch Drogen verursachten völligen Filmriss. Manche wälzen sich und stöhnen. Polizisten lungern am Eingang herum, strahlen Autorität aus.

Die Schwester stellt meine Liege an der Wand ab, und ich werde ganz ruhig an diesem Ort, den zu betreten ich solche Angst hatte. Die Flügel in meinem Brustkorb hören auf zu flattern, eine erwartungsvolle Stille folgt. Deborah findet einen Stuhl und setzt sich ans Kopfende meiner Pritsche, stützt ihren Arm neben meinem Kissen auf, und mir wird klar, dass sie mit dieser Krankenhauswelt vertraut ist und sich hier keineswegs unwohl fühlt. Vielleicht kann sie mich führen, wie eine Bodhisattva im Höllenbereich, bereit, den sich in Qualen windenden Bewohnern die heilende Medizin des Erwachens zu bringen. Gemeinsam schauen wir auf diese Ansammlung von gebrochenen, vom Schicksal geschlagenen Menschen.

Auf der Pritsche unmittelbar vor mir befindet sich eine hagere, blonde Frau. Sie mag etwa vierzig sein, trägt Jeans, das aufgedunsene rote Gesicht schaut klagend, die Haare sind stumpf blondiert. Sie sitzt, aber ihre Hand- und Fußgelenke sind mit dicken Lederriemen an den Metallstreben festgebunden.

»Verdammt noch mal, macht mich los! Ich habe mich voll gepinkelt! Ich sitze hier in meiner eigenen Pisse!« Ihre Stimme klingt heiser und schneidend.

»Schwester!«, schreit sie jemanden an, der sich hinter ihr vorbeidrängt. »Schwester, Sie müssen mich losmachen! Binden Sie mich los!« Ihre Arme zerren an den Riemen.

»Die landet in der Psychiatrischen«, murmelt die Krankenschwester im Vorbeigehen. »Hat versucht, erst jemand anderes umzubringen und dann sich selbst.«

Ich bebe innerlich. Ich halte das nicht aus – ich halte das nicht mehr aus! Die ganze Nacht ist das auf mich eingeprasselt, und jetzt kann ich nichts dergleichen mehr ertragen.

»Hilfe!«, schreit sie. »Lasst mich hier raus. Schwester!«

Ihr Rasen dringt in mich ein, reißt an den dünnen Fäden meiner Kontrolle. Es schmerzt mich mehr, als ich fassen kann, wenige, endlos lange Minuten.

Und dann zittert etwas, reißt und fällt weg. Und ich spüre, wie ich durch all das hindurchgleite. Plötzlich bin ich an einem Ort, wo alles weit und still geworden ist. Ich habe jede Festigkeit verloren, bin ein Funkenregen von Noten, die in der Stille klirren wie Glas. Vielleicht ist dies das Reich, das Kwan Yin bewohnt, jenseits meiner üblichen Wahrnehmungen, Erwartungen, Grenzen – die Wahrheit, die im Herz-Sutra erkundet wird: »Form ist nichts anderes als Leere – Leere ist nichts anderes als Form.«

Dies geht über meine Erfahrung, den Fluss der Phänomene zu durchdringen, weit hinaus, eine Erfahrung in der Meditation, bei der ich meinen Körper als kreisende Atome wahrnahm, als Wellen von Energie, die in ständiger Wandlung begriffen sind. Nein, dies ist etwas anderes – als wäre alles, was mich ausmacht, in einen weiten Raum gehoben worden, der sowohl in mir ist als auch mich in sich birgt. Ein Raum, der jeden Menschen, jedes Ding, jedes Geräusch und jeden Geruch umfasst und all das in einer köstlich angenehmen Schwebe hält.

Ich schaue fragend in Deborahs braune Augen. Sie lächelt, und ich frage mich, ob auch sie sich mit mir in diesem Zustand befindet.

Dann sinke ich zurück in dem Wissen, dass nichts, was ich mir wünschen könnte, dieser Fülle gleich käme. Eine Überfülle an Freude vibriert in dem riesigen Raum, den ich bewohne und zu dem ich geworden bin.

Ich schaue mich um, sehe die müden, angespannten Gesichter der Krankenschwestern und Pfleger und der jungen Assistenzärztinnen und -ärzte; ich sehe einen Mann mit einem großen weißen Kopfverband totenstill daliegen; einen jungen Mann im Rollstuhl, zusammengesunken über seinem blutigen Bein; eine Frau, die ein schluchzendes Kind umklammert hält. Die Verzweiflung all dieser Menschen geht schwebend ein in diesen weitläufigen Raum, ist geborgen im Leuchten von unendlicher Zärtlichkeit.

Die Frau auf der Liege vor mir fährt fort zu toben. »Ihr Arschlöcher, bindet mich von diesem Ding hier los und lasst mich aufs Klo gehen! Schwester! Schwester! Ich sage doch, ich habe mir in die Hosen gepinkelt und sitze hier in einer gottverdammten Pfütze. Zum Teufel mit euch, ich werde diesen ganzen verdammten Flur voll pissen!«

Die Frau weiß nicht, dass Deborah und ich lachen. Gemeinsam haben wir, hilflos vor diesem Ansturm, Leid und Mitgefühl und Körper und Apparaturen und Lärm, Blut und Schmerz hinter uns gelassen. Kichernd gestehen wir die grenzenlose Absurdität von alldem ein, uns selbst inbegriffen – ich, mit der großen Narbe in meinem Bauch, die Venen voller Chemikalien, Deborah, die mit mir in diesen Hexenkessel gestürzt ist zwischen Assistenzärzten, die ausgelaugt sind vor Müdigkeit, besonnenen Schwestern und hetzenden Verwaltungsangestellten, unruhigen Polizisten, die hier schleunigst weg wollen – wir alle schimmern in diesem helleren Licht, sind weit jenseits unseres Denkens und unseres Körpers in der unermesslich liebevollen Umarmung des Universums gelandet.

Lehrerinnen und Lehrer, 1985

Unsere Lebensaufgabe besteht darin, das, was uns gegeben ist,
zu nutzen, um zu erwachen.
Pema Chödrön

In Dhamma Dena habe ich zum ersten Mal von *Dukkha* gehört,
Buddhas Erster Edler Wahrheit. Das neue Wort auf der Zunge kos-
tend, wollte ich mir seine einschneidende Wahrheit nicht eingeste-
hen. Aber im Lauf der Zeit erlebte ich in dem kleinen, voll besetz-
ten Meditationsraum, der uns damals nur zur Verfügung stand, die
Ruhelosigkeit, die Wut und den verstockten Widerstand, die mein
Leben bestimmten, das Beharren darauf, die Dinge mögen anders
sein, als sie es waren, und ich wusste: Dies ist *Dukkha*. Ruth brachte uns bei, den Drang, unserem Leiden zu entkommen, umzuwandeln; sie leitete uns an, die Empfindungen Augenblick für Augenblick wahrzunehmen, unsere Aufmerksamkeit darauf zu richten
und unsere geschäftigen Gedanken und heftigen Emotionen einfach zu beobachten, bevor wir unsere Aufmerksamkeit wieder auf
die Sinnesempfindungen lenkten.

Und doch hatte ich über drei Jahre Widerstand gegen Ruth geleistet; ich hatte mich gegen sie gewehrt, um an dem mir vertrauten, von
Wünschen beherrschten, unkontrollierten Selbst festzuhalten, das
mir so viel Leid bereitete. Es war ein Kampf auf Leben und Tod,
denn Ruth drohte mir mit dem Tod – in jedem Moment – meiner
Vorstellungen und Meinungen, dem Tod meines Selbstbildes. Ich
widerstand ihr mit allen mir zur Verfügung stehenden Kräften und
machte mich selbst unglücklich, um mir meine kleine, selbstbezo-
gene Identität zu bewahren. Ich kam zu Ruth, weil ich es nicht länger ertrug, in dieser Begrenzung zu leben, und dennoch konnte ich
mich ihr nicht öffnen. Dieser Kampf tobte in mir wie ein Krieg, der
mich lähmte und meine Bemühungen, mich zu sammeln, zu meditieren und einfach präsent zu sein, ständig durchkreuzte. In jenen
Jahren erkannte ich, wie sehr ich mir mein Leiden selbst schuf; ich
erlebte, welch enorme Macht meine konditionierten Reaktionen
hatten.

Vielleicht hätte ich meinen inneren Krieg noch jahrzehntelang fortgesetzt, wäre ich nicht, als ein Retreat näher rückte, völlig ohne Geld gewesen. Ich rief in Dhamma Dena an und erklärte meine missliche Lage. Gab es eine Möglichkeit, so fragte ich, an dem Retreat umsonst teilzunehmen? Eine halbe Stunde später rief mich jemand zurück, um mir Ruths Antwort auszurichten: Ich könne gern für Kost und Logis im Zentrum mitarbeiten.

Also verbrachte ich täglich mehrere Stunden damit, in Dhamma Dena zu streichen, zu putzen und zu bauen. Und ich begann die Erfahrung zu machen, mich mit meiner Umgebung verbunden zu fühlen. Ich wurde Teil der physischen Realität von Wänden, Teppichen und Fenstern; ich ging ein in die Energie des Ortes, unterstützte ihn in seiner fortdauernden Existenz, schuf Ordnung. Und ich begann mich ganz auf die mir gestellten Aufgaben einzulassen. Zeitweilig war das kampfbereite Selbst vergessen; ich kannte nur die Bewegung der Hand, die den Lappen hielt und die Wand abrieb.

Eine Aufgabe stellte meine Ausdauer besonders hart auf die Probe. Ich grub ein Loch für eine Latrine, beugte mich über die Schaufel und hob in Sichtweite der Meditationshalle, wo die anderen friedlich meditierten, große Klumpen schwerer Erde aus. Ein kalter Wind peitschte auf mich ein, der hölzerne Griff der Schaufel rieb mir die Hände wund, an denen sich Blasen bildeten, und mein Rücken begann zu schmerzen. Bei dieser Arbeit zerbrach die letzte Panzerschicht meines Widerstandes. Nachdem ich stundenlang geschaufelt hatte, betrat ich die Halle und ließ mich enorm erleichtert auf ein Kissen nieder. Still zu sitzen und zu meditieren schien mir nun als solches bereits ein großes Privileg und Geschenk zu sein. Als ich zu Ruth hinüberschaute, die vorn im Raum saß, sah ich sie völlig neu: nicht als meinen Quälgeist, sondern als Person, die mir eine kostbare Chance bot. Ich sah, dass sie ständig behutsam auf die Authentizität des Augenblicks hinwies und mir eine neue Möglichkeit eröffnete, mit meiner Erfahrung zu sein. Ich gab mich ihrer Lehre vorbehaltlos hin, verschloss nicht länger mein Herz, sondern öffnete mich, um ihre Unterweisungen zu empfangen, und war zutiefst berührt. Ich erkannte Ruth mit all ihren Fähigkeiten, ihrer Einsicht und der Liebe, die sie uns rückhaltlos schenkte, um in uns die Fähigkeit zu wecken, uns für unsere Freiheit zu öffnen. In jenen wenigen Tagen wurden all die Lehren der vergangenen Jahre, gegen die ich so heftig rebelliert hatte, für mich konkret. Ich spürte, wie ich mich an eine tiefe, beständige Lebenskraft anschloss, voller Weite und Gewissheit und erfüllt von einer ruhigen Freude.

Das soll nicht heißen, dass ich völlig gewandelt war. Auch heute noch meldet sich mein Widerstand manchmal, um mir Steine in den Weg zu legen. Widerstand ist eine Gewohnheit, und es ist schwer, sie abzubauen und sich stattdessen geduldig dem zuzuwenden, was im Augenblick passiert. Doch bei diesem Retreat erlebte ich einen qualitativen Wandel und wurde sehr viel empfänglicher für Ruths Unterweisungen, so dass ich diese für mich nutzen konnte.

Bei einem Frühjahrsretreat verließ ich nach dem Mittagessen die kleine Ansammlung von Gebäuden, aus denen Dhamma Dena besteht, um in Richtung der Berge zu wandern. Während ich so vor mich hin ging, erschreckte ich ab und zu eine kleine Eidechse, welche die gleiche Farbe hatte wie die krümelige, sonnenverbrannte Erde. Hier draußen gab es außer dem Knirschen meiner Schritte und dem Brausen des Windes keinerlei Geräusche. Doch wenn ich stehen blieb, konnte ich auch das Summen der Fliegen hören, und ich sah eine fette Biene, welche die Blüte eines vereinzelten Kreosotbusches besuchte.

Ruths Bericht über die Zeit, in der sie den Kontakt zu sich verloren hatte und sich wieder »zusammenflicken« musste, ihre Bereitschaft, sich uns gegenüber so verletzlich zu zeigen, hatte mich tief beeindruckt. Ich sann über ihre Botschaft nach, sich dem Leben und selbst dem Tod hinzugeben, als ein Eselhase aus dem Schatten eines Busches vor mir aufsprang und davonhoppelte, die Ohren aufgestellt. In diesem Augenblick war mir bewusst, dass ich die Wüste mit ihrer weichen Erde und ihren Pflanzen mit den Tieren zusammen bewohnte. Im Leben einer Eidechse, so überlegte ich, stellt sich die Frage nach Hingabe mit Sicherheit gar nicht; sie kannte weder den Segen noch den Fluch, zwischen vielen Möglichkeiten wählen und gegen das, was ist, Widerstand leisten zu können.

Ich überquerte eine selten benutzte Straße und gelangte zu einer rechteckigen Betonplatte, die einmal das Fundament eines Hauses gewesen war. Das Skelett eines Sofas stand noch dort, an seinen verrosteten Drähten hingen zwei Polster, aus denen die graue, wollige Füllung quoll, wie Haarbüschel auf dem Brustkorb eines alten Mannes. Alles andere war von den Mäusen, Ratten und Vögeln herausgezupft worden. Zerbrochene Flaschen und Holzstücke lagen auf dem Beton verstreut, der in der Sonne so grell war, dass ich die Augen zusammenkneifen musste. Auf dem Boden neben dem Fundament lagen Dachschindeln und Teerpappe, das meiste davon an der Ostseite, als habe der Wind Wände und Dach niedergerissen.

Ich hörte einen Pick-up näher kommen und schließlich am Straßenrand anhalten. Als ich mich danach umschaute, winkte die Frau hinterm Steuer mir zu.

Ich ging auf sie zu. Sie hatte ein rundes, sonnenverbranntes Gesicht und trug einen Strohhut mit ausgefranstem Rand. Sie sah mir entgegen.

»Hallo! Sind Sie die Dame aus der Stadt, die sich für dieses Grundstück interessiert?«

Als ich ihr erklärt hatte, dass ich lediglich eine Besucherin und keine potentielle Käuferin war, erzählte die Frau mir: »Ich war gerade in Joshua Tree beim Festumzug anläßlich der Turtle Days. Ich wohne gleich da drüben bei den Hügeln.«

Ihre von Sommersprossen übersäte Hand ruhte auf dem Steuerrad. Sie schaute mir mit freundlichen Augen direkt ins Gesicht.

»Bei wem sind Sie zu Besuch? Ruth wer? Hilft sie gelegentlich mit bei der Feuerwache? Wir hatten dort vor einer Weile einen wirklich netten Grillabend. Glauben Sie, da hätte ich ihr begegnen können?«

Ich sagte ein paar Worte über Ruth, wobei ich vorsichtig abwägte, was ich erzählte, denn ich wusste, dass sie den Menschen von Copper Mountain Mesa nicht zu exotisch erscheinen wollte.

Als die Frau schließlich davonfuhr, setzte ich meinen Spaziergang fort. Ruth hatte mir erzählt, dass viele Bewohnerinnen und Bewohner in dieser Gegend ältere Menschen waren, die ihre Häuser zu einer Zeit gebaut hatten, als man lediglich hier herausfahren, ein Stück Land abstecken und eine Hütte von mindestens drei mal vier Metern bauen musste – und schon gehörte einem das Fleckchen Erde. Ruth kam viel später, zu einer Zeit, als sie und ihr Mann, Henry, in Trennung lebten. In den Jahren zuvor hatten Henry und sie oft zusammen in den Bergen gezeltet. Doch allein mochte Ruth nicht zelten, also hatte sie das kleine Haupthaus mit einigen Nebengebäuden gekauft, um einen Platz zu haben, an dem sie der Stadt entfliehen konnte. Die Meditationshalle, das Dukkha-Haus und mehrere andere kleinere, entfernter liegende Häuser waren erst später hinzugekommen.

Als ich mich den Bergen näherte, sah ich Yuccapalmen, die sich wie Possenreißer in merkwürdigen Haltungen vor dem Himmel verrenkten. Sie überragten die sie umgebenden Zwergeichen um vieles und waren so einzigartig geformt, der Stamm rau, die Krone stachlig, dass ich beim Aufsuchen der einzelnen Bäume das Gefühl hatte, alten, ergrauten Goldsuchern oder narbigen, verwitterten Wüstenratten zu begegnen, die alle ihre Geschichten zu erzählen hatten.

Der Fuß der Berge verwandelte sich, als ich näher kam, in runde Haufen riesiger brauner Felsen, zwischen denen hier und da wenige winzige Häuser hockten. Einige davon waren Jagdhütten, wie ich wusste.

Nach Osten hin erstreckte sich eine ebene Fläche mit einem kleinen Haus und einem silbrig glänzenden Tank, der unter dem Baum neben einem Wohnwagen stand. Wenn man in dieser Wüste etwa einen Meter tief grub, traf man auf eine dicke Gesteinsschicht, deswegen war es extrem teuer, einen Brunnen auszuheben. Alle, die hier das ganze Jahr über lebten, kauften Wasser, ließen es per Lastwagen aus der Stadt hertransportieren und speicherten es in Tanks, die in der Nähe ihrer Häuser standen. Jäger und Feriengäste kamen mit Wasser in Flaschen aus.

Ich setzte mich unter eine Yuccapalme, um auszuruhen, und schaute in Richtung Dhamma Dena, das hinter dem Horizont verschwunden war. In der Ferne erhoben sich die Berge, weich gezeichnet in hellblauem Dunst. Die Sonne brannte heiß auf meine Schultern und Knie, aber der Wind war kühl. Der Wind hier draußen konnte manchmal schneidend sein, aber ohne ihn wären die Sonne und die Hitze unerträglich gewesen. Ich dachte immer noch an Ruths Geschichte und wie sie erzählt hatte, dass die Erfahrungen dieser Zeit voller Angst und Qual sie demütig gemacht und gelehrt hatten, mit den grundlegenden Schritten noch einmal von vorn anzufangen, um zu innerer Sammlung zu gelangen.

Bei jedem Retreat gab es immer mindestens eine Person, die ganz offensichtlich psychische Probleme hatte. Verwandte oder Freundinnen hatten gehört, dass das, was wir in Dhamma Dena taten, hilfreich sein könnte, und brachten die betroffene Person her, um dann wieder zu verschwinden. Oft war dieser Mensch nicht imstande, still in Meditation zu sitzen, also fand Ruth eine Aufgabe für ihn, die seinen ruhelosen Geist beschäftigt hielt. Ein junger Mann hatte entsetzlich verängstigt ausgesehen, seine Augen huschten in alle Richtungen, seine Bewegungen waren gehetzt und abrupt. Ruth zeigte ihm, wie man die sandige Erde im Hof in langen geschwungenen Linien harkte, als glitten Finger lässig durch den Sand. Als ich später über den Hof ging, sah ich ihn, wie er mit wachsender Sorgfalt harkte, und im Laufe der Woche nahm seine Angst allmählich ab. Er schien durch diese einfache Aktivität ein wenig Frieden zu finden, sie bot ihm Halt und machte ihm sogar Spaß. Ich verstand jetzt, dass Ruth aufgrund ihrer eigenen Erfahrungen imstande war, mit psychisch Kranken zu arbeiten.

Das gleiche galt für ihre Arbeit mit uns Übrigen und den verschiedenen Abstufungen unseres seelischen Schmerzes. Ihre Lehre, die so stark in ihrem eigenen Erleben wurzelte, vermittelte viel Kraft und Stabilität. Besonders gut war Ruth, wenn es darum ging, den Körper zu erforschen, denn sie schien außergewöhnlich sensibel für körperliche Empfindungen zu sein und konnte die Realität ihrer eigenen Erfahrung mit großer Gründlichkeit und einem entsprechenden Feingefühl durchdringen. Vielleicht beruhten das Mitgefühl und die Einsicht, die sie uns zugute kommen ließ und die es ihr ermöglichten, jedem lebenden Wesen mit dem gleichen Respekt zu begegnen, auf diesem ständigen Forschen.

Ich lehnte mich mit dem Rücken gegen den rauen Stamm der Yuccapalme und machte es mir bequem, um über die Frage nachzusinnen, was Ruth mir gegeben hatte. Zunächst einmal das Wissen, dass ich immer von vorn anfangen und zu der simpelsten Praxis zurückkehren konnte – wie sie es uns am Beispiel ihres Umgangs mit dem Besen vermittelt hatte: »Dies ist ein Besen, und ich fege« –, um mich mit dem Prozess meines Lebens von Augenblick zu Augenblick ständig neu zu verbinden. Im Laufe der Jahre, die ich hierher kam, um mit ihr zu sitzen, hatte ich gelernt, dass jeder Kontakt in meinem Leben mir Gelegenheit gab zu praktizieren, was hieß, dass jedes Wesen, ob menschlich oder nicht, dem ich begegnete, mein Lehrer war. Ruth Denison sprach mit großer Ehrerbietung von ihrem buddhistischen Lehrer, dem burmesischen Meister U Ba Khin, und ein Ölgemälde von ihm, das ihn in einer braunen Mönchsrobe zeigte, hing an der Wand der Meditationshalle. Aber jede ihrer Geschichten zeugte von ihrer Dankbarkeit für die vielen Lehrerinnen und Lehrer, denen sie in ihrem täglichen Leben begegnete.

Anders als andere Formen des Buddhismus, bei denen die Hingabe an die Lehrerin oder den Lehrer als grundlegend für die Praxis angesehen wird, betrachtet der Theravada-Buddhismus die Lehrerin einfach als »spirituelle Freundin«. Der Buddha selbst wurde ungehalten, als einer seiner Anhänger sich zu stark von seiner Person abhängig machte: Seine Weisung lautete, dass es auf die Lehren ankäme, nicht auf den Menschen, der diese übermittele. In der buddhistischen Kunst wurde der Buddha zunächst nicht abgebildet, sondern lediglich durch einen leeren Sitz dargestellt, denn seine Abwesenheit, nicht seine Anwesenheit, galt als bedeutsam: Er hatte die volle Verwirklichung erlangt und war demzufolge, als sein Körper starb, wirklich gegangen, um niemals in menschlicher oder anderer Form wiedergeboren zu werden.

Da wir aber menschliche Wesen mit ganz gewöhnlichen Bedürfnissen sind, achten wir unsere Lehrerinnen und Lehrer, projizieren unsere Wünsche auf sie, verspüren Widerstand gegen sie, geben uns ihnen hin und kämpfen mit ihnen. Für einige Menschen, die ich kenne, erwies es sich als sinnvoll, den spirituellen Lehrer zu wechseln und sich einer noch weiseren Führung anzuvertrauen, um in ihrer Praxis den nächsten Schritt tun zu können. Obwohl ich mit zahlreichen Lehrerinnen und Lehrern gesessen habe, empfand ich es als richtig, bei einer Lehrerin zu bleiben, denn ich habe begriffen, dass diese ein Spiegel ist und mich mir selbst widerspiegelt. Bei ein und demselben Spiegel zu bleiben heißt, zuzulassen, dass ich meine eigenen inneren Muster allmählich erkenne und erlebe, wie diese sich verändern. Ruth blieb sie selbst, bot die Lehren in der Form an, die sie entwickelt hatte; wenn ich zu ihr kam, erlebte ich sie und mich jedes Mal anders, lernte Neues und ging tiefer.

Nehmen wir zum Beispiel meine Reaktion auf Uliloo, als er an diesem Morgen hustend in die Meditationshalle getrottet kam. Ich geriet aus dem Gleichgewicht und verspannte mich, denn ich hing der Vorstellung an, dass ein Hund in der Meditationshalle nichts zu suchen hat. Ich erkannte meine Tendenz, die Dinge ordentlich und voraussagbar haben zu wollen und entsprechend zu urteilen, wenn Unerwartetes geschah. Lächerlich, zumal ich doch die Geschichte kannte, wie Uliloo für Ruth zum Lehrer wurde.

Dreizehn Jahre zuvor hatte Ruth Rückenbeschwerden gehabt und sich einer schwierigen Operation unterziehen müssen, die eine lange Bettlägrigkeit in einem Ganzkörpergips nach sich zog. Die Medikamente und Betäubungsmittel hatten so heftige Auswirkungen, dass sie erneut die Verbindung zu ihrem Atem verlor. Sie hatte Angst, vor allem, als man sie nach Hause brachte, wo sie praktisch sich selbst überlassen war. (Henry flog zu der Zeit, wie sie es ausdrückte, »in der Weltgeschichte herum, um sein Glück zu finden.«) Eine Freundin kam, um sie zu versorgen, aber Ruths Zustand bereitete ihr so viel Angst, dass sie immer nur kurze Zeit bei ihr bleiben konnte.

In Los Angeles gab es damals ein großes Erdbeben. Ruth lag eines Morgens in ihrem Bett, allein im Haus, als plötzlich alles um sie herum in Bewegung geriet. Vom Kaminsims fielen Gegenstände auf ihr Bett. Alles bebte, und die Decke über ihr bewegte sich wellenförmig. Ruth wusste nichts über Erdbeben und dachte zunächst, ihr Verstand spiele ihr einen Streich. Nachmittags kam eine Bekannte zu Besuch und sagte, da ihr Haus durch das Erdbeben zerstört worden sei, wolle sie ihren Wurf Dachshundwelpen weggeben – ob Ruth einen haben wolle? Einsam, wie sie war, stimmte Ruth zu.

Der verängstigte Welpe brauchte Gesellschaft und wimmerte verlassen in der Zimmerecke. Schließlich lockte Ruth ihn zu sich an ihr Bett. Sie nahm ihn hoch, legte ihn auf ihre Brust, direkt unter ihr Kinn und sprach in Babysprache mit ihm. Sie erzählte ihm, dass sie verstehe, wie viel Angst er haben müsse, weil er jetzt von seiner Mama getrennt sei, und dass auch sie große Angst habe. Das tat ihr gut. Selbst in ihrer Verzweiflung erinnerte sie sich an den Grundsatz, sich immer bewusst zu sein, was sie tat. Alles, was sie an diesem Punkt bewusst wahrnehmen konnte, war, dass dieses kleine

Geschöpf auf ihrer Brust lag. Sie sagte es sich laut vor, machte es sich ganz klar, nahm wahr: Ich bin lebendig, ich bin hier. Dann bemerkte sie, wie er gleichmäßig atmend einschlief. »Er dachte, er liege auf dem Bauch seiner Mutter«, erklärte Ruth. Die Wärme des anderen Körpers lullte ihn in den Schlaf. Ruth achtete auf den Rhythmus seines Atems, während er schlief, folgte mit ihrer Aufmerksamkeit dem Ein und Aus. Und erlaubte ihrem Brustkorb, sich im gleichen Rhythmus zu heben und zu senken. Während sie also gemeinsam diese Atempraxis machten, bekam sie wieder ein Gespür dafür, lebendig zu sein. In dieser Situation hatte sie den kleinen Hund als ihren Lehrer betrachtet und eine dankbare Zuneigung zu ihm entwickelt.

Ich rappelte mich von meinem Platz unter der Yuccapalme hoch, klopfte meine Hose sauber und machte mich auf den Rückweg. Ich ging langsam über die trockene Erde, hörte sie unter meinen Schuhen knirschen, beobachtete die Löcher, welche die Kaninchen und die Wüstenschildkröten unter den Kreosotbüschen gegraben hatten. Uliloo war selbst nicht viel größer als ein Eselhase.

Zur selben Zeit, als er zu ihr kam, erzählte Ruth uns, habe sie die Nachricht erhalten, dass ihr Lehrer in Burma, U Ba Khin, gestorben sei. Sie spottete über dieses Zusammentreffen von Ereignissen. »Man kann da viele Gedanken und Gefühle und was weiß ich nicht alles hineingeben ... Es war einfach, was es war ... Menschen sterben zu dem Zeitpunkt, an dem du einen kleinen Hund bekommst.«

Dennoch nannte sie den Hund manchmal U Ba Khin und behandelte ihn immer besonders liebevoll.

Jetzt tauchten die Gebäude von Dhamma Dena hinter einer Anhöhe auf, und ich sah Ruth, eine schmale Gestalt, deren Rock sich im Wind bauschte, draußen vor der Küchentür stehen, vertieft in ein ernstes Gespräch mit dem Koch.

Ich beeilte mich, um zur Meditationshalle zu kommen und meinen Platz auf dem Kissen einzunehmen, bevor Ruth eintraf. Und ich dachte über Dankbarkeit nach, die Dankbarkeit, die Ruth Uliloo, U Ba Khin und so vielen anderen entgegenbrachte – und wie diese Dankbarkeit für das, was ihr gegeben worden war, ihr ganzes Leben durchzog.

»Hier drinnen sind wir alle eine Familie«

... wir ermutigen uns selbst, unser Herz und unseren Geist
zu öffnen – für Himmel und Hölle, für alles.
PEMA CHÖDRÖN

Julia Child steht seitlich neben dem Schneidebrett, das Gesicht mit wohlwollendem Interesse dem jungen Mann zugewandt, der Sellerie schneidet und erzählt, wie man eine Shitake-Pilzsuppe zubereitet.

»Und du hast bereits etwas Schinken angebraten«, vermutet Julia.

»Ja, und jetzt kommen die Möhren und die Kartoffeln dazu«, sagt er und schiebt den Sellerie beiseite.

Ich mustere meine Zimmergefährtin verstohlen. Sonya sitzt aufrecht wie eine Königin in ihrem hochgekurbelten Bett und verfolgt mit eifrigem Blick das Geschehen in Julias Küche. Kochsendungen sieht Sonya am liebsten, und da sie stets höflich ist, nimmt sie mein Bekenntnis, dass auch ich solche Sendungen mag, mit Erleichterung auf. Wir schauen in geselligem Schweigen zu: Sonya kommentiert nie, was sie sieht. Als ich in meinen ersten Tagen hier versuchte, ihre Meinung herauszufinden, weckte ich bei ihr nur ein anmutiges, verträumtes Lächeln, also gab ich es auf, ihr Fragen zu stellen.

Der junge Mann hat die Stiele von den Pilzen entfernt und sie mit dem anderen Gemüse in die Bratpfanne gegeben. Schinkenfett brutzelt köstlich vor sich hin, während Julia gutmütige Kommentare zu der Arbeit des Kochs abgibt.

Ich denke an die Suppe, die am Ende auf dem Tisch stehen wird. Ich denke über Essen nach. Mit dem Schlauch, der durch meine Nase in meine Kehle läuft, darf ich weder essen noch trinken. Ich weiß, dass Sonya sich nicht bewusst macht, wie schwer es ist, einem Koch bei der Arbeit zuzuschauen, wenn man nichts essen kann, und ich verzeihe ihr. Sie ist eine Frau voller Gelüste, so in Anspruch genommen von ihnen, dass vieles ihrer Aufmerksamkeit entgeht.

»Und jetzt die Brühe«, gibt Julia dem jungen Mann das Stichwort, und er rührt eine Flüssigkeit aus einem Plastikbehälter in die Suppe.

Nach dem letzten qualvollen Krankenhausaufenthalt ging es mir ein paar Tage einigermaßen gut. Dann bekam ich heftige Magenschmerzen, und die Chirurgen vermuteten Probleme an der Stelle, wo sie meinen Darm wieder zusammengenäht hatten. Ich konnte nicht ausscheiden, und die Schmerzen wurden unerträglich. Nun kommen in regelmäßigen Abständen Schwestern in mein Krankenzimmer, um Einläufe bei mir zu machen – bislang dreimal am Tag. (Ist dieses Gummigerät voll mit Seifenwasser wirklich repräsentativ für unsere hoch entwickelte moderne Medizin?) Dann versammeln sich die Chirurgen um mein Bett, um meinen Fall zu besprechen. Sie sprechen von »Adhäsionen« und von einem »Knick in Ihrem Darm«. Einer von ihnen lugt durch seine Brillengläser zu mir her und sagt: »Wir werden das schon gerade biegen.« Fünf Tage geht das jetzt bereits so – lange genug, um Sonya kennen zu lernen.

»Salz und Pfeffer«, verkündet der junge Mann, während er die Gewürze mit Schwung in die Suppe gibt.

»Und zum Schluss«, sagt Julia, »ein Prise Petersilie und einen Klacks Margarine.«

Die Kamera fährt dicht an den Topf mit dampfender Suppe heran. Sie sieht köstlich aus.

»He, wunderbar!«, kommentiere ich und wende mich Sonya zu. Sie erwidert meinen Blick selig.

Sonya ist eine feingliedrige junge Frau mit verschlafenen Augen und sehr dünnen Beinen unter ihrem Krankenhaushemd. Ein Arm ist schlank, der andere dick geschwollen wie eine Wurst und fest mit einer elastischen Binde umwickelt. »Das kommt von meiner Brustamputation«, erzählt sie mir und zuckt zusammen, während sie ihren monströsen Arm bewegt und versucht, in der Schlinge, welche die Schwestern für sie hergerichtet haben, eine bequeme Haltung für ihn zu finden. Sie kommt mir so jung vor. Sie erzählt, dass eine Freundin am Vortag ihren sechsjährigen Sohn zu Besuch hergebracht hat. Sie war in die Eingangshalle hinuntergegangen, um ihn zu treffen. »Ich konnte meinen Kleinen im Arm halten und ihn küssen.« Ihr Gesicht leuchtet vor Freude.

Sonya schläft zu merkwürdigen Zeiten, döst mitten in einem Gespräch mit mir weg. Doch eigentlich führen wir gar keine Gespräche: Sie erzählt mir von sich. Wie heute morgen. Sonya hatte ihr Frühstück verschlafen. Gefoltert von dem Geruch, beäugte ich begehrlich ihren Toast und ihre Eier, während sie mit schräg geneigtem Kopf und offenem Mund dalag.

Als sie schließlich aufwachte, war Sonya aus unerklärlichen Gründen verärgert über das Frühstück. Sie starrte angeekelt darauf. »Das kann ich einfach nicht essen!«, klagte sie. »Das ist das schrecklichste Frühstück, das ich je gesehen habe!« Sie runzelte ungehalten die Stirn und klingelte nach der Schwester.

Während wir warteten, erzählte sie mir, dass sie ihren Alkohol vermisse. Sie blickte mich unverwandt an, während sie sagte: »Zu Hause trinke ich jeden Tag.« Sie ließ ihre Worte wirken und fragte dann: »Kennst du Cisco?«

Ich musste passen.

»Das ist der Wein, den ich immer trinke.« Sie sprach wehmütig wie von einem fernen Geliebten. »Ich gönne mir morgens eine Flasche Cisco, nachmittags noch eine und abends zwei.«

Ich versuchte mir das vorzustellen: Sonya am Küchentisch, trinkend; Sonya vor dem Fernseher, trinkend; auf der Veranda vor dem Haus. Ich fragte mich, wie das mit der Betreuung ihres kleinen Sohnes vereinbar war.

»Ich werde nie gewalttätig oder so«, versicherte sie mir. »Aber wenn ich meinen Alkohol nicht bekomme, werde ich reizbar.«

Ich habe bereits erlebt, wie aufgebracht sie werden kann, wie sie sich im Bett herumwirft und lautstark Schmerzmittel und Schlaftabletten fordert. »Schwester, ich brauche Valium! Schwester, bringen Sie mir Demerol!« Dann senkt sie den Kopf, wiegt ihren geschwollenen Arm und murmelt immer wieder »Scheißtanten«, »verdammt nochmal« und »Scheiße« vor sich hin.

Jetzt verstand ich, dass diese Erregung ein Symptom ihres Entzugs ist. Sonya leidet sichtlich, und ich warte mit ihr darauf, dass die Schwester kommt und ihr mit einer Spritze oder Tabletten Erleichterung verschafft.

Wenn sie ihre Medikamente dann bekommen hat, ist sie von einer solch liebenswerten Offenheit, dass sie mich total für sich gewinnt. Sie spricht mit jedem, schließt Freundschaften und kümmert sich um mich. »Hier drinnen sind wir alle eine Familie«, sagte sie am ersten Tag zu mir. »Wir müssen aufeinander aufpassen.« Während ihrer Zigarettenpausen, so erzählt sie mir, wandert sie durch das Krankenhaus und macht besonders gern auf der Säuglingsstation Halt, wo sie in jedes Babybettchen schaut.

Als die Krankenschwester kommt, um mir einen weiteren Einlauf zu machen, und den Vorhang zuzieht, verschwindet Sonya aus meinem Blickfeld. Nie spricht sie mich auf die Beschwerden an, die mein widerspenstiger Darm mir bereitet. Als ich später zur Toilette eile, meinen Tropf hinter mir herziehend, und die Tür hinter mir schließe, umfängt mich der Gestank von Zigarettenrauch, penetrant genug, um meinen durch die Chemo in Mitleidenschaft gezogenen Geruchssinn zu erreichen. Übelkeit steigt mir in die Kehle.

Nachdem ich erschöpft ins Bett zurückgekehrt bin, sage ich zu Sonya: »Du hast auf dem Klo geraucht.«

Sie schaut mich träge an und zuckt mit ihrer gesunden Schulter. »Ja, manchmal schaffe ich es nicht schnell genug nach unten.«

So bleibt mir nichts anderes übrig, als über Begierde nachzusinnen – Sonyas und meine eigene –, unser Festhalten und unser Verlangen, die uns so viel Leid bereiten. Im Buddhismus sprechen wir von *Samsara*, dem endlosen Kreislauf von Leid zu Verlangen zu noch mehr Leid, das weiteres Verlangen auslöst. *Samsara* wird durch ein Rad versinnbildlicht, das uralte indische Symbol für das ewige Kreisen der bedingten Existenz, die zwischen Geburt und Tod wechselt. Das Rad wird durch die Energie unseres Verlangens in Gang gehalten, unseren unersättlichen Appetit oder Durst *(Tanha)*. Das Ziel der Lehren des Buddha besteht nicht darin, uns von der gewöhnlichen Existenz oder der Welt der Dinge zu befreien, sondern von den Denk- und Verhaltensmustern, die uns versklaven. *Samsara* vollständig zu durchdringen, so heißt es, bedeutet *Nirwana* oder Erleuchtung erlangen. Diese beiden sind eins; und es geht darum, unser Bewusstsein so zu transformieren, dass wir die Fesseln unserer konditionierten Reaktionen sprengen.

Wenn wir zu meditieren beginnen, werden wir uns des Wirkens von *Samsara* bewusst. Das kann ich selbst hier im Bett an mir beobachten. Der Schlauch in meiner Nase bereitet mir Schmerzen, also möchte ich, dass er herausgenommen wird; je heftiger ich mich gegen ihn sträube, desto stärker schmerzt er. Die Nadel in der Vene in meiner Hand brennt, deswegen möchte ich, dass sie entfernt wird. Ich möchte auch, dass der Schmerz in meinem Darm verschwindet, und wünsche mir, wieder essen und trinken zu können. Sobald sich mein Geist auf diese Unannehmlichkeiten konzentriert, erzeugt er Verlangen – den fieberhaften Wunsch, die Dinge mögen anders sein, als sie sind.

Mir wird klar, dass dieses Leiden sich nicht groß von dem unterscheidet, das ich in meinem Alltag erlebe – so viele Augenblicke, in denen ich das Leben anders haben möchte, als es ist.

Also schließe ich die Augen und richte meine Aufmerksamkeit auf die Wirklichkeit – auf das, was ich real erlebe. Ich lasse mich das Gewicht meines Körpers im Bett spüren, den Druck, den der Schlauch auf meine Nasenwand und in meiner Kehle ausübt, den ziehenden Schmerz, den die Nadel in meiner Vene verursacht. Als ich meine Aufmerksamkeit auf die Empfindungen in meiner Nase und meiner Hand richte, beginne ich zu erkennen, dass sie sich ständig verändern, und mein Interesse an ihnen wird größer als das an meiner Verzweiflung. Die Empfindungen – von Druck und von Hitze – bleiben bestehen, aber ich wehre mich nicht mehr gegen sie und definiere sie nicht länger als unangenehm oder schmerzhaft. Allmählich erlebe ich sie einfach nur als Empfindungen. Dann verlagere ich meinen Fokus auf den Atem, folge seinem Ein- und Ausströmen, erlaube meinem Geist, mit ihm zu fließen, den ganzen Weg durch meine Nase und Kehle in den Körper hinein und wieder hinaus. Nach einigen Minuten bin ich mehr im Augenblick angekommen und fühle mich ruhiger.

Ich bemerke, dass Sonya mit mir redet. Als ich die Augen öffne, sehe ich, dass sie die Fernbedienung hochhält.

»Lass uns den Fernseher einschalten und was Schönes gucken. Einverstanden?«

Sie lächelt charmant, und ich vermute, dass sie sich auf diese Weise für das Rauchen in der Toilette entschuldigen will. Ich nicke.

Schon bald schauen wir Molly Katzen, Autorin des *Moosewood Cookbook* zu, wie sie ein indisches Gericht zubereitet.

Sonya ist sofort in das Geschehen auf dem Bildschirm vertieft, und ich weiß, wir werden kein Wort mehr wechseln, bevor Molly nicht Unmengen von Knoblauch gehackt und in die gekochten gelben Linsen gegeben hat, um Dal zuzubereiten. Wir schauen zu, wie sie schwarzen Pfeffer, roten Pfeffer, Senfkörner, Kurkuma, Koriander, Kumin und Zimt zugibt.

Ich hatte Sonya einmal gefragt, ob sie gern koche, als Antwort aber nur ein vages Achselzucken erhalten. Aß sie gern exotisch? Wieder zuckte sie mit den Achseln, als stellte ich die falschen Fragen. Was sie wahrscheinlich fasziniert, spekuliere ich, ist die liebevolle Sorgfalt, die hier zum Ausdruck kommt. Vielleicht hat sie als Kind ihrer Mutter oder Großmutter beim Kochen für die Familie und damit auch für sich selbst zugeschaut, so dass diese Kochsendungen sie in jene warme, tröstliche Abhängigkeit von damals zurückversetzen.

Solchen Gedanken gehe ich nach, während Molly Katzen Zitronensaft über das Dal träufelt und es salzt und uns erzählt, dass man es am besten mit Chapatis isst, dünnen Brotfladen. Während ich zuschaue und nachdenke, bleibt das Empfinden für meinen Körper im Hintergrund wach. Ich fühle mich mit dem lebendigen Prozess meines physischen Selbst stark verbunden.

Molly stellt das Dal beiseite und beginnt mit den Vorbereitung für das Reispilaf. Meine Gedanken wandern zum Vortag zurück, an dem ich erlebt habe, wie energisch Sonya werden kann. Es war eine anstrengende Nacht gewesen, weil aus dem Nebenzimmer viel Lärm drang; ein Mann sang und lachte dort wie wild. Die Schwester erzählte uns, er sei ein »5150«, ein Psychiatriepatient mit Knochenbrüchen, der erst auf die psychiatrische Station gebracht werden könne, wenn ein Arzt »seine Überweisung unterschrieben« habe. Mitten in der Nacht hatte Sonya die Krankenschwester überredet, ihr eine Valiumspritze zu geben, und wurde daraufhin sofort gelassener. Aber ich war beunruhigt und gereizt, weil der Apparat, der die braune Säure aus meinem Magen pumpte, nicht mehr arbeitete. Ich drückte auf den Klingelknopf und klagte Sonya mein Leid, während ich mir ausmalte, wie das Säuregemisch meine Magenwand zerfraß. Schließlich, als keine Hilfe kam, kletterte Sonya aus dem Bett, den Kopf erhoben, den geschwollenen Arm an die

Seite gedrückt, und verkündete: »Ich geh jetzt und hol dir eine Schwester!« Sie segelte aus dem Zimmer, das Nachthemd flatterte hinter ihrem schmalen Gesäß her.

Ich legte mich zurück und stellte plötzlich fest, dass ich weinte; die Tränen krochen heiß über meine Wangen. Als Sonya zurückkam, blieb sie auf der Türschwelle stehen und sah mich tröstend an, schaute aber auch immer wieder ungeduldig den Gang hinunter. Nach etlichen Minuten erschien eine Schwester, um die Maschine wieder in Gang zu setzen. Als sie gegangen war und ich meine Tränen trocknete, bedankte ich mich bei Sonya, die mich aber nicht zu hören schien.

Jetzt schauen wir Molly Katzen zu, wie sie Mandeln, Walnüsse und Rosinen in das Reispilaf gibt und etwas Zitronenschale darüber reibt, während Sonya befriedigt und fasziniert lächelt. Innerlich danke ich ihr noch einmal dafür, dass sie mir eine Lehrerin war, zart wie sie ist, umhergetrieben wie ein Pusteblumenbüschel im Wind, und doch dem Leben so durch und durch treu.

Dem Winter trotzen

Wir müssen aufhören, auf unsere kurzsichtige Weise
dieses zu begehren und jenem nachzujagen,
und uns einfach in den Kokon hineinzuentspannen,
in die Dunkelheit des Schmerzes, der unser Leben ist.
Joko Beck

Erneut aus dem Krankenhaus entlassen, setzte ich die monatelange Chemotherapie fort. Jeden Dienstagnachmittag bekam ich in der Klinik für Hämatologie und Onkologie eine »Giftinfusion« verabreicht. Die Routine der Chemotherapie hat etwas Makabres. Sie hat den Beigeschmack eines Horrorfilms, in dem der Schurke mit dem Finger lockt und murmelt: »Komm schön her!«, und du setzt dich hin und lässt zu, dass dir diese mysteriöse Mixtur verabreicht wird, um sich mit deinem Blut zu vermischen. Und anschließend bist du, ebenso wie in der Horrorgeschichte, gewandelt und nicht zum Besseren. Es ist ein gefährliches Manöver: Chemo und Krebs führen Krieg in deinem Körper, und der Kampf kann dich umbringen.

Aber Bill Shanks, der erste, der mir die Chemo verabreichte, hatte mit einem Schurken keinerlei Ähnlichkeit. Er war ein braunhäutiger, sorgfältig gekleideter Mann mit grauem Haar, der die Klinik durch sein Lächeln lichter werden ließ. Ich fand schon bald heraus, dass er in meinem Alter war und wie ich aus Ohio stammte. Doch das Tröstlichste an ihm waren seine Hände: große, warme Hände, deren Finger sich gewandt bewegten, während er die Nadel einführte, mit einem Geschick, das auf jahrelanger Erfahrung beruhte, und einer natürlichen Freundlichkeit, die nicht erlernbar ist. Und trotz alledem sackte mir der Magen weg, als die klare Flüssigkeit aus der Infusionsflasche durch die Nadel in eine Vene auf meinem Handrücken lief.

Jede Woche begleitete mich eine andere Freundin, um auf einem der Plastikstühle zu warten, manchmal drei bis vier Stunden lang. Die Onkologische Station war in denselben Räumen wie die Chirurgie und die Orthopädie, also saßen wir dort alle miteinander auf denselben Stühlen im selben Gang vor denselben nummerierten Türen. Die meisten Patientinnen und Patienten, die dort zusammengesunken warteten, sahen krank und unglücklich aus; ihre Haut war grau, sie selbst erschienen schwach und gebrechlich. Eine allgemeine Depression senkte sich wie ein düsterer Nebel auf uns alle. Doch die Schwestern, die mich auf die Waage steigen ließen und meinen Blutdruck maßen, waren freundlich zu mir. Der Arzt, der mich kurz empfing und die Chemo absegnete, strahlte eine gehetzte Kompetenz aus. Schließlich wurde ich in eine der nummerierten Kabinen gerufen, und da war Bill, energiegeladen und von einer ruhigen Fröhlichkeit. Er fragte mich, wie es mir ginge, während er mir eine Tablette gegen die Übelkeit gab und die Spritze vorbereitete. Irgendwie machte seine Kleidung mir Mut; meistens bestand sie aus einem breit gestreiften Hemd mit passender Krawatte und einem weißen Krankenhauskittel mit einer afrikanischen Borte in leuchtendem Orange, Schwarz und Grün an den Aufschlägen. Wir redeten wie Freunde miteinander, die froh waren, sich zu sehen, während er nach einer geeigneten Vene suchte.

Manchmal kam die Ampulle mit dem Fluoruracil direkt aus dem Kühlschrank, und ich spürte, wie es Zentimeter für Zentimeter von der Vene in meiner Hand eisig meinen Arm hochkroch. Zusammen mit dem Fluoruracil bekam ich jede zweite Woche ein Medikament namens Levamisol in Tablettenform. Untersuchungen hatten gezeigt, dass Levamisol die Wirkung von Fluoruracil nachhaltig verstärkte. Es bewirkte auch, wie ich bald entdeckte, dass ich mich sehr krank fühlte. Und es hatte eine eigenartige Geschichte. »Es ist nämlich ein Wurmmittel für Schafe und andere Nutztiere«, erklärte Bill eines Tages. »Wenn es bei Schafen angewendet wird, kostet eine Tablette nur sechs Cent.« Er runzelte die Stirn und schaute mir ins Gesicht. »Ein Dr. Moertel von der Mayo Clinic stellte fest, dass es auch für menschliche Patienten geeignet ist, befürchtete aber, das würde den Preis hochtreiben. Die Firma Johnson & Johnson stellte das Levamisol her, also wandte er sich an sie und erzählte denen, dass er es Krebspatienten verschreiben wolle, und man versprach ihm, dass man den Preis nicht erhöhen werde. Als Nächstes erfuhr er, dass der Preis von sechs Cent pro Tablette auf sechs *Dollar* gestiegen war.«

Beim Erzählen hatte Bill eine geeignete Vene gefunden und die Nadel eingeführt. Während das Fluoruracil in meinen Körper lief, fuhr er fort: »Er wurde fürchterlich wütend. Er ging zu Johnson & Johnson und erzählte denen, dass er die Tabletten, die für Schafe gedacht waren, bestellen und seinen Patienten geben werde.« Bill schüttelte den Kopf. »Aber das war in der Ära von Reagan, also wandte Johnson & Johnson sich an die Regierung und brachte diese dazu, ein Gesetz zu verabschieden, das es verbot, Menschen Medikamente zu verabreichen, die für Tiere gedacht waren. Und so konnten sie ihren Preis durchdrücken.« Während er die Nadel aus meiner Hand zog, schüttelten Bill, meine Begleiterin und ich den Kopf über die Habgier der Pharmaindustrie und die Komplizenschaft unserer Regierung.

Bill streichelte mir mit seiner großen warmen Hand den Arm, bevor ich ging, und bat mich dringend, mehr zu essen, da ich inzwischen fast zehn Kilo abgenommen hatte. »Eiskrem!«, sagte er. »Das ist Ihre Chance, mal so richtig zu schlemmen.«

Wie bereits Deborah in der Notaufnahme sah ich auch Bill als Bodhisattva, die buddhistische Verkörperung von Mitgefühl. Mitten in all dem Leiden und der Depression verströmte er einen unerschütterlichen, warmherzigen Optimismus. Ich fragte mich, wie er diese Haltung – diese zuverlässige Fürsorglichkeit – Tag für Tag, Jahr für Jahr durchhalten konnte. Vielleicht war es einfach seine bereitwillige Offenheit, die ihn trug, denn er schien sich nicht vor dem leidvollen Umfeld, in dem er tätig war, zu schützen; und deswegen gab es für ihn in der Begegnung mit dem Schmerz keinerlei Reibung. Seine Kollegin Sally Walker, Krankenschwester auf der Onkologie, vermittelte die gleiche tröstliche Zuwendung. Sie war eine weiße Frau über vierzig und saß manchmal, den Arm um mich gelegt, mit mir im Gang, besprach meine Symptome mit mir und sicherte mir zu, sich beim Arzt für mich einzusetzen. Sie war immer geduldig, immer freundlich. Ich erkannte in diesen beiden zwei außergewöhnliche Menschen, die Stress und Leid besser ertragen konnten als wir anderen und die sich in einer Arbeitsumgebung, die ungeheuer belastend sein musste, heiter und gelassen bewegten und jedem freundlich begegneten. In buddhistischen Darstellungen der sechs Daseinsbereiche steht in jedem Bereich zwischen Tieren, hungrigen Geistern oder den Leidenden in der Hölle ein Bodhisattva, der den Bewohnern dieser Bereiche Trost und die Möglichkeit der Erleuchtung verheißt. Sally und Bill spiegelten dieses Bild durch ihr Tätigsein in der Onkologischen Klinik. Ich freute mich immer auf sie, wenn ich zu meiner Behandlung kam.

Zu Hause lebte ich mit den Nebenwirkungen. Während der Geschmacksverlust, die Müdigkeit und andere körperliche Beschwerden mich störten, machte mir die Trübung meines Geistes regelrecht Angst. Es war, als wäre mein Geist zu einer Plattform geworden, auf der bestimmte Dinge über den Rand rutschten und hinunterfielen. Eines Morgens machte ich eine Besorgung und schloss meine Schlüssel im Wagen ein, in dem das Radio noch spielte. Also musste ich mich auf dem Parkplatz niederknien, um unter den Wagen zu kriechen und nach dem Zweitschlüssel zu tasten, der mit Draht im Radkasten befestigt war. Am Mittag desselben Tages wollte ich mir gerade im warmen Badezimmer einen Einlauf machen, als es an der Tür klingelte. Wer zum Teufel kann das sein?, fragte ich mich. Ich zog meine Hose hoch und ging zur Tür. Draußen stand eine meiner Klientinnen, die ich beim Schreiben beriet. Sie überreichte mir eine Karte und einen Strauß Blumen aus ihrem Garten. Ich dachte, nun, sie kommt wohl einfach so vorbei, um hallo zu sagen. Wir setzten uns ins Wohnzimmer und unterhielten uns, obwohl ich zweimal zur Toilette rennen musste. Irgendwie wartete ich auf ein Zeichen von der Frau, die ebenfalls auf etwas zu warten schien. Schließlich sagte ich: »Ich muss mich jetzt an meine Arbeit machen.«

Sie schaute mich erstaunt an. »Oh, gehen wir denn meinen Text nicht durch?«

Plötzlich fiel es mir ein. Wir hatten um dreizehn Uhr einen Beratungstermin. Scham überflutete mich. Sie war freundlich. »Na, dann habe ich jetzt eine Stunde frei, um einiges zu erledigen«, sagte sie zu mir, als hätte ich ihr ein Geschenk gemacht. Sie werde mich anrufen, um einen neuen Termin zu vereinbaren, fuhr sie fort, während ich verlegen murmelte, es sehe mir gar nicht ähnlich, solche Fehler zu machen.

Ein andermal, gegen Ende meines Autobiografie-Workshops am Samstagnachmittag, standen zwei Frauen auf und sagten, sie müssten jetzt gehen. Wir machten Schluss, und eine Frau, die zum ersten Mal dabei war, fragte: »Machen Sie samstags immer bis halb sechs?« Ich schaute auf meine Uhr und sah, dass es tatsächlich schon so spät war – eine halbe Stunde über die Zeit hinaus, zu der wir den Kurs normalerweise beendeten. Und obwohl ich immer wieder auf die Uhr gesehen hatte, war mir die Zeit irgendwie entglitten. Ich stotterte herum, fühlte mich ertappt. Eine Schülerin sagte freundlich: »Mir hat das gefallen, es war, als dürfte ich noch aufbleiben, obwohl Schlafenszeit ist«, und die anderen sahen großmütig über meinen Fehler hinweg.

Doch nachdem alle gegangen waren, blieb ich völlig aufgewühlt zurück. Haare und Geschmackssinn zu verlieren ist eine Sache – den Verstand zu verlieren ist etwas anderes. Ich fühlte mich schutzlos, als fehlten mir grundlegende Informationen. Würde ich meine Arbeit künftig vielleicht nicht mehr verrichten können? Oh, das war eine entsetzliche Vorstellung. Doch letztlich blieb mir meine Fähigkeit, den Kurs zu leiten und mich auf die Schülerinnen zu konzentrieren, erhalten; lediglich bestimmte Randinformationen entglitten mir. Wie sollte ich damit umgehen?

Jeden Morgen saß ich in stiller Gemeinschaft mit den toten Lehrerinnen und Lehrern vor meinem Altar. Maurine Stuart sah mich herausfordernd an; Lex Hixon lächelte mit bescheidener Freundlichkeit; meine Eltern nahmen ihr Alter geradezu eifrig hin. Mein Bruder schien sehr lebendig, wie er mich aus dem Foto anschaute. Er war acht Jahre älter gewesen als ich. Als ich noch ein Kind war, war er schon ein Teenager und oft ungeduldig mit seiner kleinen Schwester. Aber manchmal, wenn er und ich allein waren, hatte er mich freundlich geneckt oder liebevoll angeschaut, und ich war so glücklich über seine Zuwendung gewesen. Er hatte in der Auffahrt an alten Autos herumgebastelt, eine Zigarre im Mundwinkel und die Boogie-Woogie-Musik laut aufgedreht – und tat damit genau all die Dinge, die meinen Vater in Wut versetzten. Doch über seine jugendliche Ruppigkeit meiner Schwester und mir gegenüber hinaus, hatte ich nie erlebt, dass er sich anderen gegenüber grausam verhielt. Wenn mein Vater ihm beim Abendessen eine Standpauke hielt, ließ er nur den Kopf hängen. Jahre nach seinem Selbstmord, als ich verheiratet war und in San Francisco lebte, besuchte er mich im Traum und erzählte mir, er sei nicht gestorben, sondern in die

Hügel von West-Virginia gegangen, wo er mit einem spirituellen Lehrer praktizierte. In dem Traum standen wir unter den Bäumen vor seiner Hütte; er trug ein kariertes Wollhemd, und sein dichtes Haar glänzte in der Sonne, seine dunklen Augen schauten friedlich. Beim Aufwachen waren mir Tränen über die Wange gelaufen.

Jetzt bat ich meinen Bruder um Hilfe, während ich versuchte zu meditieren. Wenn ich die Augen schloss und in der relativen Stille des Wohnzimmers ruhig dasaß, konnte ich spüren, wie das Levamisol meinen Geist vernebelte, ganze Bereiche des Bewusstseins unscharf werden ließ. Zunächst kämpfte ich dagegen an und versuchte mich weiter auf meine Meditation zu konzentrieren, aber in manchen Augenblicken konnte ich meine Aufmerksamkeit einfach nicht dazu bringen, sich auf den Atem oder meine Empfindungen zu richten. Ein paar Tage lang war ich angespannt und frustriert und empfand diese Unfähigkeit zu meditieren als weiteren Schlag. Und dann, als sprächen meine Toten zu mir, verstand ich die Vergeblichkeit meiner Kämpfe, mit denen ich mein Leid nur verstärkte. Ruth Denison tauchte vor meinem inneren Auge auf, erzählte mir noch einmal die Geschichte ihrer Verwirrung, ihrer Angst zu sterben und der Anweisung der Zenmeister, sich ihrem Tod zu stellen – das heißt, sich dem, was wirklich geschieht, hinzugeben, statt es vermeiden oder beeinflussen zu wollen. Erst als sie losließ, konnte sie durch das, was sie erlebte, hindurchgehen und zu größerem innerem Gleichgewicht finden. Schließlich sah ich ein, dass ich mich dieser Unschärfe ergeben und sie freundlich beobachten musste. Als ich anfing, mich zu entspannen, stellte ich fest, dass mein Geist zwar manchmal verschwommene Seitenwege einschlug, dann aber wieder klar wurde wie ein scharf eingestelltes Fernglas, so dass ich meinen Atem erneut beobachten konnte.

Das Zusammenleben mit Crystal wurde zu einer wilden Achterbahnfahrt zwischen Licht und Dunkelheit. Eines Tages, nachdem sie mich zur Chemo begleitet hatte, fand ich sie später auf dem Fußboden ihres Studios zusammengerollt liegen, das Gesicht nass vor Tränen. »Crystal, was ist los?«, fragte ich, alarmiert, sie so hilflos zu sehen. Ich setzte mich auf den Teppich neben sie und berührte ihre Schulter. Sie schluckte ihre Tränen herunter und erzählte es mir: »Es ist, als ob deine Krankheit unsere Beziehung völlig in Beschlag genommen hat, weißt du? Es bleibt nichts für mich übrig. Meine Bedürfnisse spielen überhaupt keine Rolle mehr. Du bist so mit dir beschäftigt, dass du mich gar nicht mehr wahrnimmst.« Sie begann wieder zu weinen, und ich hielt sie in meinen Armen, strich ihr übers Haar und spürte meine Hilflosigkeit. Der Kampf um mein Leben ließ mir nicht viel Energie für sie übrig. Das tat mir Leid, und ich fühlte mich schuldig, als Crystal an meiner Schulter murmelte: »Sandy, ich habe das Gefühl, das alles geht über meine Kräfte. Ich weiß nicht, wie lange ich das noch aushalte.«

Einige Tage später war Crystal wieder ganz die Kompetente, die planen wollte. Sie wusste, dass die kommenden Monate hart werden würden und wollte eine bessere Verständigung zwischen uns. Wir saßen in einem chinesischen Restaurant und löffelten eine Wantansuppe, als sie darum bat, dass wir beide unsere Bedürfnisse formulierten, damit jede von uns zumindest etwas von dem bekam, was sie wollte. »Ich fühle mich dir im Augenblick nicht sehr nahe«, sagte sie. »Du hast so wenig Vitalität, dass ich das Gefühl habe, da ist gar nichts, worauf ich mich beziehen kann. Und du erzählst nicht sehr viel oder sagst mir, was du empfindest.« Ich gab zu, dass ich nicht viel Kraft für Gespräche mit ihr hatte, da ich ständig erschöpft war. Doch als wir bei den Frühlingsrollen ankamen, ließ unser Gespräch Veränderungen möglich scheinen. Vielleicht konnte ich ihr Bemühen stärker anerkennen und sie bei den musikalischen Projekten, die sie plante, mehr unterstützen. Wenn sie mir etwas über ihr Leben erzählen wollte, würde ich künftig daran denken, es ihr zu sagen, sollte ich zum Zuhören zu müde sein. Ich fragte, ob wir nicht versuchen könnten, uns auch körperlich wieder näher zu kommen, denn das vermisste ich. Wir kamen überein, dass wir versuchen wollten, die körperliche Distanz zu überwinden, die schon lange, bevor der Krebs mich traf, eingesetzt hatte, ohne dass wir etwas dagegen unternahmen. Unser Gespräch verlief ruhig und vernünftig, und am Ende sah es so aus, als hätten wir einen praktikablen Plan vorliegen, ein kleines Boot, das uns durch die Stromschnellen zu tragen vermochte.

Stundenlang lag ich täglich im Bett, die Jalousien heruntergelassen und den Fernseher ausgeschaltet. Manchmal schlief ich, manchmal lag ich wach und ließ meine Gedanken wandern, suchte nach der Quelle des Gefühls, eine völlig andere geworden zu sein – durch den Krebs, durch die Operation. Ich jagte der Erkenntnis, die ich fast greifen konnte, hinterher und landete jedesmal bei Verwirrung. Es hätte keinen Zweck gehabt, mit anderen über diese Suche zu reden, das wusste ich; denn ich begriff, dass niemand mir helfen konnte, die Antwort zu finden. Die Ahnung, was es sein könnte, folgte mir durch die Tage, bis ich eines Nachts in dem stillen dunklen Schlafzimmer plötzlich aufwachte. Crystal lag neben mir und kehrte mir den Rücken zu. Ich setzte mich auf, als hätte jemand meinen Namen gerufen, und erkannte, dass etwas ganz tief in mir niemals wieder sein würde wie zuvor. Vielleicht war es das Bewusstsein meines Todes, das mir jetzt zugänglich war. Die Überzeugung, dass ich letzten Endes überleben werde, war weggewischt wie der Kondensbeschlag an einem Glas, und ich erkannte die Wahrheit: Meine Zukunft würde Tod und Zerfall bringen. Ich saß da und starrte in die Dunkelheit, völlig aufgewühlt durch diese Erkenntnis. Ich wusste, dass ich jetzt aus einer anderen Mitte heraus lebte als zuvor; die Wahrheit der Vergänglichkeit war jetzt ein ganz konkretes Wissen, hatte mich bis in die Zellen meines Körpers erreicht.

Während die Tage verstrichen, entdeckte ich neue Unsicherheiten an mir. Eines Samstagnachmittags blieben drei der neun Teilnehmerinnen meinem Autobiografie-Kurs fern. Als der Kurs anfing, sank mir das Herz. Ich war verzweifelt, fühlte mich zittrig und dachte: Ihnen gefällt mein Workshop nicht. Ich bin keine gute Lehrerin. Während ich den Kurs leitete, kämpfte ich mit meinen Unsicherheiten, die wie ein unterirdischer Strom in mir wühlten. Gleichzeitig fragte ich mich, warum ich das Fehlen der drei so schwer nahm, denn bis dahin hatte ich mich meistens nur auf die Frauen konzentriert, die kamen, und mir über die Weggebliebenen und ihre Beweggründe keine Gedanken gemacht.

Nach dem Kurs hörte ich den Anrufbeantworter ab: Alle drei Frauen hatten eine Nachricht hinterlassen; eine war krank, eine hatte eine Familienkrise zu bewältigen und die dritte feierte ihren Hochzeitstag. All mein Zweifeln und Zagen war grundlos gewesen. Ich begriff einmal mehr, wie wir unser Leid selbst erzeugen. Der Buddha lehrt uns, dass die Identifikation mit dem Selbst

Schmerz verursacht. Die besessene Beschäftigung mit mir selbst hatte mich ins Straucheln gebracht. Indem ich mich verzweifelt fragte: Werde ich auch wirklich geschätzt? Denkt jemand schlecht von mir?, hatte ich die Forderungen vernachlässigt, die der Augenblick an mich stellte.

Wir sind sklavisch abhängig von Lob und Tadel; der Verstand lenkt uns ab von der authentischen Erfahrung des gelebten Augenblicks. In meiner Schwäche war ich dem zum Opfer gefallen.

Die wöchentlichen Chemo-Termine wurden zu Foltersitzungen *en miniature*, als meine Venen den Dienst versagten und die Infusionen erst nach mehrfachen schmerzhaften Einstichen verabreicht werden konnten. Am Valentinstag fuhren Sandy Butler und ich nach Highland und ließen uns in dem chaotischen Wartebereich der Klinik nieder. Neben uns saßen drei Menschen aus dem Mittleren Osten, die Frau trug ein schwarzes Kostüm, und ein weißes Tuch bedeckte ihr Haar. Sie sah aus wie Mitte fünfzig und hatte ein sensibles Gesicht; der Mund war seitwärts verzogen, möglicherweise in Folge eines Schlaganfalls. Neben ihnen saß eine winzige Hmong-Frau in einem braun-gelb bedruckten Sarong mit ihren beiden Enkelinnen. Das runde, faltige Gesicht der Großmutter sah ganz fröhlich aus; es schien ihr wunderbar zu gehen. Vor uns lief ein afroamerikanisches Mädchen auf wackligen Beinen herum. Die Kleine war mit ihrer Mutter da und umklammerte eine braune Puppe. Sie war vielleicht zwei Jahre alt, recht kräftig und hatte ein waches Gesicht und zwei abstehende Zöpfe. Sie war körperlich sehr geschickt für ihr Alter, wie sie da zwischen den Stühlen und den großen Erwachsenen herumtapste. Ich warf einen Blick auf ihre Mutter, eine junge Frau, die unglücklich vor sich hin starrte, und dachte an all die jungen Frauen, die heutzutage an Krebs litten, Mütter von kleinen Kindern, die vielleicht nicht erleben würden, wie diese aufwuchsen.

In den ersten Stunden unterhielten Sandy und ich uns. »Wie geht es zu Hause?«, fragte sie. Sie wollte auch wissen, welche Nebenwirkungen die Medikamente hatten und ob ich schon Pläne für meinen Geburtstag im Sommer schmiedete. Bei unseren Gesprächen war mir stets bewusst, dass Sandy mit der Routine von Krebs und Chemo bestens vertraut war. Und doch sprachen wir selten über jene drei Jahre, in denen ihre krebskranke Partnerin um ihr Überleben gekämpft hatte und dann gestorben war.

Die Frage nach meinem Geburtstag war keine beiläufige, denn Planen war Sandys Lieblingsbeschäftigung. Sie war, wie sie es ausdrücken würde, nach allen Seiten hin praktisch veranlagt. Man konnte sie vor ein beliebiges Problem stellen, und sie legte sofort den strategischen Gang ein, hörte aufmerksam zu, organisierte, recherchierte und entwarf in kürzester Zeit einen Handlungsplan. Bei den Treffen der »Wandering Menstruals« neckten wir Sandy manchmal wegen dieser Fähigkeit, denn hin und wieder hatte es den Anschein, als würde sie am liebsten das Leben aller anderen planen, ob diese es nun wollten oder nicht. Welche Gefühle meine Krankheit bei ihr auch auslösen mochten, Sandy zog einige Befriedigung daraus, die Situation gelegentlich in die Hand zu nehmen.

Während wir jetzt in der Onkologie saßen, setzten wir das Gespräch über unser Leben fort, und Sandy erspähte das Buch in meinem Schoß.

»Was liest du denn da?«, fragte sie.

Ich zeigte ihr das Buch von Charlotte Delbo mit dem Titel *Trilogie. Auschwitz und danach.* »Ich habe versucht, mich da durchzukämpfen, aber es ist so qualvoll! Alle paar Seiten muss ich mich erst einmal wieder erholen.«

»Das kann ich mir vorstellen«, sagte Sandy. »Du suchst dir dieser Tage nicht gerade leichte Lektüre aus, was?«

Schließlich wurden wir in das innere Heiligtum gerufen, wo eine Krankenschwester namens Gondica, gebürtige Holländerin, schlank und mit Brille, uns erwartete. Gondica war immer einfühlsam, aber ich war etwas ängstlich, da sie bislang noch nie die Nadel bei mir eingeführt hatte, und ich fragte mich, ob sie mit meinen widerspenstigen Venen zurechtkommen werde. Gondica begrüßte Sandy, die ich vorstellte (die Schwestern und Pfleger waren fasziniert davon, dass ich jede Woche mit einer anderen Person kam: »Wer begleitet Sie denn diesmal?«, fragte Bill immer), hieß mich dann in einem Stuhl Platz nehmen und gab mir die Tablette gegen Übelkeit. Sie bemerkte die Chemo-Entzündung an meiner rechten Hand und beschloss, meinen linken Arm zu nehmen. Nach einem schmerzhaften Stich in den Arm und dann in meine Hand, bei dem die Vene jenes Mal »wegrutschte«, rief Gondica Bill Shanks. Bill kam und sah gehetzt und besorgt aus. Zunächst war ich erleichtert, bis offenkundig wurde, dass auch er keine geeignete Vene fand. Er versuchte es mit meinem rechten Arm, doch die Vene, in die er stach, glitt ihm weg. Ich saß da, den Arm ausgestreckt, Bill probierte mit der Nadel herum, Gondica stand dabei, Sandy saß neben mir und murmelte tröstliche Worte. Eine halbe Stunde lang versuchte Bill es mit der einen oder anderen Vene. Die Schmerzen wurden nahezu unerträglich, und meine Frustration stieg. Ich atmete und versuchte, mit meinem Körper verbunden zu bleiben, eine ruhige Mitte zu finden. Insgeheim dachte ich: Wenn das jetzt jede Woche so geht, packe ich das einfach nicht.«

Schließlich kam Bill auf die rechte Hand zurück, auf der von der Chemo-Behandlung der Vorwoche bereits ein flammender rotschwarzer Fleck prangte. Er führte die Nadel ein, und die klare Flüssigkeit mit dem Fluoruracil begann in meine Vene zu fließen. »Jetzt übernimm du«, sagte Bill zu Gondica. Er drückte meinen Arm und verließ die Kabine.

Wie sollte ich den wilden hysterischen inneren Aufruhr, der dicht vor dem Ausbruch stand, unter Kontrolle halten? Wie konnte ich im Augenblick bleiben bei dem, was anstand? Ich begann Sandy eine Szene aus dem Delbo-Buch zu erzählen, und Gondica, die immer noch den Kolben der Spritze drückte, sagte: »Das hat mein Bruder auch erlebt.« Um mich von meiner schmerzenden Hand abzulenken, fragte ich sie, was sie damit meine. Gondica erzählte, wie sich ihr neunzehnjähriger Bruder während des Zweiten Weltkriegs der holländischen Untergrundbewegung angeschlossen hatte, um Juden zur Flucht zu verhelfen. Er konnte nicht zu Hause wohnen und musste bei seinem Kommen und Gehen sehr auf der Hut sein. Schließlich wurde er verraten und in einem Haus festgenommen, das keine Hintertür hatte, durch die er hätte entkommen können. Die Gestapo warf ihn ins Gefängnis und steckte ihn dann in ein Konzentrationslager. »Ist er jemals zurückgekommen?«, fragte ich.

Gondica zog vorsichtig die Nadel aus meiner Hand und drückte einen Wattetupfer auf den Einstich. »Später suchte ein Mann, der mit ihm im Lager gewesen war, meine Familie auf. Er sagte, mein Bruder sei an Ruhr erkrankt – die Lebensbedingungen im Lager waren entsetzlich – und gestorben.« Sie klebte ein Pflaster über den Baumwolltupfer und ergriff meine andere Hand, um einen meiner Finger auf das Pflaster zu drücken. »Als die Alliierten kamen und das Lager befreiten«, fuhr sie fort, »brachten die Deutschen die Gefangenen auf ein Boot und schickten sie in die Mitte eines tiefen Sees, wo sie das Boot anzündeten, so dass sämtliche Insassen verbrannten oder ertranken. Der Mann, der uns aufsuchte, hatte sich rechtzeitig verstecken können, deswegen überlebte er.« Sie räumte die benutzten Spritzen und Mulltupfer weg, um alles für den nächsten Patienten herzurichten. Ich war ganz in Anspruch genommen von ihrer Geschichte und malte mir aus, welchen Schock die Familie erlitten haben musste. »Wie furchtbar, diese Nachricht zu erhalten!« Gondica schwieg einen Augenblick, bevor sie antwortete, die Augen gesenkt. »Ja, es war ein schrecklicher Schlag.«

Als wir das Krankenhaus verließen, legte Sandy den Arm um mich. Ich hatte keine Zeit, zu trauern, mich zu entspannen oder von diesem Nachmittag zu erholen. Ich musste Lebensmittel einkaufen, das Abendessen zubereiten und einen Kurs abhalten. Ich trug Gondicas Geschichte in meinem Herzen. Es gab mir Kraft, mich mit jenem größeren Schmerz zu verbinden, denn es machte mir innerlich bewusst, dass die ganze Menschheit jederzeit und überall auf der Welt litt – in Kriegen, bei Krankheit, beim Verlust geliebter Menschen, beim Tod. Es machte mir klar, dass meine eigenen Beschwerden lediglich einen der vielen Zustände darstellten, die mit der Existenz als menschliches Wesen verbunden sind; sie waren nichts Besonderes oder Dramatisches, nichts, was es zu vermeiden galt – und so waren sie leichter zu ertragen.

Wie Crystal, die zusammengerollt auf dem Fußboden ihres Studios gelegen und geweint hatte, so lag ich irgendwo weit hinten in den Räumen meines konstruierten, funktional eingerichteten, ziemlich weitläufigen Selbst verborgen, hoffnungslos, ohne zu weinen, vielmehr verblüfft von dem Gefühl hilfloser Stille in mir. Ich wurde von vielen Leuten unterstützt: Jeder dieser großzügigen Menschen kam, mir zu helfen, weil er mich zumindest einen Teil der langen

Jahre kannte, die ich hier in der Bay Area lebte und mich engagierte. All meine Helferinnen und Helfer wollten mir zeigen, dass sie um mich wussten, wollten durch ihr Tun ihre Zuneigung oder Dankbarkeit zum Ausdruck bringen, denn ich war Teil einer gemeinsamen Geschichte. Jetzt spielte ich in einer anderen Geschichte mit, der Saga vom Krebs, der Epidemie unter Frauen, denn der häufigste Krebs war Brustkrebs. Diese Geschichte war nicht allein meine; sie war durch andere geprägt, von denen einige noch lebten, die meisten hingegen bereits gegangen waren, und sie forderte mich heraus: Wie kann ich dem begegnen, was mir passiert, wie damit umgehen? Ich fand einen Weg, meinen Part in dieser Geschichte zu spielen, indem ich zuließ, dass mir geholfen wurde, und den Menschen, die mir begegneten, Wertschätzung entgegenbrachte; indem ich mich auf die Menschen im Highland Hospital einließ – sowohl die Krankenschwestern und -pfleger als auch die Patientinnen und Patienten –, um meine Erfahrungen in das normale Leben zu integrieren, sie menschlich und damit erträglich zu machen. Im Austausch dafür schenkten mir meine Freundinnen und Freunde ihre liebevolle Fürsorge, ihre Zeit und Mühe, und diese Unterstützung war so spürbar, als hielten mich hundert starke Hände.

Doch es gab eine innere Erfahrung, die unberührt blieb von dieser Liebe. Wenn ich im Auto neben der Person saß, die mich zur Chemotherapie fuhr, wusste ich, dass ich an jenen Ort der Stille gesunken war – ein stummes Fragen ohne Hoffnung. Wir wussten nicht, ob die Chemo anschlagen würde. Wir kannten das Ende der Geschichte nicht. Die Worte einer buddhistischen Lehrerin hallten in meinem Kopf wider: Wenn wir uns unseres grundlegenden Alleinseins bewusst werden, entdecken wir einen »völlig unverfälschten Seinszustand«. Ich blieb eine Weile offen für diese Möglichkeit, und dann erzählte ich mir selbst Geschichten. Ich redete mir zu, ich würde nicht sterben, ich hätte nicht die geringste Absicht zu sterben. Aber die Geschichte überzeugte mich nicht ganz, denn ich wusste um die Möglichkeit, dass Krebszellen in meine Leber gewandert oder in meinem Darm verblieben waren. Dieses Nicht-Wissen war jetzt die Wahrheit meiner Existenz, und so häufig ich mich auch mit anderen darüber austauschte, es warf mich immer wieder auf mein Alleinsein zurück. Buddhismus ist der Pfad ohne Hoffnung; uns ist bestimmt, über Hoffnung und Angst hinauszugehen und einfach ohne Interpretation mit unserer Erfahrung zu sein, ganz gleich, wie sie aussieht. Ohne Sicherheiten zu leben, ohne eine Garantie auf Kontinuität oder Zukunft – darin besteht der »unverfälschte« Zustand. Ich tat mein Bestes, dieser Sicht treu zu bleiben.

Es hat grundsätzlich etwas Entmutigendes, sich Gift in die Venen injizieren zu lassen, selbst wenn es einem übergeordneten guten Zweck dienen mag. Es ist ein Akt der Verzweiflung, seine (in meinem Fall) Schleimhäute, seine Energie und sein Wohlbefinden zu opfern, um den gesamten Organismus zu retten. Aufschlitzen und wegätzen – das ist der Modus operandi, mit dem die westliche Medizin dem Krebs begegnet. Das ist durchaus vergleichbar mit den militärischen Manövern in unserer Geschichte: besetzen und alles zerstören – Felder und Wälder, Städte, die gesamte Infrastruktur, Frauen, Männer und Kinder – in der Hoffnung, die »Bösen« zu erwischen. Ich hatte mich damit einverstanden erklärt; jetzt musste ich mit den Unannehmlichkeiten leben, meiner wachsenden Schwäche, dem Verlust meiner Haare (obwohl man mir versichert hatte, sie würden nicht ausfallen) und dem ganz konkreten Dahinschwinden meines Fleisches. Als ich mich eines Tages in der sonnigen Straße zu einem Autofenster beugte, erhaschte ich einen Blick auf mein Gesicht, das sich in der Scheibe spiegelte, und war schockiert über das neue Netz von Falten, das sich um meine Augen webte und meine Wangen zerknitterte. Dies war ein gealtertes Gesicht, das seinen früheren festen Konturen abtrünnig geworden war.

Eines Abends saß ich mit Kissen gestützt in unserem Bett und beobachtete Crystal, die im Raum umherlief, den Blick abwechselnd auf den Fernseher und die vielen Papiere gerichtet, die auf ihrer Seite des Bettes ausgebreitet waren und auf meine übergriffen. Sie erschien mir so attraktiv und schlank in ihren grünen Trainingshosen, das Haar schwungvoll wie eine Ponymähne, die Hände mit den feingliedrigen Fingern machten anmutige Bewegungen. In den letzten Tagen war sie besonders aktiv gewesen, so vielen Aufgaben verpflichtet (von denen einige mir zugute kamen), und nur selten fand sie einen Augenblick, um mit mir zusammen zu sein. In diesem Moment, mit dem dringenden Wunsch, einem anderen menschlichen Wesen nahe zu sein – im Arm gehalten und liebkost zu werden –, verspürte ich eine Einsamkeit, die anders war als das hilflose Zurücksinken in mich selbst, bei dem ich meinem grundlegenden Alleinsein begegnete. Dies hier fühlte sich bekannt an, vielleicht eine Erinnerung tief in meinen Zellen, wie ich als Kleinkind um mich griff, auf der Suche nach der Wärme, die man mir vorenthielt.

Und schon befand ich mich in meiner Kindheit, in jenem schäbigen Vorort von Columbia, wo wir einen Schulweg von fast einem Kilometer hatten auf einer Straße ohne Bürgersteig; ganz gleich, ob es regnete, schneite oder die Sonne schien, wir mussten diese Strecke laufen. Im Schulhof hatte sich eines Morgens von den Regenfällen der vergangenen Nacht eine große Pfütze gebildet. Bei der bitteren Kälte war die Pfütze zugefroren, und wir Kinder rannten über das Eis und rutschten wild kreischend darauf herum. Wie immer wagte ich mich weiter vor als die anderen Mädchen, beherzt und hemmungslos mit den Jungen wetteifernd.

Das Eis unter mir gab nach, und plötzlich lag ich im eisigen Wasser. Ich kämpfte mich hoch, spürte, dass ich bis zu den Schenkeln nass war, mein Wollrock hing tropfend an mir herunter. Die anderen um mich herum kreischten und höhnten. Ich begriff, dass die Situation kritisch war. Meine Knie fühlten sich in der bitterkalten Luft bereits wie abgestorben an. Es kam mir nicht in den Sinn, in die Klasse zurückzukehren und meine Lehrerin um Hilfe zu bitten; stattdessen verließ ich den Schulhof, überquerte den Highway, wo die Lastwagen röhrten, und machte mich auf den Heimweg. Ich rannte, voller Panik, und ich fror wie nie zuvor in meinem Leben; meine Beine brannten, und der nasse Rock klatschte gegen meine Oberschenkel.

An den alten Holz- und Schindelhäusern, deren Veranden im Winter verschlossen waren, und den nackten schwarzen Zweigen der Bäume vorbei rannte ich, und dann ging ich ein Stück, meine Schuhe quatschnass, dann rannte ich wieder, völlig außer Atem. Ich glaubte zu erfrieren, bevor ich unser Haus erreichte. Als es in Sicht kam, wusste ich, dass ich es schaffen würde, und rannte wieder, stürmte schließlich die ausgetretene Holztreppe hinauf.

Meine Mutter kam mir an der Tür entgegen, erstaunt, mich zu sehen, doch sie begriff sofort. Oben half sie mir aus den Kleidern, rieb mir mit einem Handtuch die Beine ab, brachte mich in das Bett, das ich mit meiner Schwester teilte, und deckte mich zu. Ich rollte mich zusammen, während es um mich herum langsam warm wurde. Ich zitterte jetzt unkontrolliert und begriff allmählich, dass ich in Sicherheit war.

Meine Mutter erschien schon bald mit einem Tablett, auf dem das Essen stand, das wir immer bekamen, wenn wir krank waren: Campbells Hühnersuppe mit Nudeln und eine Packung Cracker. Dankbar aß ich die fettige Suppe, die so tröstlich schmeckte. Dann sank ich in das warme Bett zurück, endlich auch selbst wieder warm, und spürte, wie das traumatische Ereignis allmählich von mir abfiel. Hier war ich sicher; ich würde nicht in der schrecklichen Eiseskälte da draußen erfrieren. Hier in meinem Zimmer hatte ich das Bett ganz für mich und konnte sogar die Hälfte meiner Schwester in Beschlag nehmen. Ich fühlte mich umsorgt und geborgen und war fast am Einschlafen, als meine Mutter erneut hereinkam.

Sie nahm das Tablett weg, schaute auf mich herunter und sagte: »So, jetzt wird es Zeit, dass du wieder in die Schule gehst.«

Ich war völlig verblüfft. Ich war in keiner Weise bereit, diese warme Höhle zu verlassen. Glaubte sie wirklich, ich könnte heute noch mal da rausgehen, eine halbe Stunde durch die eisige Kälte laufen und mich wieder ins Klassenzimmer setzen? Ihre blauen Augen bestätigten es mir, ja, genau das verlangte sie. Ich musste mein Leben sofort wieder aufnehmen.

Ich lag in stummer Verweigerung da. Meine Schwester und ich wagten nicht, unseren Eltern Widerworte zu geben. Aber meine Mutter sollte an meiner Regungslosigkeit sehen, dass ihr Plan nicht durchführbar war. Ich war noch nicht bereit, noch nicht auskuriert, noch nicht wieder stark genug.

»Steh auf und zieh dich an«, sagte sie und verließ das Zimmer.

Zwanzig Minuten später stieg ich die Verandatreppe hinunter, in einem trockenen Rock und einem alten Paar Schuhe, in Mantel und mit Wollmütze. Innerlich hegte ich eine frostige Empörung. Ich trottete die Straße entlang, sehnte mich nach meinem warmen Bett und konnte mir nicht vorstellen, wieder mit den anderen im Klassenzimmer zu sitzen. Der Gang durch den kalten, trostlosen Nachmittag wurde zum Fegefeuer, das lauter Botschaften barg.

Die Wahrheit meiner Mutter: Das Leben geht weiter, und angesichts seiner Anforderungen verlieren deine Gefühle, Schwächen und Verletzungen an Bedeutung. Niemandem ist wichtig, was du empfindest, egal in welcher Situation.

Während mir jetzt diese Erinnerungen kommen, frage ich mich, was ein Kind »verdient«. Schließlich hat meine Mutter mich ins Bett gesteckt und mir etwas zu essen gebracht. Warum war ich überzeugt, mehr als das zu verdienen? Crystal fuhr mich zu Arztterminen, schrieb Listen und beantwortete Anrufe für mich, widmete mir generell ihre Zeit und Mühe – warum war das nicht genug? War ich denn ein verwöhntes Kind? Verwöhnt durch die Liebe, die mein Vater mir entgegengebracht hatte, der mich wissen ließ, dass ich sein Liebling war, mich beschützte und schätzte? Ich wusste, dass ich ihm kostbar war, und dadurch wurde ich mir selbst kostbar und ging davon aus, dass ich Trost und Heilung verdiente. Mein Vater war ein Mensch voller Extreme, bedingungslos in seiner Liebe und hitzig in seiner Wut, bisweilen voller Bitterkeit und Kritik, dann wieder von enormer Gutherzigkeit, unberechenbar und manchmal beängstigend. Er verlor oft die Kontrolle und war eher wie ein großes gefährliches Kind als wie ein Erwachsener.

Die strikte schottisch-neuenglische Sparsamkeit meiner Mutter erstreckte sich auch auf ihr emotionales Leben. Nachdem sie gestorben war, saß ich einmal auf dem Friedhof und weinte um sie, erschüttert durch die Erkenntnis, wie viele Grenzen sie verinnerlicht hatte, und zugleich sah ich ihr größeres Selbst, die leidenschaftliche, mächtige Frau, die in der Welt niemals zum Zug kam, als hätte diese Möglichkeit wie ein Geist hinter ihrer streng kontrollierten, ehrbaren Persona geschwebt – dem erhobenen Kopf mit den roten Haaren, dem marineblauen Kostüm und den goldenen Knopfohrringen –, deren einzige Sünde in Versäumnissen bestand.

Ich hatte meinen Anteil daran, dass Crystal sich, lange bevor der Krebs unser Leben aus der Bahn warf, emotional zurückzog. Hin und wieder, wenn ich frustriert war, hatte ich gewütet wie mein Vater, herrisch eine Tür zugeknallt, herumgeschrien oder etwas an die Wand geschleudert, und mein unbändiger Zorn hatte Crystal erschreckt. Sie begann den Tanz des Rückzugs, der ihr so vertraut war, dass sie noch nicht einmal merkte, was sie da tat. Ich wusste, dass ein Teil der Schuld bei mir lag und es mir in gewisser Weise zupass kam, dass wir zwar zusammenlebten, aber keine tiefere Verbundenheit zwischen uns existierte. Vielleicht war mir das vertraut von einer Mutter, die mich kleidete und mir zu essen gab, mich aber niemals innig im Arm hielt, mich niemals anschrie und niemals um mich oder vor meinen Augen weinte. Vielleicht war mir diese Distanz insgeheim lieber als die chaotische Verstrickung eines gemeinsamen Lebens, in dem wir beide unsere Gefühle offen legten. Als Crystal zu Anfang unserer Beziehung manchmal darauf bestand, bestimmte Dinge mit mir zusammen zu machen, hatte ich gelegentlich für mich gedacht: »Das ist mir zuviel ›wir‹.«

Jetzt saß ich im Bett, den Kopf gesenkt, und begriff, dass es dieses »Wir« schon lange nicht mehr gab. Hätte ich ihr mehr vertraut oder mich weniger abgeschottet, dann wäre Crystal meine Zerrüttung vielleicht nicht verborgen geblieben. Hätte sie geahnt, wie verletzlich ich war, dann hätte sie sich vielleicht geöffnet und hätte wirklich verstehen und sich mit mir zusammen auf die Erfahrung dieser Krankheit einlassen wollen.

Doch die Chemo hatte mich in die Knie gezwungen. Ich fühlte mich tatsächlich, als ob ich kniete, den Kopf gesenkt und den Körper nach vorn zusammengekrümmt, um das Wenige an Stärke, das mir noch blieb, zu schützen. Ich hatte nicht die Kraft, Schritte zu unternehmen, um die Situation zu verändern. Das hätte mehr Stärke verlangt, als ich besaß.

Während ich da im Bett saß und Crystal beobachtete, wie sie sich im Raum umherbewegte, mit den Papieren raschelte, sich Notizen machte und immer wieder auf den Bildschirm starrte, fragte ich mich: Was ist die Wahrheit in diesem Durcheinander von Vorstellungen, Gefühlen und Vergangenem? Ich fühlte mich verwirrt und wund und empfand eine riesige, wehmütige Sehnsucht nach dem, was ich mir eigentlich wünschte.

Nichts geschieht

Alles verändert sich auf einen Schlag –
Wasserquellen entspringen dem Feuer.
KASO SODON

Einen Monat nach Beginn der Chemotherapie begann ich mit der
Arbeit an meinem Buch *Die Entfaltung des Lotos*. Anders als frühere Bücher, für die ich viele Personen interviewt, Informationen
gesammelt, Cassetten abgeschrieben, Quellenmaterial gelesen und
die Ansichten anderer Menschen zusammengetragen hatte, brauchte ich mich für dieses Buch lediglich auf meine fünfzehnjährige
buddhistische Praxis zu beziehen und zu erforschen und aufzu-
schreiben, was ich wusste. Das war zu der Zeit, in der ich wenig
Kraft hatte, genau die richtige Aufgabe.

Jeden Morgen setzte ich mich drei, vier Stunden an meinen
Schreibtisch und arbeitete an dem Buch. Ganz gleich, wie ich mich
fühlte, ich ging in mein Arbeitszimmer und begann dort, wo ich am
Tag zuvor aufgehört hatte. Das Schreiben wurde für mich eine Zeit
der Heilung. Wenn ich an meinem Schreibtisch saß, war ich keine
Krebspatientin, kein kranker, entmachteter Mensch, dessen Leben
ernsthaft in Gefahr war. Das alles fiel von mir ab, und ich ließ mich
voll und ganz auf meine Aufgabe ein. Ich wurde zu dem, was ich
tat, und dabei gewann ich meine Macht zurück.

Das war eine großartige Lehre: Wie krank wir auch sein mögen,
es gibt immer eine Dimension in uns, die intakt und gesund ist.
Ob durch kreative Arbeit, durch einfühlsame Begegnungen mit
anderen, spirituelle Praxis oder die Hinwendung zu Musik oder
Kunst – in bestimmten Augenblicken können wir Zugang zu jener
anderen Realität gewinnen. Vielleicht war das derselbe Ort, mit
dem ich in Berührung kam, als ich auf dem Friedhof Kwan Yin
anrief.

Drei Monate waren vergangen, seit ich mich dem Kreis von
Menschen, die mir durch diese Zeit der Krankheit halfen, mit-
geteilt hatte. Jetzt schrieb ich einen weiteren Brief an sie, in dem
es hieß:

Es tut mir gut, wenn jemand seinen Besuch bei mir damit verbindet, mir zu helfen. Lenore und ich sprachen darüber, als sie kam, um mit mir einkaufen zu gehen. Wir genossen diese gemeinsame Einkaufstour, und uns fiel dabei die alte Sitte ein, »eine Scheune zu errichten und das Korn zu dreschen«. In den Pioniertagen dieses Landes kamen Menschen auf diese Weise zusammen. Wenn eine Familie Hilfe bei der Ernte brauchte, kamen alle, um mit anzupacken und anschließend zu essen und zu trinken und zu plaudern. Eine ähnliche Form des Zusammenseins erlebe ich im Augenblick auch. Lenore und ich sprachen darüber, wie interessant es wäre, Arbeit und Besuch auch dann miteinander zu verbinden, wenn uns körperlich nichts fehlt – wir helfen uns beim Putzen oder bei der Gartenarbeit und trinken dann Tee oder essen zusammen. Dabei würden wir uns ganz anders begegnen und einander viel gründlicher kennen lernen.

Jeden Morgen meditiere ich vor meinem Altar. Kürzlich hatte ich das Gefühl, dass mein Herz wie eine wunderschöne weiße Blume erblüht. Und mir wurde klar, das Lex Hixon mich geneckt hat, als er sagte, ich müsse das ganze Jahr über in meiner Mitte sein, um dieses Aufblühen meines Herzens zu verdienen. Ich spüre diese Blüte jetzt – zart, leuchtend; vielleicht verströmt sie nicht so viel Licht wie seine, aber das kommt noch. Ich bin auf Lex hereingefallen, als er meinte, man müsse sich große Mühe geben, um die Blume zum Blühen zu bringen – dabei ist die Blüte einfach da.

Eigenartigerweise war es mir manchmal eine Hilfe, über den Tod nachzudenken, wie ich es mit einer Gruppe von Menschen im Keller einer Kirche in Berkeley tat. Ich fand diese Selbsthilfegruppe durch einen buddhistischen Freund, Rick Fields, Herausgeber des *Yoga Journal* und Autor eines grundlegenden Buches, *How the Swans Came to the Lake*, in dem er beschreibt, wie der Buddhismus in die Vereinigten Staaten gelangte und sich hier etablierte. Rick, der seit einem Jahr mit metastasierendem Lungenkrebs kämpfte, nahm mich mit in diese Gruppe. Bei meinem ersten Besuch war ich schüchtern und zurückhaltend und wusste nicht, ob es mir möglich sein würde, mit Fremden über meine Krankheit zu sprechen. Die Leiterin, eine Krankenschwester namens Jan, war damit beschäftigt, in dem kleinen, kalten Raum Stühle im Kreis aufzustellen, aber sie nahm sich Zeit, mich mit einem Lächeln zu begrüßen. Als die Stühle sich mit Menschen gefüllt hatten, stellten die Anwesenden sich mir vor: Marsha, eine Therapeutin, die seit mehreren Jahren Brustkrebs hatte; Rick Kohn, ein Mann von Mitte vierzig, mit dichtem braunem Haar und einem liebenswerten Lächeln (ich war ihm bereits vor Jahren einmal kurz begegnet; er war Gelehrter des tibetischen Buddhismus und an Blasenkrebs erkrankt); Joyce, eine junge Frau mit Brustkrebs im fortgeschrittenen Stadium, die mit ihrem Mann auf dem Sofa saß. Mehrere ältere Frauen erzählten von ihrem Lungenkrebs.

Dann stellte Jan eine kleine Glocke in die Mitte des Kreises und bat uns, einen Augenblick still zu sein und zu lauschen, wenn sie die Glocke läutete. Ich wusste, dass Rick Fields dieses kleine Ritual vorgeschlagen und die Glocke mitgebracht hatte, damit die Gruppe einen spirituellen Einstieg fand. Mit mir waren es jetzt drei buddhistisch orientierte Menschen, die an den Treffen teilnahmen.

Jan läutete die Glocke, und wir saßen in Stille, während die Töne verklangen. Dann begannen die Anwesenden zu erzählen, Informationen auszutauschen und sich gegenseitig moralische Unterstützung zu geben. Allmählich entspannte ich mich. Oft wurde gelacht, weil wir uns über die surreale Welt der Krebsbehandlung bitter amüsierten. Hin und wieder machte jemand seiner Wut Luft; einmal füllten Rick Kohns Augen sich mit Tränen. Als das Treffen zu Ende war, wusste ich, dass ich wiederkommen wollte.

Monatelang machte ich mich jeden zweiten Freitagmorgen auf den Weg zu jener Kirche und half Jan, die Stühle aufzustellen. Ich lernte die anderen kennen, verfolgte mit ihnen zusammen ihren Behandlungsweg und öffnete mich für ihre Gefühle. Die Gruppe wurde sehr wichtig für mich, denn hier war ein Ort, wo keinerlei Erklärungen notwendig waren, wo ich über eine empfohlene Behandlungsmethode sprechen und von Menschen, die damit Erfahrungen gemacht hatten, hören konnte, wie diese aussahen. Ärzte spielen die Nebenwirkungen von Behandlungsmethoden oder Medikamenten immer herunter; meine Freundinnen und Freunde in der Selbsthilfegruppe sagten mir die Wahrheit. Und wir lachten viel. Manchmal, wenn die Dinge ganz schlecht stehen, werden sie komisch. Wir lachten schallend darüber, dass man Krebspatienten eigentlich keine Wahl ließ. »Nun, Sie können diese furchtbare Behandlung wählen oder jene, die noch schrecklicher ist. Natürlich kann es sein, dass keine der beiden anschlägt. Also, welche wäre Ihnen lieber?« Wir kicherten über die »Neben«-Wirkungen und machten bitterböse Witze über die manchmal wirklich horrenden Einstellungen von Ärzten und dem Pflegepersonal. Und wir glucksten vor Lachen über ungeheuerliche Beleidigungen und Fälle von medizinischer Inkompetenz. Das Zusammensein mit diesen Menschen war wunderbar aufbauend.

Manchmal ging ich nach den Treffen noch mit Rick Fields und Rick Kohn in einem jüdischen oder einem Sushi-Restaurant essen. Hin und wieder sprachen wir darüber, wie es für uns war, die drei Buddhisten in der Gruppe zu sein. Manchmal zollte die Leiterin uns Tribut, als besäßen wir, weil wir meditierten, ein geheimes Wissen über den Umgang mit Krebs. Rick Kohn grinste. »Was wissen *wir* denn?« Und Rick Fields antwortete: »Alles, was wir wissen, ist, dass wir nichts wissen. Vielleicht hat uns die Praxis lediglich dahin gebracht, uns dessen, was wir tun, bewusst zu sein – ganz gleich, ob wir es ändern können oder nicht.« Aber wir waren uns einig, dass wir der Gruppe mit unserer buddhistischen Sicht möglicherweise von Nutzen waren, denn schon als wir uns noch bester Gesundheit erfreuten, waren wir aufgefordert, uns unseren eigenen Verfall anzuschauen und uns damit zu konfrontieren, dass alles, was uns lieb war, verging, und diese Vergänglichkeit als natürlichen Aspekt alles Lebendigen zu akzeptieren. Im tibetischen Buddhismus gibt es Praktiken, mit deren Hilfe Menschen sich auf den Tod vorbereiten. *Das Tibetische Totenbuch* beschreibt dieses System ausführlich. Im Theravada-Buddhismus gibt es eine Praxis für Fortgeschrittene, die meines Wissens nur von asiatischen Meditierenden durchgeführt wird und darin besteht, die allmähliche Verwesung eines menschlichen Leichnams zu beobachten; in der Meditationshalle des Nonnenklosters in Sri Lanka, wo ich meditiert hatte, hing vorn ein Skelett. Vielleicht war Rick Fields, Rick Kohn und mir die Vorstellung von Verfall und Tod vertrauter als den anderen, und das mochte der Gruppe zugute kommen.

Eines Morgens, als wir uns im Keller der Kirche versammelt hatten, sprach unsere Gruppe über ein Mitglied, das im Sterben lag. Joyce erzählte von Marjorie, einer Frau, der ich nur einmal begegnet war. Marjorie hatte mit ihrer Familie vereinbart, dass sie sie, wenn klar war, dass ihr Ende nahte, in ihren Wagen packen und in die Natur hinaus fahren würden. Die Familie um sich versammelt, wollte sich Marjorie draußen im Freien unter den Bäumen von allen verabschieden. Der Bruder ihres Mannes, ein Arzt, sollte ihr eine tödliche Injektion geben, und dann würde sie sterben.

Wir sannen über diese Geschichte nach. Die Menschen im Kreis sprachen anerkennend von Marjorie, die eine kluge und humorvolle Frau gewesen war, und sagten, sie spürten ihre Präsenz unter uns. Einige weinten. Die Gesetzwidrigkeit dieses Todes wurde nicht erwähnt – sie hatte keinerlei Bedeutung.

Dann erzählte Rick Fields von seinen jüngsten Erfahrungen bei einem tibetisch-buddhistischen Retreat zum Prozess des Sterbens. Rick war ein klein gewachsener Mann über fünfzig mit einem lebendigen Gesichtsausdruck und aufgeweckten Augen. Er trug immer Jeans und ein legeres Hemd und bedeckte seinen fast kahlen Kopf manchmal mit einer Schirmmütze. Seine Stimme krächzte beim Sprechen. Er sprach davon, wie der *Bardo* oder »Zwischenzustand« in unserem Leben so häufig vorkomme, dass wir praktisch mit jedem Ausatem sterben. Dann gestand er uns die Befürchtungen ein, die ihm gekommen waren, nachdem er eine Frau aus unserer Gruppe beim Sterben begleitet hatte. Er erzählte, wie sie, auf Morphium gesetzt, »davongesegelt« und nicht mehr ganz da gewesen sei. Rick wollte *da sein*, wenn er starb, bis zum letzten Augenblick bei vollem Bewusstsein. Er hatte einen tibetischen Lama dazu befragt, der geantwortet hatte, das sei nicht wichtig – beim Tod würden sich sowohl das physische Wesen als auch das mentale Selbst auflösen, doch die Essenz bliebe davon unberührt und verändere sich nicht. Mit anderen Worten: »nichts geschieht«. Es ist nicht von Bedeutung, ob man in diesem Prozess der Auflösung unter Morphiumeinfluss steht oder nicht. »Er sagte mir, ich solle mich entspannen und so viele Schmerzmittel nehmen, wie nötig«, sagte Rick und schenkte uns ein breites, erleichtertes Lächeln.

Ich empfand diese Gespräche über den Tod als sehr wohltuend. Wir waren wie Kinder, die eine Welt betraten, welche sie nicht verstanden – manchmal war sie faszinierend, dann wieder beängstigend, sie machte zornig oder niedergeschlagen, um uns dann erneut zu faszinieren.

Joyce ging es sehr schlecht. Sie lag, von Kissen gestützt, auf dem Sofa, die Beine im Schoß ihres Mannes, und spielte an dem Schlauch herum, der sie mit dem würfelförmigen Kanister ihres tragbaren Sauerstofftanks verband. Es gelang ihr immer, schick auszusehen; um den kahlen Kopf trug sie einen seidenen Turban in leuchtenden Farben, dazu lose fallende, schön geschnittene Kleidung. Wie üblich sprach sie mit einer Art Erstaunen, als wolle sie fragen: Ist das *wirklich* so oder wache ich gleich auf? Jetzt erzählte sie uns, dass die Schmerzen von den Metastasen in ihrem Rücken in der letzten Woche fast nicht unter Kontrolle zu bringen gewesen waren.

Ihr Mann, hoch gewachsen und lebhaft, und mit dem gleichen ungläubigen Gesichtsausdruck wie sie, bedeckte ihre Knie mit seinen Händen und drückte ihre Beine an sich. Dabei erzählte er, wie die Kombination von Chemotherapie und Schmerzmitteln Joyce eine ganze Woche von »mordsmäßigem Erbrechen beschert hat. Ich dachte, ihr würden die Rippen platzen, wenn das nicht aufhört.« Beide sahen viel zu jung aus für dieses tödliche Leiden, wie Menschen, die das ihnen gemäße lange gemeinsame Leben gerade erst antraten. Ich beobachtete sie und war sowohl traurig um ihretwillen als auch neidisch auf ihre Nähe.

»Ich kam zu dem Schluss, dass es Zeit ist zu sterben«, sagte Joyce, »und war fast entschlossen zu gehen. Jetzt fühle ich mich besser.« Sie lächelte ironisch. »Bis dahin hatte die Krankheit mir keine Schmerzen beschert – die kamen erst mit der Behandlung. Jetzt sind beide, der Krebs *und* die Behandlung, unerträglich. Ich wollte nicht mehr weitermachen. Und dann dachte ich: ›Ich bin eine Memme. Ich bin dabei aufzugeben.‹« Ihr Mann sagte, diese Woche sei wichtig für die Familie gewesen – Joyce so zu erleben und zu akzeptieren, dass sie eines Tages beschließen könne, lieber zu sterben als weiterhin so zu leiden.

Eine neue Gruppenteilnehmerin ergriff das Wort. Sie war kräftig und kahlköpfig, und man hatte erst kürzlich metastasierenden

Brustkrebs bei ihr diagnostiziert. »Ein Todesurteil«, sagte sie. Ihr Mann saß neben ihr, zurückhaltend und wortkarg. Sie sagte, er begegne der Situation, indem er zu viel arbeite, so dass sein Beruf ihn die meiste Zeit von zu Hause fernhielt. Ich dachte an Crystals Distanziertheit und wie sie sich hinter ihren Unterrichtsvorbereitungen verschanzte.

Bevor ich ging, umarmte ich Joyce und Rick, klammerte mich an ihre warmen, zerbrechlichen Körper. Warum fühlte ich mich durch diese Gespräche so unterstützt und getröstet? Vielleicht weil wir uns die Wirklichkeit des Todes in unserem Leben vor Augen führten und damit die Dunkelheit im Licht. Ich dachte wieder an das Bild der Zenlehrerin Joko Beck von den kleinen Strudeln im Strom. Eine Zeitlang Form annehmend, hat der Strudel seine eigenen Konturen, sein Ausmaß, seine Tiefe und Bewegung, und doch ist er nicht getrennt vom fließenden Wasser des Stromes. Und genau so hält unser individuelles Leben eine Zeitlang seine Konturen, schafft sich seine Identität. Und dann bricht es auseinander und löst sich auf im Fluss. Das nennen wir Tod, und wir haben das Gefühl, dass da etwas von großer Tragweite geschieht, doch aus einer anderen Sicht betrachtet, fließt der Strom einfach nur weiter und »nichts geschieht«. Das heißt, während wir an unseren Strudel glauben, sind wir doch immer Teil des Stromes. Es ist möglich, dass wir beide Wirklichkeiten erfahren, sowohl die Form unserer separaten Existenz als auch den zeitlosen Fluss der Energie, der unsere fortwährende Wirklichkeit ist. Joyce und Rick und die abwesende Marjorie brachten mir diese Erfahrungen nahe, wenn auch nur für diesen einen Morgen.

Bei der Heimfahrt von diesem Treffen verspürte ich die Weite dieses umfassenderen Bewusstseins.

Während die Wochen der Chemotherapie verstrichen, wurde ich immer kränker. Schließlich war ich so schwach, dass ich kaum aufrecht stehen konnte und mich mehrmals am Tag hinlegen musste. Mein Geschmackssinn verschwand völlig, und nur eine Geschmacksrichtung blieb übrig – Sägespäne, gewürzt mit Chemikalien. Ich nahm kontinuierlich ab. Ich bekam nur bestimmte Nahrungsmittel herunter, hatte also keine große Wahl: gekochte

Getreideflocken, afrikanische Speisen und Burritos. Eines Tages, als ich im Asmara, dem eritreischen Restaurant bei uns um die Ecke aß, spürte ich, wie mein Hals sich zusammenzog und mir der Mageninhalt hochkam. Da wusste ich, dass ich auch diese Gerichte nicht mehr essen konnte. Als Nächstes musste ich mich von den Burritos verabschieden. Meine Augen schmerzten so heftig, dass ich kaum lesen konnte. Die Haut an meinen Fingern wurde spröde, riss auf und blutete.

Auch meine Finanzen machten mir zu schaffen. Meine Aufbaunahrung und die Kräuter kosteten monatlich rund 300 Dollar, und so waren meine Kosten gestiegen, während mein Einkommen sich verringert hatte, da ich nicht mehr die Kraft besaß, Einzelberatung für schreibende Klientinnen zu machen oder ihre Texte zu lektorieren, um zu dem, was ich mit den Kursen und meinen Veröffentlichungen einnahm, etwas hinzuzuverdienen. Sandy Butler lud mich eines Tages zum Tee ein. Als wir uns in einer lauten Bäckerei am Tisch gegenübersaßen, zog sie einen Block aus ihrer Einkaufstasche und fixierte mich mit gebieterischem Blick.

»Ich möchte, dass du mir deine sämtlichen Ausgaben aufzählst. Ich will eine Liste machen.«

»Wozu?«, fragte ich, denn es widerstrebte mir, mich mit meiner Finanzmisere zu beschäftigen.

»Egal, sag's mir einfach.«

Ich sah sie stumm an.

»Damit wir einen Plan machen können, Dummchen. Jetzt komm.«

Ich gehorchte und zählte die Beträge für Miete und Nebenkosten, Lebensmittel, Aufbaunahrung und chinesische Kräuter auf, während sie mitschrieb.

Sandy addierte die Zahlen. »So, hier haben wir die Gesamtsumme. Und wieviel verdienst du monatlich im Augenblick?«

Ich antwortete, und sie schüttelte den Kopf.

»Das sieht nicht gut aus. Hm. Gut, wir werden Folgendes tun. Ich werde einigen Leuten, die sich vielleicht fragen, wie sie dir helfen können, einen Brief schreiben. Ich werde ihnen vorschlagen, dich während der Chemo monatlich mit einer bestimmten Summe zu unterstützen.«

Ich wich zurück. »Ich glaube, das könnte ich nicht annehmen.«

Sie sah mich tadelnd an. »Sandy, jetzt mach mal einen Punkt. Du willst diese schwere Zeit durchstehen, stimmt's?«

»Ja.«

»Und Tatsache ist, dass du nicht genug verdienst, um deine Ausgaben zu decken.«

»Ja.«

»Na also. Willst du dir wirklich ständig Sorgen machen und dich verschulden?«

Mein Herz begann schneller zu schlagen. Ich fühlte mich wie benommen. »Das fällt mir wirklich schwer«, antwortete ich. »Es ist wie betteln.«

Sandy beugte sich vor. »Beantworte mir mal folgende Frage: Wenn eine deiner Freundinnen in Schwierigkeiten wäre und Geld bräuchte, um zu überleben, würdest du ihr aushelfen?«

»Ja.«

»Und würdest du sie geringer schätzen, weil sie in Schwierigkeiten ist?«

»Nein.«

Sie lehnte sich zurück und sah mir unverwandt in die Augen. »Gut.« Sie hob ihre Teetasse und trank einen Schluck. Dann klopfte sie auf den Block, der zwischen uns auf dem Tisch lag. »*Du* musst den Brief nicht verfassen. Ich werde ihn für dich schreiben und verschicken. Das Geld kann an mich gehen, und ich lege einen Fonds für dich an, aus dem du monatlich unterstützt wirst.«

»Wirklich?«

»Ja, Mädchen, vertraue mir, es gibt Menschen in deiner Umgebung, die wollen, dass du das hier durchstehst und gesund wirst, und die sich freuen, wenn sie dir dabei helfen können.«

Sandy hatte Recht. Auf ihren Brief hin spendete eine Reihe von Menschen monatlich Geld für mich. Da sie geschrieben hatte, dass jeder Betrag willkommen wäre, schickten manche kleinere Summen, andere größere. Und mit dem Fonds, der auf diese Weise angelegt wurde, konnte ich meine Kosten decken.

Gegen Ende April war ein Meilenstein überschritten. Meine Venen waren völlig verödet und nahmen die Nadel nicht mehr an. Sally Walker, Krankenschwester auf der Onkologiestation, wies

Dr. Cutting, den Chefarzt, darauf hin, dass sie jetzt einen »zentralen Venenkatheter« bei mir legen müssten. Dieser Infusionsschlauch wird durch eine Operation in den Brustkorb eingebracht und liegt mit der Spitze an der Vena cava über dem Herzen. Medikamente können dann in den Katheter injiziert werden und gelangen direkt in den Blutkreislauf.

Ich wollte mich auf keinen Fall einer weiteren Operation unterziehen, aber meine Selbsthilfegruppe versicherte mir, dass der Katheter mir viel Leid ersparen werde. »Man wird dich nie mehr fünfzehn Mal in die Hand stechen müssen!«, meinte Joyce. »Schau her!«, sagte Rick Fields und knöpfte sein Hemd auf, um mir die Wölbung unter der Haut direkt unter seinem Schlüsselbein zu zeigen. »Das ist wirklich keine große Sache.« Also stimmte ich schließlich zu.

Unmittelbar vor dem Eingriff, während ich dalag und darauf wartete, in den Operationssaal geschoben zu werden, las ich in der buddhistischen Zeitschrift *Turning Wheel* ein Interview mit Schwester Chan Khong, die mit dem berühmten vietnamesischen Mönch Thich Nhat Hanh zusammenarbeitet. Der Interviewer fragte Chan Khong, wie sie mit Verzweiflung umgehe. »Das ist eine Frage des Überlebens«, antwortete sie. »Jeder kann heiter und gelassen sein, wenn ihm nichts Schweres bevorsteht. Aber wenn Bomben fallen, können Angst und Hass dich überwältigen. Als unsere Freunde ermordet wurden, während sie in Vietnam Sozialarbeit leisteten, taten wir unser Bestes, um uns zu beruhigen. Wir begriffen, dass wir, um zu überleben, auf das Schöne im Leben zugehen mussten.«

Sie sprach von den »Boat People«, die aus Vietnam flüchteten und auf hoher See trieben, wo sie von Piraten bedroht wurden. Sie und ihr Bruder hatten in Thailand ein Boot gemietet, sich als Fischer verkleidet und waren »in See gestochen, um die Boat People ›aufzufischen‹.« In dieser Zeit sei sie frohen Mutes gewesen und ohne Angst, sagte sie, selbst als sie sich Piraten gegenübersah, denn sie wusste, dass das, was sie tat, richtig war.

Am Ende des Interviews erzählte Chan Khong von den Herausforderungen des Lebens in Plum Village, der Gemeinschaft, die Thich Nhat Hanh in Frankreich gegründet hat. Ich kannte Menschen, die nach Frankreich gereist waren, um dieser Oase einen Besuch abzustatten. Da lag ich nun im Krankenhausbett und sinnierte über Schwester Chan Khongs gefährliches Leben während des Vietnamkrieges und in der Zeit danach, dachte an ihren unbeugsamen Geist und ihr Engagement für Gewaltlosigkeit.

Schließlich rollten mich die Krankenschwestern in den Operationssaal, der Arzt gab mir eine Spritze, und kurz darauf reiste ich nach Plum Village. In der folgenden Stunde beobachtete ich Kinder, die fröhlich im Sonnenschein spielten, ich spazierte durch wunderschöne Gärten, in denen Erwachsene arbeiteten, und sah Menschen, die liebevoll miteinander umgingen und einander unterstützten. Ich war mir vage bewusst, dass sich jemand an meinem Brustkorb zu schaffen machte, aber das lenkte mich nicht ab von meinem Besuch. Als ich aufwachte, hatte ich eine Wunde, und darunter befand sich eine Wölbung, die einem harten Marshmallow glich, das die Haut unter meinem linken Schlüsselbein hochdrückte: Der Venenkatheter war an seinem Platz.

Gib dich der Wüste hin

Es geht eher darum, sich den Unannehmlichkeiten
des Lebens zuzuwenden und sie klar zu sehen,
als sich vor ihnen zu schützen.

PEMA CHÖDRÖN

Wie merkwürdig, mit dem Flugzeug nach Dhamma Dena zu reisen, wo ich doch an die zermürbende zehnstündige Fahrt auf der Route 5 durch das San Fernando Valley gewöhnt war. Am Flughafen von Palm Springs wurde ich von einer Bewohnerin von Dhamma Dena abgeholt, die in einem kleinen Haus in der Nähe der Meditationshalle lebte. Margaret verfrachtete mich in ihren Wagen und fuhr durch die Wüste in Richtung Joshua Tree, während ich in die sonnenverbrannte Landschaft hinaussah, wo die Yuccapalmen mit ihren stechend scharfen Blättern aus der trockenen Erde ragten und in der Ferne die Hügel lagen wie Bauklötze.

In Dhamma Dena bekam ich ein Zimmer für mich allein in dem erst kürzlich erworbenen Samadhi-Haus, ein paar Schritte vom Speisesaal entfernt. Ich hatte in Dhamma Dena nie zuvor den Luxus eines Einzelzimmers genossen. Das war eine offizielle Bestätigung meiner Krankheit, was gemischte Gefühle bei mir auslöste. Einerseits wollte ich lediglich eine unter anderen Teilnehmerinnen des Retreats sein, eine Sitzende wie all die anderen, ein weiteres Paar Hände für die täglich zu erledigende Arbeit. Im Speisesaal hing ein ausgestopfter Papagei von der Decke, und an seinem goldenen Schnabel baumelte eine Karte, auf der stand: »Wir üben uns darin, niemand Besonderes zu sein.« Ich hatte diese Worte oft für mich wiederholt, um meinem Bedürfnis nach Erfolg und Anerkennung sowie der Unzufriedenheit, die damit oft einherging, entgegenzuarbeiten: »Ich übe mich darin, niemand Besonderes zu sein.« Wenn ich mir diese Worte innerlich sagte, spürte ich, wie sie mich von einem Kampf abbrachten, der ebenso verlockend wie aufregend war, und mich entkrampften sowie mir eine stabile Ausrichtung gaben: Vergiss, was andere über dich denken, vergiss das Leistungsziel, das in der Zukunft angesiedelt ist. Komm stattdessen in diesem

Körper und in diesem Geist an, wende dich dem gegenwärtigen Augenblick zu. Und genau darum geht es bei der Praxis.

Also war es mir etwas unangenehm, von den anderen Frauen getrennt zu wohnen und ein Privileg zu genießen (es war das Frühlingsretreat nur für Frauen). Andererseits war ich glücklich, dieses lichtdurchflutete Zimmer mit niemandem teilen zu müssen, glücklich, dass das zweite Bett leer bleiben würde. Obwohl wir die ganze Woche Schweigen bewahren würden, was auch Gespräche mit Zimmergefährtinnen ausschloss, hätte die Anwesenheit eines anderen Menschen doch eine gewisse Energie gekostet, und wenn es nur um die Regelung grundlegender Dinge gegangen wäre wie: Wann soll abends das Licht ausgemacht werden? Wer bekommt welche Schublade in der Kommode? Und so weiter. Ich wusste, dass meine Fähigkeit, über derlei Dinge zu verhandeln, extrem geschwächt war.

Nachdem ich meine Kleidung in den schmalen Schrank gehängt hatte, setzte ich mich auf das Bett und ließ die Stille in mein Bewusstsein sinken. In unserem Haus in Oakland lebte ich mit dem dumpfen Hintergrundrauschen der Schnellstraße und des Nahverkehrs. Hier in der Wüste öffnete sich die Stille weit; die Luft war so bar von Geräuschen, dass das Brummen eines fernen Motorrads, das seine ordinäre Spur durch die Gehörlandschaft zog, bis es verklang und die Stille sich wieder schloss, das Ohr in Erstaunen versetzen konnte. Vor dem Fenster erblickte ich einen hohen Kreosotbusch mit spindeldürren Ästen, geschmückt mit gelben Blüten, die im Wind tanzten. Er nickte und schwankte, richtete sich auf und duckte sich wieder. Ich wusste, dass Kreosot eine uralte Pflanze war, die lange, bevor Menschen kamen, in der Wüste gelebt hatte. Sie hatte sich in höchstem Maße an ihre trockene Umgebung angepasst und konnte Jahre ohne Wasser leben. Seine tiefe Verwurzelung in der Zeit und seine Zähigkeit im Überleben machten den Kreosotbusch für mich zu einem tröstlichen Anblick.

Weiter draußen in der Wüste stand ein weißer Wohnwagen. In den vergangenen zehn Jahren hatte Ruth eine ganze Reihe davon angeschafft, um mehr Schlafplätze für die Retreatteilnehmerinnen und -teilnehmer zu schaffen. Jedes Mal, wenn sie einen neuen Wohnwagen kaufte, organisierte sie ein Arbeitsteam von Meditierenden, um ihn herzurichten. Lächelnd erinnerte ich mich an die Arbeit in einem bestimmten Wohnwagen, der 1984 eintraf. Wir hatten einen ganzen heißen Nachmittag damit verbracht, den verdreckten Teppich herauszureißen. Dann wies Ruth uns an, die Wände abzuschrubben. Es war schwere, schmutzige, schweißtreibende Arbeit gewesen.

Manchmal flocht Ruth in ihre Dharma-Vorträge ein, wie der Gebäudekomplex, der heute Dhamma Dena bildete, unter ihrer Anleitung entstanden war. Das Hauptgebäude war ein kleines Cottage mit nur einem Schlafzimmer und einer winzigen Küche gewesen. Ruth hatte einen Schüler aus Kanada, der Bauhandwerker war, gebeten zu kommen und eine neue Küche anzubauen, die Ruths Ehemann Henry entworfen hatte. Die Regale in der Küche waren günstig in Los Angeles ergattert worden. (Die meisten Einrichtungsgegenstände in den Gebäuden waren in der Wüste oder in Los Angeles – zum Beispiel bei Sperrmüllaktionen im reichen Beverly Hills – »eingeheimst« worden, wie Ruth es ausdrückte.)

Als Ruth über *Upaya* sprach, die buddhistische Praxis, Mittel geschickt anzuwenden, erzählte sie uns auch von ihrem nächsten Nachbarn, der dadurch von einem Menschen, der ihr potentiell hinderlich werden konnte, zu einem Freund und Ratgeber wurde. Mittel geschickt anzuwenden erfordert ein Bewusstsein vom umfassenderen Umfeld, in das jede Situation eingebettet ist, eine Einschätzung sämtlicher Kräfte, die am Werk sind, und die Anerkennung der Bedürfnisse aller Beteiligten. Das Ziel besteht immer darin, das Wohlergehen sämtlicher Beteiligten zu fördern. Dabei können wir uns nicht verschließen oder Widerstand leisten; wir haben eine Lösung für die Situation im Auge.

Dieser Nachbar arbeitete oft im Hof, ein kleiner, stämmiger Mann, der sich über den Motor seines Wagens beugte. Wir hatten immer wieder gehört, wie er seine Stimme erhob und seine Kinder gereizt zurechtwies. »Ja, ich denke, er besaß einen Hang zur Brutalität«, sagte Ruth, »aber er hatte auch etwas sehr Schönes an sich.« Zu jeder Feier oder festlichen Mahlzeit im Rahmen eines Retreats lud Ruth den Nachbarn und seine Familie ein, und manchmal kamen sie auch. Als er sein Dach neu deckte, schickte Ruth ihm ein paar Leute aus dem Retreat zu Hilfe, und in wenigen Stunden war die Arbeit erledigt. Als sie zwischen ihren beiden Häusern einen Zaun errichten wollte, backte sie einen Schokoladenkuchen und nahm ihn mit zu dem Gespräch. »Wie fänden Sie das«, schlug sie vor, »wenn wir einen Zaun errichten, um Sie nicht zu stören?« Später brachte ihr der Nachbar mehr als ein Drittel des Holzes für den Zaun.

Als Ruth eines Tages in der Meditationshalle über die Arbeit sprach, die es bedeutete, Dhamma Dena aufzubauen und instandzuhalten, sagte sie: »*Das Leben* ist die Praxis, versteht ihr? Es macht mir nichts aus, zu arbeiten und mich um dies und jenes zu kümmern. Ich lade euch alle ein mitzumachen, um zu *erleben*, wie unsere Praxis in die Tat umgesetzt wird. Wenn ihr einen Wohnwagen herrichtet, praktiziert ihr also, ebenso wie ihr praktizieren könnt, wenn ihr eure Wohnung putzt. Ansonsten geraten wir leicht in Versuchung, in diese wundervollen *Ideen* über Buddhismus oder Erleuchtung abzuschwirren. Ihr müsst darauf achten, dass die Ideen in die Wirklichkeit eingebunden werden, die hinter ihnen steht. Das ist nichts Besonderes. Ich habe das immer getan. Ich tue es noch nicht einmal, weil ich es euch zeigen will; es ist einfach natürlich für mich, da zu sein und zuzulassen, wie sich das zusammen entfaltet. Das ist wirklich die beste Lehre.«

Als ich erwachte, dämmerte es draußen. Ich kämpfte mich hoch aus dem Erschöpfungsschlaf, der mich jetzt mehrmals am Tag überfiel. Als ich mich im Zimmer umschaute, erkannte ich, wie viel sich seit jenen Anfangstagen in Dhamma Dena verändert hatte. Das Samadhi-Haus, in dem ich mich befand, war Wohnhaus des Nachbarn gewesen. Er und seine Familie hatten die Wüste schließlich verlassen und ihr niedriges Steinhaus an Ruth verkauft, und sie hatte es in ein Wohnhaus für Retreatteilnehmerinnen verwandelt. Sie hatte es *Samadhi* getauft, was Konzentration oder tiefer meditativer Zustand bedeutet. Und vielleicht sagte dieser Name auch etwas über Ruths allmähliches Reifen im Lauf der Zeit aus, denn das erste Haus für Frauen, das einige Minuten Fußweg den Sandweg hinunter lag, hieß Dukkha-Haus.

Als wir Anfang der achtziger Jahre zum ersten Mal hier in die Wüste kamen – ein bunter Haufen von Hippies, politischen Aktivistinnen und gerade flügge gewordenen Heilerinnen –, hatte Ruths Betonung auf *Dukkha* gelegen, der Wahrheit vom Leiden, das in jeden Augenblick unseres Lebens eingebettet ist. Jetzt, so viele Jahre später, mein Körper vollgepumpt mit tödlichen Chemikalien und kräftemäßig heruntergekommen, wusste ich um diese große Wahrheit noch besser.

Ich zwang mich, aufzustehen, und schaute auf die Uhr. In einer halben Stunde würde die Abendmeditation beginnen.

Draußen im frischen Wüstenwind ging ich an den erleuchteten Fenstern des Speisesaals vorbei, wo Frauen mit dem Abdecken und Aufräumen nach dem Abendessen beschäftigt waren. Anders als sie würde ich bei diesem Retreat keine Pflichten haben. Bei meiner Anmeldung hatte ich der Managerin zugestimmt, als sie sagte: »Ruth meint, du sollst keine Aufgaben übernehmen, sondern dir deine Kräfte fürs Meditieren sparen.«

Als ich in der Dunkelheit zwischen den schwankenden Kreosot- und Salbeibüschen herumspazierte, spürte ich meine Zerbrechlichkeit und atmete die kühle, klare Luft tief ein. In der Nähe der Meditationshalle waren vor mir schon einige andere Frauen eingetroffen und schauten über die Wüste zum Horizont. Wir standen da und blickten nach oben zu den niedrigen Wolken, die sich vom Horizont aus wie eine weiße Leinwand über den Himmel breiteten. Schon bald explodierte diese reine Fläche zu pupurrotem, orangefarbenem und goldenem Licht. Wir standen still im Wind, dunkle, reglose Gestalten zwischen den Zwergeichen, und die zauberhafte Farbpalette erstreckte sich wie ein Zeltdach über uns, von den Rändern her langsam verblassend. Ein Röhren war zu vernehmen, das näher kam und den Himmel füllte. Eine Zeitlang konnte ich nichts entdecken. Dann, weit oben über dem grandiosen Farbenspiel, sah ich in einem blau-schwarz leuchtenden Himmel die Lichter eines Kampffliegers, zwei rote und ein weißes. Das Flugzeug beschrieb eine atemberaubende Kurve und steuerte auf den ersten blassen Stern zu. Jetzt sah ich hinter dem ersten einen zweiten Flieger mit grün blinkenden Augen. Mit dröhnendem Brummen schossen beide Maschinen dahin, glitten unter dem Stern vorbei und waren verschwunden.

In der Meditationshalle wählte ich meinen Platz so, dass ich mich gegen die Wand lehnen konnte, sollte das notwendig werden, und ließ mich auf meinem Kissen nieder. Ich beobachtete die Frauen, wie sie hereinkamen, etwa fünfundzwanzig an der Zahl, und ihren

Platz einnahmen. Das hier waren nicht die abgerissenen Rebellinnen früherer Zeiten, sondern reife Frauen, manche in langen Röcken und mit farbenfrohen Tüchern. Vielleicht waren wir einfach erwachsen geworden. Im vorderen Teil des Raumes befand sich auf einem niedrigen Podest die bronzene Statue des Buddha, der vor einem großen Mosaik saß. Zu seiner Linken stand eine Kwan Yin aus weißer Keramik, den Blick in Meditation gesenkt, eine Hand zu einer schützenden Geste erhoben.

Jemand läutete die Glocke, und die Meditation begann, die Stille im Raum wuchs. Ich schloss die Augen, richtete mich auf, kreuzte die Beine und legte die Hände vor mir zusammen. Doch schon bald stellte ich fest, dass ich zusammensackte. Diese Haltung, die mir so vertraut war, schien an Stabilität verloren zu haben, und mein Körper musste kämpfen, um sie zu wahren. Ich richtete meinen wegsackenden Rücken auf und hob das Kinn, entschlossen, gerade und präsent zu sitzen. Die Minuten vergingen, verschwunden in der Stille. Ich richtete meine Aufmerksamkeit auf den Atem, aber meine Sinne schienen mir gedämpft und fern. Die Schwäche in mir nahm wieder zu, ließ Schultern und Kopf nach vorn sinken. Und wieder befahl ich mir, gerade zu sitzen.

Eine Stimme sprach mich sanft an, unmittelbar vor mir, so nahe, dass ich zusammenzuckte. »Du überforderst dich.«

Ich öffnete meine Augen und sah Ruth vor mir hocken; ihr rosafarbener Rock fiel in Falten über ihre Knie, ihre Stirn war besorgt gerunzelt. Behutsam streckte sie die Hände aus, um meine Schultern zu berühren.

»Du musst nicht sitzen. Komm, lass mich dir helfen.«

Zuerst war ich einfach nur verwirrt. Wie konnte Ruth, die oft so streng war, wenn es um Krankheit ging, mir vorschlagen, mich hinzulegen? Und das in der Meditationshalle!

Aber sie führte mich mit ihren Händen, und ich gab nach, erleichtert, nicht mehr aufrecht sitzen zu müssen. Behutsam half Ruth mir, mich auf den Rücken zu legen, schob mir ein Kissen unter den Kopf und breitete ein Tuch über meinen Körper. Es war also wahr: Sie gab mir die Erlaubnis, während der Meditation zu liegen!

In den Jahren zuvor hatte ich oft erlebt, wie sie andere drängte, sich anzustrengen, selbst wenn sie krank waren. Jetzt wusste ich nicht, wie ich ihre Freundlichkeit interpretieren sollte; ich konnte sie nur annehmen und entspannt auf dem Boden liegend erkennen, dass ich tatsächlich nicht *imstande* war, wie die anderen zu sitzen, ganz gleich wie sehr ich gewillt war, es zu tun.

Ruth blieb eine Weile in meiner Nähe, bevor sie ging; ihre Hände lagen warm auf meiner Schulter, als wolle sie mir durch ihre Berührung versichern, dass es in Ordnung war, meiner Schwäche nachzugeben. Die Meditation ging weiter, während ich mit geschlossenen Augen dalag und mir meine liegende Haltung bewusst machte, mit meiner Aufmerksamkeit dankbar zu meinem Rücken, meinen Beinen und meinem Kopf wanderte, der von dem Kissen gestützt wurde.

Am nächsten Morgen kam ich richtig im Retreat an. Ich hatte vergessen, wie angenehm ein reines Frauenretreat sein kann. In den vergangenen Jahren hatte ich immer das Feiertagsretreat über Neujahr besucht, das ein »raueres« Erlebnis war, da viel mehr Menschen, sowohl Männer als auch Frauen, kamen, und es bei Regen oder sogar Schnee und Eis stattfand. Beim jetzigen Retreat war die Atmosphäre in der Meditationshalle und im Speisesaal von einer gewissen Sanftheit geprägt. Die Frauen, von denen ich den meisten nie begegnet war, schienen intelligent und sensibel zu sein. Sie praktizierten eifrig und waren empfänglich für Ruths Anweisungen.

Doch es gefiel mir nicht, diejenige zu sein, die sich in der Meditationshalle hinlegen musste. Es machte mir klar, wie sehr ich an dem Selbstbild hing, eine starke, kraftvolle Frau zu sein. Ich sah mich innerlich bei früheren Retreats, wie ich munter durch die Wüste schritt, unerschütterlich saß, die Duschen schrubbte ... Die Bilder der Vergangenheit boten einen grausamen Vergleich.

Am zweiten Morgen wurde ich beim frühen Sitzen in der dämmrigen Meditationshalle, eingehüllt in ein Tuch, plötzlich von einer Erschöpfung überwältigt, die alles übertraf, was ich je erlebt hatte. Und damit einher ging eine bodenlose Traurigkeit. Ich verließ die Meditationshalle, kehrte in mein Zimmer zurück und rollte mich auf dem Bett zusammen. Die Müdigkeit lastete schwer wie Blei auf mir. Ich begriff, dass ich mich wahrscheinlich zu Hause mit beträchtlicher Mühe zusammengerissen und all meine Kräfte aufgeboten hatte, um *Die Entfaltung des Lotos* zu schreiben, meine

Kurse abzuhalten und die Chemo-Termine wahrzunehmen. Mein Alltag schien diese Haltung zu erfordern; jetzt fragte ich mich, warum ich eigentlich das Bedürfnis hatte, mich als jemand zu sehen, die immer und unter allen Umständen funktionierte. »Du überforderst dich«, hatte Ruth gesagt. Und ich wusste, dass wir in der buddhistischen Praxis zwar aufgefordert sind, eine wirkliche Anstrengung zu unternehmen, nicht aber, uns selbst zu bestrafen, indem wir uns zu etwas zwingen. Vielleicht hatte ich in den letzten Monaten zu Hause aus einem leeren Brunnen illusionäre Kraft geschöpft. Hier in meinem Zimmer in Dhamma Dena, wo keine Anforderungen an mich gestellt wurden, ließ mein Körper los und versank tief in meiner wirklichen Erschöpfung. Ich weinte voller Selbstmitleid, weil ich Krebs hatte. Ich weinte auch, weil ich mich schämte, Krebs zu haben. Insgeheim hatte ich die Idee genährt, dass nur Verlierer diese Krankheit bekommen oder unterdrückte Menschen oder Menschen, die ihre Emotionen nicht bearbeitet haben. Aus Selbstschutz hatte ich mir eingeredet, es seien *jene anderen*, die anfällig waren für Krebs, nicht ich, die ich immer die Starke, Tapfere und Beherzte gewesen war. Jetzt hatte ich mich unter die Betroffenen eingereiht, und das war schwer zu verkraften.

Obwohl Ruth mir erlaubt hatte, mich nicht an die vorgeschriebenen Zeiten zu halten, schämte ich mich dafür, nicht regelmäßig zu den Sitzungen kommen und meinen »Yogi«-Job nicht machen zu können. Bei früheren Retreats hatte ich diejenigen, die den Anforderungen nicht standhielten, verurteilt. Jetzt, wo ich mich selbst nicht an den Ablauf halten konnte, kamen all meine Ansprüche, all meine Vorstellungen und Ideen, wie Menschen zu sein hatten, in mir hoch, um mich zu verhöhnen. Ich kritisierte mich scharf: In all den Jahren der buddhistischen Praxis hatte ich bei dem Versuch, zu einer tieferen Realität vorzudringen, insgeheim an meinen kleinlichen Urteilen festgehalten. Das Selbst verteidigt und gefestigt.

Wie ich da so im Bett lag und auf den kunstvoll geriffelten Schirm einer Keramiklampe starrte, die wahrscheinlich aus dem Sperrmüll stammte, dachte ich darüber nach, welchen Verlauf Krebs in früheren Zeiten genommen hatte. Als ich jung war, starben die Menschen über kurz oder lang einfach daran. Jetzt konnte man, wenn man Glück hatte, überleben, aber man musste kämpfen: Chemotherapie oder andere Behandlungen, Zusatztherapien, auf sich selbst Acht geben, eine Selbsthilfegruppe besuchen, die spirituelle Praxis nicht vernachlässigen. Wie anstrengend! Man musste leben *wollen!* Und weil ich leben wollte, musste ich immer weiter machen, musste ich diese große Last an Traurigkeit ertragen und vor Scham versinken.

Ich begann wieder zu weinen und spürte, dass ich nicht mehr kämpfen wollte. Ich war zu müde, um mich länger anzustrengen.

Den ganzen Morgen blieb ich im Bett, abwechselnd schlafend und weinend.

Beim Mittagessen, zu dem ich zittrig erschien, betrat Ruth den Speisesaal und fragte nach Freiwilligen für ein kleines Projekt. Sie wollte gern, dass einige von uns Schlaufen an die Putzlappen nähten, damit man sie leichter aufhängen konnte. Was für ein kleinkariertes Unterfangen, dachte ich, wie detailversessen und deutsch von Ruth, sich so etwas auszudenken! Aber zu meinem eigenen Erstaunen hob ich die Hand, um mich zu melden.

Nach dem Essen trafen sich vier von uns auf der Veranda bei der Küche. Wir schoben Metallstühle um einen kleinen runden Tisch, auf dem ein Haufen Putzlappen lag. Die grelle Mittagssonne knallte auf das Dach über uns; am anderen Ende der Veranda wusch eine Frau die Kochtöpfe im Ausguss ab. Dem Lächeln meiner Gefährtinnen konnte ich entnehmen, dass auch sie unsere Aufgabe ein wenig schrullig fanden.

Wir schnitten schmale Stoffstreifen zu, legten sie um und nähten sie an die Ecken der Putzlappen. Allmählich fingen wir an, unsere Aufgabe ernst zu nehmen, die Nadel durch den Stoff zu ziehen, die Schlaufen zuzuschneiden. Ich spürte den leisen Hauch einer Brise auf meinen nackten Armen. Bunte Stoffe, sich hebende Hände, gesenkte Augen, wir alle freundlich beisammen. Mit meiner enormen Verletzlichkeit war ich in diesem kleinen Kreis von Frauen sicher geborgen. Als sie den ersten Lappen fertig hatte, hielt eine Frau ihn an der Schlaufe hoch. »Ist das so richtig?«, flüsterte sie und schaute in die Runde, um sicher zu gehen, dass wir sie gehört hatten, denn dies war wie gesagt ein Schweigeretreat. Eine Frau grinste und flüsterte zurück: »Wenn Ruth vorbeikommt, sagt sie dir wahrscheinlich, du sollst es anders machen.« Wir kicherten verschwörerisch und vergnügt. Dann wandten wir uns wieder unserer stillen Aufgabe zu.

Von diesem kleinen Kreis gehalten, ganz zu diesen Frauen gehörend und vertieft in unsere einfache Aufgabe, spürte ich, wie der Kummer dieses Morgens langsam verblasste.

Am nächsten Tag konnte ich während der Stunden, die ich allein in meinem Zimmer verbrachte, an nichts anderes denken als an Crystal und unsere Probleme. Ich begriff, dass sie sich in einem Zustand ernsthafter Panik befand: Panik in Anbetracht meines Krebses, die sie sich nicht eingestand; Panik wegen der Kurse, die sie vorbereitete und leiten sollte; Panik, ihren Lebensunterhalt nicht verdienen zu können; Panik angesichts ihrer Verantwortung als Hausbesitzerin und Vermieterin. Ich wollte sie unterstützen, mich zugleich aber auch meiner Heilung widmen können. Was war das »rechte Verstehen« unserer misslichen Lage?, fragte ich mich, bei Buddhas Edlem Achtfachen Pfad Anleitung suchend. Um die Antwort zu finden, musste ich mir mein eigenes Verhalten, mit dem ich Schmerz und Konflikte schürte, anschauen und mich fragen, wie meine intensiven negativen Gefühle gemindert werden konnten. Harte Worte sowie wütende oder sarkastische Reaktionen auf Crystals Verhalten halfen mit Sicherheit nicht weiter. Und waren da nicht auch Unaufrichtigkeit und Egoismus im Spiel? In meiner Entschlossenheit, tapfer durchzuhalten, ganz gleich, was ich fühlte, ließ ich nicht zu, dass Crystal meine Schwäche sah. Und obwohl ich mich nach ihrer Anteilnahme sehnte, hielt ich sie vielleicht zugleich davon ab, sie mir entgegenzubringen

Doch am destruktivsten waren die Erwartungen, die ich hatte – dass Crystal sich mir emotional zuwandte, loyal und großzügig war, selbst wenn das auf Kosten ihrer eigenen Bedürfnisse ging. Obwohl ich in diesen Erwartungen befangen war, ahnte ich, dass es noch eine andere Wirklichkeit gab – dass ich vielleicht, wenn ich Crystal einfach so sehen konnte, wie sie war, statt, wie ich sie haben wollte, ihre Liebe zu mir spüren und ihr meine zeigen konnte. Statt sie aufzufordern, sich zu ändern, musste ich mein eigenes Verhalten und meine Erwartungen an unsere Beziehung ändern sowie einige meiner Vorstellungen über unser Zusammensein aufgeben.

Ich saß auf dem Fußboden in meinem kleinen Zimmer unter dem geriffelten Lampenschirm, schrieb Tagebuch und sann der Frage nach, was ich aufgeben konnte. Buddhismus ist der Pfad der Entsagung. Wir lernen, unseren Widerstand aufzugeben. Wie Pema Chödrön sagt: »Das Ziel der Entsagung besteht darin, zu sehen, dass wir bereits genau das haben, was wir brauchen – dass das, was wir haben, bereits gut ist.« Wenn ich meine Erwartungen an mein Leben mit Crystal aufgeben konnte, dann würde ich vielleicht die Energie und die Wärme und Güte spüren können, die hinter alledem stehen mochte. Also schrieb ich eine Liste:

Ich muss den Wunsch loslassen, Crystal möge anders sein, als sie ist.

Ich muss aufhören zu erwarten, dass sie emotional für mich offen ist, und versuchen, sie mehr an dem teilhaben zu lassen, was in mir vorgeht.

Ich muss meine Wut über ihre Forderungen an mich in Bezug auf Geld und Hausarbeit loslassen.

Ich darf nicht ständig weiter hoffen, dass wir wieder eine sexuelle Beziehung haben werden.

Als ich mir meine Liste anschaute, kam ich zu dem Schluss, dass wir weiterhin zusammenleben konnten wie bisher, aber ohne Erwartungen. Wir konnten »eine Pause einlegen«, bis ich die Chemo hinter mir hatte, und bis dahin in einer Art Zweckehe leben. Hatte ich keine Erwartungen, konnte ich Crystals Freundlichkeit in dem Augenblick, in dem sie mir zuteil wurde, annehmen, genießen und loslassen. Und für ihr unfreundliches Verhalten galt das Entsprechende. Ich schrieb auf, was ich tun konnte, um Crystal zu unterstützten – und was ich nicht tun konnte. Ich schwor mir, nicht zu erwarten, dass Crystal mir bei meinem »Krebsprojekt« half, es sei denn, sie bot es mir ausdrücklich an. Ich würde andere Menschen finden, die mich zu weiteren Behandlungen oder Operationen ins Krankenhaus begleiteten, sollten diese nötig werden. Ich würde nicht erwarten, dass Crystal mich versorgte, es sei denn, sie bot es an. Ich würde nicht erwarten, dass sie sich mir auf dieser Reise emotional mitteilte.

Ich begriff, dass ich versuchte, mir ein friedliches psychisches und emotionales Umfeld zu schaffen, in dem Heilung möglich war.

Ich wusste, dass in den nächsten acht Monaten Chemotherapie mein nacktes Überleben auf dem Spiel stand. Wenn ich das alles gut hinter mich brachte, hatte ich vielleicht nie wieder Krebs und konnte bis in ein hohes, reifes Alter leben. Wenn mir das hingegen nicht gelänge und ich doch wieder Krebs bekäme, würde ich mich möglicherweise ständig fragen, ob meine emotionalen und psychischen Konflikte verhindert hatten, dass die Chemotherapie positiv anschlug. Unsere ewigen Streitereien über Geld und das Haus waren inzwischen buchstäblich Gift für mich, als stiegen ansteckende Krankheitserreger aus dem Boden zu meinen Füßen.

Ich nahm mir vor, Crystal zu schreiben, wie sehr ich ihre guten Eigenschaften und ihr Bemühen zu schätzen wisse, und sofort drängten sich mir Erinnerungen an die Anfangszeit unserer Beziehung auf: ihre Freundlichkeit und ihr Mitgefühl, meine Bewunderung dafür, dass sie beim Yoga auf dem Kopf stehen konnte, und wie sehr es mich beeindruckte, dass sie komponierte. Bei unserer Asienreise zum Annapurna in Nepal und in den anschließenden fünf Wochen in Indien hatte ich ihren Abenteuergeist geliebt. Ich hatte miterlebt, wie mutig Crystal war. Einmal waren wir zu ihrem Geburtstag mit einer Gruppe nach Lake Tahoe gefahren, um dort Ski zu laufen. Während eines Schneesturms kehrten zwei von uns nicht zurück, und die Dämmerung brach herein. Crystal warf ihren roten Poncho über und fuhr auf Skiern allein in die Landschaft hinaus. Wir anderen warteten, und gerade als die Dunkelheit hereinbrach, tauchte zwischen den Bäumen ein roter Fleck auf, und wir beobachteten, wie Crystal durch ein verschneites Tal auf uns zufuhr, die beiden Verirrten im Schlepptau. Unser leidenschaftliches und liebevolles Zusammensein damals sowie alles, was wir in unseren ersten gemeinsamen Jahren miteinander geteilt hatten, war mir überaus wertvoll, und das wollte ich ihr sagen.

An jenem Nachmittag wies uns Ruth in der Meditationshalle an, uns in zwei Reihen gegenüberzusetzen. Als ich die Augen öffnete und die Frauen mir gegenüber sah, verspürte ich ein starkes Gefühl von *Sangha*, dem Gefühl, in einer Gemeinschaft von Menschen mit ähnlicher innerer Ausrichtung aufgehoben zu sein, Menschen, die alle auf die gleichen spirituellen Ziele hinarbeiteten. Ich empfand wieder einmal Dankbarkeit für die Schwesternschaft der anderen Suchenden in Vergangenheit und Gegenwart und spürte, wie wir uns gegenseitig halfen, die Lehren in unserem Leben zu verwirklichen. Und dennoch fühlte ich mich nach einer Viertelstunde Sitzen wie benommen und musste mich hinlegen.

Nachdem Ruth uns zu einer meditativen Reise durch den Körper angeleitet und die anderen draußen im kalten Wind zu einem schnellen Gang um die Meditationshalle geführt hatte, erzählte sie eine Geschichte. Sie ließ sich vorn im Raum nieder, legte ihren weiten bauschigen Rock um sich zurecht, lugte durch ihre Brillengläser zu uns und begann uns zu beschreiben, wie sie an diesem Mittag, als sie in ihrem kleinen Haus beim Essen saß, eine Fliege beobachtet hatte, die in den Sahnekrug gefallen war. »Ich holte sie da raus, so schnell ich konnte!« Dann hatte Ruth die verklebte Fliege in Wasser gebadet. »Ja, gebadet, wisst ihr, und dabei auf ihre Augen und ihre Fühler Acht gegeben.« Ruth nickte entschieden. »Als ich fertig war, schlug sie ein paarmal mit den Flügeln und flog anschließend davon.«

Diese einfache Geschichte ging mir nach. Selbst eine Fliege verdient zu leben, dachte ich. Mein eigenes Leben ist kostbar, einfach so, wert, dass ich es nähre und darum kämpfe. Ich musste davon überzeugt werden. Ich spürte Ruths Beharrlichkeit: Eben die Sorge um die vielen kleinen Einzelheiten des Lebens, die sie bewog, Aufhänger an Putzlappen nähen zu lassen, stand auch hinter der akribischen Anteilnahme, mit der sie das Leben einer Fliege rettete.

Wir saßen in Stille, während das Licht in der Meditationshalle schwächer wurde. Dann drang der tiefe Klang des Gongs zu uns, der uns zum Essen rief, geschlagen von einer Frau, die zwischen Meditationshalle und Speisesaal stand. Als der letzte Ton verklungen und es wieder still geworden war, wanderte Ruths Blick über die einzelnen Gesichter im Raum.

»Ich lade euch ein«, sagte sie, »achtsam zu essen, an die vielen Hände zu denken, die uns diese Mahlzeit ermöglichen, und zu begreifen, dass wir uns über das Essen dieses Gerichtes mit den Elementen verbinden, die sämtliche Geschöpfe dieser Erde am Leben erhalten.«

In jener Nacht hatte ich einen schrecklichen Alptraum, in dem Barbara, meine Freundin und Akupunkteurin, in einem reißenden Strom ertrank, während ich vergebens versuchte, sie zu retten. Durch den Traum öffnete sich eine tiefe Ebene von Schmerz, und in den Tagen danach wurde das Retreat zu einer surrealen Folge von Träumen, Erinnerungen, Meditation und erschöpftem Liegen auf dem Boden der Meditationshalle. Offensichtlich hatte ich das Höllenreich betreten.

Im Buddhismus geht man von sechs Daseinsbereichen aus. Die Zenpriesterin Furyu Nancy Schroeder nennt diese Bereiche Stationen, an denen der Zug des Leidens hält. Wenn wir in unseren Lüsten schwelgen, bewohnen wir das Tierreich; verloren im Schmerz, in dem Glauben, dass er nie endet, schmoren wir im Höllenreich; untröstlich nach dem verlangend, was wir niemals haben können, sind wir hungrige Geister; wenn Wut uns zerreißt, werden wir zu Titanen, ausgerichtet auf Zerstörung; und so weiter. Die sechs Bereiche liefern also ein Modell der menschlichen Psyche.

In Dhamma Dena fühlte ich mich jetzt wie von einer riesigen Last niedergedrückt. In mir kam keinerlei Freude auf. Kein weiter Raum öffnete sich. Da meine Sinne durch die Chemotherapie getrübt waren, konnte ich nicht tief in die Meditation vordringen. In meinem Zimmer folterten mich die Dämonen des Traumes.

Eines Abends sagte Ruth bei ihrem Dharma-Vortrag: »Wenn ihr meditiert, öffnet ihr euch in tiefer Hingabe für die leuchtende Präsenz eures Bewusstseins. Dort findet ihr euren tieferen Sinn und könnt eure Handlungsmotive erkennen.« Ein Beispiel dafür sei, so sagte sie, das »Zuflucht nehmen«, wie wir es zu Beginn eines jeden Retreats taten – wir nahmen Zuflucht zu Buddha, Dharma und Sangha. Ruth sprach voller Nachdruck: »Das ist eine Bestätigung eures Potentials auf dem spirituellen Pfad. Wir sind aufgefordert, uns immer wieder zu sammeln und uns unserer höchsten Aufgabe zuzuwenden: *von Augenblick zu Augenblick wach zu bleiben!*«

Ich fühlte mich nicht wach, sondern halb tot, versunken in einem Sumpf von Empfindungen. Am nächsten Morgen träumte ich, dass ich mich an einem Mord beteiligt hätte. Ich führte ihn zwar nicht höchstpersönlich aus, war aber in seine Anstiftung verwickelt. Alle wussten, was ich getan hatte, auch die Frau des getöteten Mannes. Würde man mich einsperren? Im Traum lebte ich mein Leben weiter, hielt öffentlich Reden und leitete Schreibworkshops. Viele Menschen sagten mir, sie bewunderten mich für den Mut weiterzumachen. Irgendwie wusste ich, dass ich das tun musste, wenn ich mein Leben retten wollte.

Während dieses schwierigen Retreats gab es jedoch auch Atempausen und segensreiche Augenblicke. Eines warmen Nachmittags, als ich hinter dem Samadhi-Haus saß und Tee trank, sah ich im Kakteengarten neben mir ein Kaninchenjunges. Es schoss hinaus ins Freie, hielt dort inne, ließ die zarten Lauscher spielen, spähte in alle Richtungen und verschwand dann wieder blitzschnell zwischen den großen grünen und weißen Kakteen. Mehrmals tat es das. Ein kleines Wunder, dachte ich. Es *spielt* – denn es suchte weder Nahrung, noch war es in Gefahr.

An einem anderen Nachmittag lud Ruth mich ein, von der 4. Weltfrauenkonferenz im Herbst zuvor in Beijing zu berichten. Ich nahm meine ganze Kraft zusammen, hängte mit Hilfe einer Freundin ein Laken an die rauhe Backsteinwand im Wohnzimmer des Samadhi-Hauses und baute den Diaprojektor auf. Um drei Uhr, nach der Meditation, versammelten wir uns dort zum »Tee«, zu einem Getränk aus Limonade mit Ingwer, und Schokoladenkeksen, die vom Abend zuvor übrig geblieben waren. Ich zeigte meine Dias und erzählte, kam wieder in Kontakt mit meiner Begeisterung für diese große Versammlung, bei der 26000 Frauen aus aller Welt zu einer NGO-Konferenz unmittelbar vor den Toren Beijings zusammenkamen. Meine Meditationsschwestern schauten und lauschten gespannt und stellten mir Fragen. Obwohl ich anschließend todmüde war, fühlte ich mich auch belebt, denn der Vortrag hatte mir geholfen, mit der aktiven und effektiven Seite in mir in Berührung zu kommen, und sei es nur für eine Stunde.

Mit meiner Freundin Annie Hershey, die ebenfalls am Retreat teilnahm, hatte ich schon einige Zeit zuvor über die Gefühle gesprochen, welche mein radikal veränderter Körper in mir auslöste. Vorsichtig und schüchtern hatte ich sie gefragt, wie sie mich jetzt sah. Ich glaube, ich meinte weniger meine äußere Erscheinung oder meine Attraktivität, als vielmehr eine tiefere Ebene: Bin ich für dich immer noch ein vollwertiger Mensch? Kannst du mich immer noch gern haben? Dieses Gespräch hatten wir in der Woche zuvor in Oakland geführt, und als ich im Retreat eines Tages in mein Zimmer zurückkam, fand ich einen Zettel von Annie auf meinem Kopfkissen, auf dem stand:

Ich habe darüber nachgedacht, wie dein Körper sich verändert hat. Für mich zeigen sich neue Seiten an dir, die wunderschön sind, und wenn die Leute mich fragen, wie es dir geht, sage ich immer – ganz gleich, was du gerade durchmachst –: »Sie hat einen starken Geist.« Dein Gesicht leuchtet manchmal geradezu, und du hast jetzt einen ganz eigenen Liebreiz. Ich habe beobachtet, wie du versuchst, all das anzunehmen, was du bekommst – die vielen verschiedenen Geschenke und großzügigen Gesten der Menschen um dich herum –, mit wachsender Offenheit, tiefer Freude und Dankbarkeit. Und das spüren wir bei dir. Wir können gar nicht anders. Ja, dein Haar sieht ein wenig komisch aus, und du bist blass, und manchmal wirkst du zerbrechlich, und trotzdem schimmert immer etwas ganz Starkes durch.

Vor allem möchte ich dich ermutigen, Abstand zu wahren vom Schmerz und dich nicht in Dramen verwickeln zu lassen. Du bist schön und stark und unglaublich lebendig. Du lehrst uns alle, wie wir uns unter solchen Umständen verhalten können.

Ich bin dir sehr zugetan, ich bin für dich da und ich bewundere dich zutiefst.

Die immense Freundlichkeit dieses Briefchens öffnete mir das Herz. Es machte mich glücklich, dass es Menschen wie Annie auf dieser Welt gab, und ich dachte an all die anderen Menschen in der Bay Area, die ihre Zeit und Energie aufwendeten, um mir zu helfen und mich auf konkrete Weise zu unterstützen.

Annies Zeilen mussten mir Auftrieb gegeben haben, denn an jenem Nachmittag konnte ich Ruths Anweisungen in der Meditation länger folgen als üblich und eine ganze Stunde wach und aufmerksam bleiben. In der Stille der Wüste, die nur hin und wieder vom Zwitschern eines Vogels durchbrochen wurde, leitete sie uns an, unsere Aufmerksamkeit zuerst auf unsere Sitzhaltung zu richten –

und wirklich zu erleben, dass wir saßen. Sie ermunterte uns, beim Scheitel zu beginnen und die Knochenstruktur des Schädels zu spüren sowie mögliche Zeichen von Lebendigkeit, die wir dort wahrnahmen. Ich konnte ein leichtes Kribbeln, ein Pulsieren von Energie auf meiner Kopfhaut fühlen.

Mit Hilfe ihrer Anleitung erkundete ich meinen Kopf, spürte die Form meiner Augäpfel, wie sie in den Augenhöhlen ruhten, nahm meine Nase wahr, meine Zunge, meine Ohren und das Innenohr, welches einer Muschel gleicht und das Gehör und den Gleichgewichtssinn beherbergt. »Achtet dabei auf die Stille im Körper«, ermahnte Ruth uns. Dann wies sie uns an, unsere Zunge zu erforschen, sie im Mund zu bewegen und die damit verbundenen Empfindungen wahrzunehmen. »Erlebt, wie der Zungenmuskel eurer Wahrnehmung zugänglich ist.« Sie ließ uns das Gesicht verziehen, die starken Empfindungen spüren, die dort sitzen, und dann die Spannung loslassen und dabei innerlich sagen: »Ich gebe alles hin für das Licht der Bewusstheit.«

Erstaunlicherweise konnte ich meine Konzentration halten, während Ruth zu Nacken, Schultern und Brustkorb überging. »Seid authentische Zeuginnen«, sagte sie, und ich spürte, wie ich innerlich über die Zeugin hinausging und mit dem Gewebe meines Armes verschmolz, total präsent in dieser Lebendigkeit. Ruth leitete uns an, mit unserer Aufmerksamkeit die Arme hinunter zu den Händen zu wandern. »Entwickelt eine innere Haltung des Zulassens. Nehmt sämtliche Empfindungen wahr. Achtet auf den Geist in euch, der Zeuge ist.«

Mit minutiöser Langsamkeit wies sie uns an, die Empfindungen in unserem Rücken und Brustkorb zu erfahren. Als wir bei den Hüften ankamen, bat sie uns, mit einer Hüfte eine kleine Bewegung zu machen, damit »unseren Geist einzuladen« und die Wirkung dieser Bewegung in unserem Unterleib zu spüren.

Als wir unsere Beine, die Säulen unseres Körpers, hinuntergewandert waren, kamen wir zu den Füßen. »Vergegenwärtigt euch eure Zehen«, sagte Ruth sanft. »Stellt sie euch bildlich vor. Spürt ihre Lebendigkeit.«

Mir fiel auf, dass ich während der ganzen halben Stunde, die ich nun schon durch mein physisches Selbst reise, wach geblieben war.

Zum ersten Mal, seit ich hier angekommen war, kam mir mein Körper lebendig und zugänglich vor.

Als Nächstes leitete Ruth uns zu einigen schnellen Durchgängen an. »Öffnet euch für euren ganzen Körper auf einmal, dessen Empfindungen sich ständig ändern. Erlaubt dem Körper, euch seine wahre Natur zu enthüllen. Es gibt hier nichts Festes: Alles ist in ständiger Wandlung begriffen. Lasst zu, dass es sich im Licht eurer liebevollen Bewusstheit wandelt.«

Als sie die Glocke läutete, um die Sitzung zu beenden, spürte ich, wie in mir wieder Frieden einzukehren begann.

Am letzten Abend des Retreats erzählte Ruth nach der Meditation eine Geschichte. Ein Mann, der regelmäßig Drogen genommen hatte, kam, um in einem von Ruths kleinen Häuschen in der Wüste zu leben und der Verführung durch Drogen in Los Angeles zu entkommen. Kurz nach seiner Ankunft jedoch wurde Krebs bei ihm diagnostiziert, und zwar in so fortgeschrittenem Stadium, dass es hieß, er sei bereits am Sterben. Er wurde schnell bettlägrig, und es war offensichtlich, dass sein Leben dem Ende zu ging. Ruth besuchte ihn so häufig sie nur konnte. Die letzte Phase seines Sterbens begann während des Feiertagsretreats in jenem Winter, und zwischen den Meditationssitzungen sowie spätabends suchte Ruth den Mann auf, um an seinem Bett zu sitzen. Seine wenigen Freunde waren bei ihm, spielten Musik, redeten und nahmen ihm die Ruhe. Nachdem Ruth dafür gesorgt hatte, dass sie stiller wurden, sprach sie mit dem Mann und half ihm, in Kontakt mit seinem Körper zu kommen. Eines Abends, nachdem Ruth in der Meditationshalle einen Vortrag gehalten hatte, traf sie noch spät im Haus des Mannes ein und stellte fest, dass er in den letzten Zügen lag. Sie leitete ihn an, seine vollständige Aufmerksamkeit auf seinen Körper zu richten, und erlaubte ihm nicht, in beängstigende Halluzinationen abzuschweifen. Und sie half ihm, loszulassen, indem sie sagte: »Gib deinen Körper der Wüste, gib deinen Körper den Kojoten, den Kaninchenjungen, den Kreosotbüschen.« Während er weiter Kontakt zu ihr hielt, sagte sie zu ihm: »Gib alles, halte nichts zurück.« Und: »Dort, wo du hingehst, ist so viel Weite, wie du dir gar nicht vorstellen kannst. Erlaube dir, dorthin zu gehen. Lass dich gehen.« Als der Mann starb, öffnete er seine Hände und lächelte.

An jenem Abend, zutiefst erleichtert durch diese Geschichte, als hätte eine angespannte Faust sich geöffnet, wartete ich an der Tür der Meditationshalle auf Ruth. Als sie heraustrat, fragte ich: »Wenn ich vor dir sterben muss, kommst du dann und hilfst mir?« Sie blieb stehen und sah mich gedankenvoll an. Dann setzte sie ihren Weg fort. Ich wusste nicht, wie ich ihr Schweigen interpretieren sollte, aber als ich später im Bett lag, ging ich ihre Geschichte immer wieder in allen Einzelheiten durch und vergegenwärtigte mir, wie sie den Mann begleitet und mir mit ihrer Geschichte sowohl für mein Leben als auch für mein Sterben Rat erteilt hatte. Gib alles, halte nichts zurück. Gib alles. Ich wollte, dass diese Botschaft jeden Augenblick meines Lebens durchdrang.

Als wir uns am nächsten Morgen zur Abfahrt bereit machten – ich fuhr mit Annie in deren Wagen zurück –, wandte sich Ruth beim Abschied an mich und sagte einfach: »Ja, das werde ich.«

Hör auf deinen Körper

Erleuchtung ist die endgültige Niederlage,
nicht der endgültige Sieg.
JOKO BECK

Zwischen zwanzig und dreißig las ich mich durch das vollständige
Werk zahlreicher Autorinnen und Autoren. Ich war verheiratet
und lebte in San Francisco in einer lauten Wohnung im zweiten
Stock. Jeden Abend, nachdem ich von meiner Arbeit als Sekretärin
nach Hause gekommen war, für mich und meinen Mann das
Abendessen zubereitet und anschließend abgewaschen hatte, legte
ich mich auf das Sofa in unserem Wohnzimmer und verschwand
stundenlang in jenen reichen Phantasiewelten. Wenn mich das
Werk einer Autorin (oder eines Autors) gefangen nahm, weil ich
die Wahrheit darin spürte, las ich sie ganz systematisch, von den
ersten tastenden Versuchen bis zu ihren reifen Werken; ich genoss,
wie sich ihr Blick und ihr Handwerk entwickelten, lernte von dem
Bewusstsein, das sich mir eröffnete, und hielt ihr bis zu ihrem
Spätwerk, in dem sie sich wiederholen mochte, die Treue. Wenn
ich den letzten Band beendet hatte, war mein Hunger immer noch
nicht befriedigt, und ich las die Biografien. Ich liebte voll aus-
gereifte Visionen, die sich im Laufe eines ganzen Lebens entwickelten, und verfolgte, wie sie sich entfalteten, bis sie ganz ausgeprägt
und verwirklicht waren. Auf ähnliche Weise bin ich meinen Freundinnen und Freunden wie auch meinen Lehrerinnen und Mentoren
treu, die ich unerschütterlich liebe und schätze, ganz gleich, in welcher Situation wir uns wiederfinden; selbst inmitten von Miss-
klang und Enttäuschung ist es mir fast unmöglich, mich von einem
Menschen abzuwenden, der mir einmal wirklich am Herzen gelegen hat.

Als ich in das Haus meiner Freundin Nan Gefen zog, begab ich
mich in ein Reich, in dem ich zu jenen frühen Lesegewohnheiten
zurückfand. Nachdem die Freundinnen und Freunde, die mir beim
Umziehen geholfen hatten, gegangen waren, trat ich an meinem
ersten Tag dort aus der Tür auf eine Veranda, die aus verwitterten

Holzbohlen gezimmert war. Obwohl es Sommer war, trug ich zwei Jacken, eine Wollmütze und Handschuhe und brachte eine Decke mit. Ich streckte mich auf der Metallliege aus und deckte mich von den Füßen bis zum Kinn zu. Die Sonne brannte auf meine geschlossenen Augenlider, während ich meiner Erschöpfung nachgab.

Ich rief mir Thomas Manns *Zauberberg* in Erinnerung. Im luxuriösen Sanatorium Berghof hoch in den Alpen liegen die tuberkulosekranken Patientinnen und Patienten in Decken gewickelt draußen auf ihren Balkonen und schauen hoch zu den schneebedeckten Gipfeln. So ruhte ich auf Nans Veranda hinter dem Haus und stellte mir vor, ich sei eine der wohl versorgten Leidenden in jener bayrischen Oase. Ich war körperlich völlig entkräftet, und hinzu kam, dass ich mir den Knöchel verstaucht hatte. Ich malte mir aus, Bedienstete kämen, um mir ein heißes Bad zu bereiten, ein köstliches Mahl zu bringen oder mir heilsame Behandlungen angedeihen zu lassen. Ich musste nichts weiter tun als daliegen, die Sonne genießen und zulassen, dass ich umsorgt wurde. Das war eine beruhigende Phantasie.

Mein Umzug zu Nan war das Ergebnis mehrerer schmerzlicher Monate in Crystals Haus. Die Entschlüsse, die ich in Dhamma Dena gefasst hatte, waren, während ich jede Woche zur Chemotherapie ging und meine Symptome akuter wurden, im Hexenkessel unseres Zusammenlebens zerronnen. Die Missstimmung zwischen uns vergrößerte sich sogar noch. Schließlich beschlossen wir im Beisein einer Paarberaterin, auseinanderzuziehen, und da das Haus Crystal gehörte, war ich diejenige, die ging. Nan bot mir an, für zwei Monate in ihr Hinterhaus zu ziehen, dann würde der neue Mieter kommen.

Die Verletzung meines Knöchels, der jetzt fest umwickelt in einem jener komischen großen Schuhe mit dicker Schaumsohle steckte, war ein äußerst entmutigendes Erlebnis gewesen. Ich hatte darauf beharrt, mit Sandy Butler einen Spaziergang in Point Reyes zu machen. Es war ein vollkommener Tag mit warmem Sonnenschein und azurblauem Himmel. Auf dem Rückweg, als wir über Wildwiesen und zwischen fließendem Wasser hindurch wanderten, war ich müde gewesen. Plötzlich knickte ich um und stürzte, und das ganze Gewicht meines Körpers landete auf meinen Knöchel.

Sandy schleppte mich den halben Kilometer zum Wagen, und auf der Heimfahrt pochte mein Knöchel unerträglich. Es sei eine ernsthafte Verstauchung, sagte der Orthopäde, und aufgrund der Chemo werde sie langsamer heilen als es normalerweise der Fall gewesen wäre.

Eine bekannte Autorin hatte Nans Hinterhaus entworfen und bewohnt. Es war ein großer, zweistöckiger Kasten, unten ein geräumiges Atelier mit hellem Holzfußboden und grauen Betontheken, einer hochmodernen Lichtanlage aus winzigen Lampen, die aufgereiht an einem gespannten Draht oben an der hohen Decke hingen, einem riesigen Stahlkühlschrank und maßgefertigten hölzernen Regalen mit asymmetrisch gerundeten Ecken. Etwas verloren in dem großen Raum (denn die Autorin hatte ihre Möbel mitgenommen, als sie auszog) standen ein geliehenes Futon-Sofa und ein bequemer Polstersessel aus zweiter Hand.

In diesem Raum kochte ich jeden Morgen meinen Getreidebrei, während ich mir eine Cassette mit Gesang, eine lange, eindringliche Anrufung von Kwan Yin, der Jungfrau Maria, der Göttin Tara aus dem tibetischen Buddhismus und der Großen Göttin, anhörte.

Die traditionellen buddhistischen Gesänge dienen in den verschiedenen Traditionen unterschiedlichen Zwecken: Sie wollen an moralische und ethische Grundsätze erinnern, »Zufluchtnahme« zu Buddha, Dharma und Sangha zum Ausdruck bringen oder bestimmten Gottheiten oder Eigenschaften Respekt erweisen sowie innere und äußere Wirklichkeit verbinden, wodurch transformative Schwingungen im Körper geweckt werden; sie fördern die innere Sammlung und helfen bei der Ausrichtung auf bestimmte Eigenschaften, die es zu entwickeln gilt, oder sie unterstützen uns, ein Gelübde abzulegen, etwas Bestimmtes anzustreben.

Den Gesang, mit dem ich meinen Tag begann, hatte eine befreundete Songschreiberin komponiert. Er brachte ihre Beziehung zu der Bodhisattva Kwan Yin zum Ausdruck, während er zugleich ihrem ursprünglich katholischen Hintergrund und ihrer Verehrung der Großen Göttin Respekt zollte. Grundmotiv war die Wiederholung des Satzes »Sie, die das Weinen der Welt hört«, das von mehreren Trommeln und anderen Instrumenten unterlegt war. Und so webte dieser zwanzig Minuten lange Gesang von vermischten Stimmen ein tragendes Netz aus Tönen um mich, während ich mit meinem Knöchelgips am Herd stand und rührte und meine beim Geruch des gekochten Getreides aufkommende Übelkeit herunterschluckte. Das Pulsieren dieses Liedes half mir immer wieder neu, mich auf meinen Tag vorzubereiten.

Oben im Schlafzimmer, das einer Kathedrale glich, hatte ich in einer Ecke ein Tuch auf dem Boden ausgebreitet und dort die Fotos von meinem Bruder, Maurine Stuart, Lex Hixon und meinen Eltern aufgestellt. Es war eine Replik des Altars in Crystals Wohnzimmer, und ich legte mein Meditationskissen davor. Doch wenn ich versuchte zu meditieren, sackte ich, wie in Dhamma Dena, vor Erschöpfung zusammen.

Mit Ruth Denison als meiner Inspiration wandte ich mich also der simpelsten Form der Praxis zu. So wie sie mit dem Besen vorgegangen war und sich immer wieder gesagt hatte: »Ich nehme den Besen. Ich fege«, versuchte ich mir jeder meiner Handlungen bewusst zu sein. Schon bald erkannte ich, dass diese Aufmerksamkeit nicht nur für meinen Geisteszustand, sondern auch für meine körperliche Sicherheit und für jedwede Erleichterung, die ich mir verschaffen konnte, unabdingbar war.

In dem grellweißen Badezimmer stand ich jeden Morgen vor der Herausforderung, mir die Zähne zu putzen. Mein Mund schmeckte nach Chemikalien, und immer wenn ich die Zahnpasta roch, stieg mir Übelkeit in die Kehle. Ich brauchte all meine Konzentration, um zu bürsten und zu atmen und dabei den Drang, mich zu übergeben, zu unterdrücken.

Ich betrachtete meine entzündeten, trockenen, geröteten Augen im Spiegel und öffnete eine Schublade, um die zähflüssigen Augentropfen herauszunehmen und anzuwenden. Dankbar spürte ich, wie die kühle Flüssigkeit meinen Augen Erleichterung verschaffte, auch wenn ich wusste, dass das Jucken binnen einer Stunde wiederkehren würde.

Dann trat ich meine Reise treppab an. Aufgrund des verletzten Fußknöchels konnte ich nur schwer mein Gleichgewicht halten, so dass ich meine Hinfälligkeit und die potentielle Gefahr der blank polierten Holzstufen doppelt spürte. »Ich gehe einen Schritt hinab«, sagte ich zu mir. »Ich spüre das Holz unter meinem Fuß. Ich lasse mein Gewicht auf diesem Fuß ruhen. Jetzt setze ich den Stock auf die nächste Stufe. Gleichgewicht. Bring dein Gewicht auf den Fuß. Jetzt sammele dich, um dich auf den nächsten Schritt vorzubereiten.«

Auf diese Weise absolvierte ich den Weg nach unten in die kleine Kochnische, wo ich Aufbaunahrung, Vitamine und chinesische Kräuter schluckte, die mein Immunsystem unterstützten, die Chemotherapie zu verkraften. Dann machte ich mir eine Tasse Tee und kochte Haferbrei, wobei ich jeden meiner Handgriffe laut benannte: »Jetzt stelle ich den Kochtopf auf die Herdplatte ... Jetzt rühre ich das Getreide ...« Bei diesen Vorbereitungen begleiteten mich die Stimmen des Gesangs aus dem Cassettenrekorder.

Ich hinkte durch den Raum zu dem großen verschlissenen Sessel, setzte mein Frühstück auf den Beistelltisch, ließ mich nieder und legte das Bein hoch, um den verletzten Knöchel zu schonen. Mit einem tiefen Atemzug schaute ich mich um. Die blassgelben Wände sahen im Morgenlicht »zitronig« aus; durch die Fenster blickte ich auf die Bäume und Blumen des Gartens, wo Goldfische in einem kleinen Teich schwammen. Hier gab es keinen Straßenlärm, nur den Gesang der Vögel.

Langsam aß ich den Getreidebrei, kaute und schluckte mich durch die anfängliche Übelkeit (»Den Löffel heben ... den Brei in den Mund schieben.« Wieder sagte ich mir, was ich tat. »Den Löffel absetzen ... Kauen.«) Ich spürte den Empfindungen von Mund, Zunge und Kehle nach, nahm wahr, wie meine Hand erneut den Löffel hob – ich konzentrierte mich kontinuierlich auf diesen Körper/Geist-Prozess, der ich war.

Wenn die Schale leer und der Gesang in der Stille verklungen war, belohnte ich mich für die gute Arbeit, die ich geleistet hatte. Ich nahm das Buch zur Hand, das auf dem Tischchen lag, und begann Rumer Godden zu lesen. Godden ist eine britische Romanautorin, die im kolonialistischen Indien aufwuchs. 1907 geboren, muss sie jetzt eine sehr alte Dame sein, wenn sie noch lebt. In ihrem bekanntesten Buch, *Schwarzer Narziss,* beschreibt sie die Verwirrung und den Zusammenbruch von fünf katholischen Nonnen in einem festungsähnlichen Kloster im Himalaja. Der Roman wurde 1946 mit

Deborah Kerr in der Hauptrolle verfilmt; ein nachdenklich machender, visuell verblüffender Film. Ich war durch *In diesem Haus des Friedens* auf Rumer Godden gestoßen, einen Roman über die Äbtissin eines katholischen Nonnenklosters in England. Es hatte mich schon immer fasziniert, dass manche Menschen den inneren Ruf vernehmen, ins Kloster zu gehen. Einige Jahre zuvor war ich nach Sri Lanka gereist, um dort sechs Wochen als *Anagarika* in einem buddhistischen Nonnenkloster zu leben. In diesem Kloster, das auf einer kleinen Insel in einem See lag und von Ayya Khema gegründet worden war, der in Deutschland geborenen Nonne, welche sich maßgeblich für die Verbesserung der Lebensbedingungen von buddhistischen Nonnen eingesetzt hatte, führte ich ein Leben der Kontemplation und Innerlichkeit. In der klösterlichen Abgeschiedenheit dieser tropischen Insel konnte ich mich tief in meine Praxis versenken und das Zusammenleben mit Frauen erfahren, die gemeinsam meditierten und studierten.

Neben dem Inhalt von Goddens Büchern faszinierte mich auch die Psyche der Autorin, denn Godden lebte in zwei Welten und musste sich ständig mit der Spannung zwischen dem üppig exotischen Indien ihrer Mädchenzeit und dem streng geordneten England ihrer späteren Jahre auseinander setzen. In der Abgeschiedenheit meines Höhlendaseins – verkrochen in einem Hinterhaus – verschlang ich ihre lebendige Prosa. Wenn ich zu meinen Chemobehandlungen gefahren wurde, bat ich darum, bei einer Bücherei Halt zu machen, um dort nach weiteren Godden-Büchern zu fragen. Ich hatte das dringende Bedürfnis zu erfahren, wie Menschen Leben und Tod begegnen und dabei völlig unterschiedliche Wege gehen. Godden ließ in ihren Büchern viele östliche Philosophien lebendig werden, erforschte sie, indem sie die Charaktere von Gärtnern, Köchinnen und Beamten beschrieb und das lebendige Land selbst sowie den großen heiligen Fluss, den Ganges.

Fast jeden Morgen, wenn ich dasaß und las, hörte ich, wie sich die Verbindungstür zu meinem Hinterhaus öffnete und Nan hereinkam. Mit ihren scharfen blauen Augen musterte sie mich. »Wie geht es dir?«, fragte sie dann immer, und nachdem ich geantwortet hatte, verkündete sie: »Ich gehe einkaufen – was kann ich dir mitbringen? Joghurt? Pfirsiche? Kann ich dich mit Eiskrem locken?«

Und dann, bei fast jedem ihrer Kurzbesuche, sagte sie, bevor sie wieder ging: »Ich freue mich so, dass du da bist.«

Wenn sie fort war, saß ich mit gesenktem Kopf da. Zu hören, dass ich willkommen war und geschätzt wurde, traf eine empfindsame Stelle in mir. Nan machte mir mit dieser Äußerung jedes Mal ein Geschenk.

An den langen Julitagen arbeitete ich nach meinem Morgenritual eine Zeitlang an dem hölzernen Tisch nahe der Tür. Dann hinkte ich mit meinem verstauchten Knöchel unbeholfen durch den Raum zur Küchentheke und gab Obst und Joghurt in den Mixer, um mir einen Shake zuzubereiten, eines der wenigen Dinge, die ich schlucken konnte. Anschließend kletterte ich die Treppe hoch, kroch ins Bett und schlief wieder. Der Nachmittag war ausgefüllt mit Besorgungen (ich konnte immer noch Auto fahren). Wenn ich nach Hause kam, machte ich wieder ein Schläfchen. Gegen Abend bekam ich Besuch von einer Freundin (jeden Tag einer anderen), die mir Suppe brachte – vielleicht Wantansuppe aus dem China-Restaurant oder etwas Selbstgekochtes. Während sie dasaß und mir zuschaute, gab ich mir alle Mühe zu essen. Dann, nach einem weiteren Nickerchen, fegte ich – falls ich einen Kurs im Haus unterrichtete – den Boden (»Ich halte den Besen ... Ich fege ...«) und wappnete mich, um für die nächsten zwei Stunden präsent und kompetent zu sein.

Und schließlich kam die Zeit, mich oben in das breite Doppelbett zu legen und erschöpft auf den geliehenen Fernseher zu starren und die prächtigen Körper der olympischen Athleten bei Kraftakten zu beobachten, die so weit von meiner körperlichen Realität entfernt waren, dass sie ebenso gut auf dem Mond hätten stattfinden können.

So vergingen die Tage. Ich wurde immer magerer und grauer. Die Haut an meinen Fingern war immer noch spröde; sie riss auf und blutete. Mir taten ständig die Augen weh. Und es kam der Tag, an dem ich die Wantansuppe erbrach und wusste, dass ich sie nicht länger würde essen können. Bill und Sally begannen sich Sorgen um mich zu machen, als sie entdeckten, dass ich nahezu zwanzig Kilo abgenommen hatte.

Mein sechzigster Geburtstag rückte näher. Anfang des Jahres hatte ich geplant, wie zu meinem fünfzigsten Geburtstag eine Feier zu geben, zu der ich damals all meine Freundinnen und Freunde eingeladen hatte. Doch diesen Plan hatte ich schon vor mehreren Monaten aufgeben müssen – ein weiterer Verzicht von den vielen, die der Krebs und die Behandlung mir abverlangten. Jetzt hatte ich keinerlei Pläne für meinen Geburtstag mehr und auch keine Energie, welche zu schmieden. Ich erlebte meine Lebenskraft wie eine Flamme in meinem Brustkorb; eine Kontrolllampe, die unter dem Ansturm der Chemotherapie Monat für Monat schwächer brannte, bis sie nur noch ein winziges, flackerndes Licht war, das meinem Körper fast keine Wärme mehr spendete. Es nahm täglich ab, flackerte immer schwächer. Ich zog mich in mich selbst zurück, lebte innerlich, um das Flämmchen zu pflegen, und gab alles, um es am Brennen zu halten.

Eines Nachts lag ich wach und verstört im Bett – was war aus meinem Leben geworden? An jenem Tag hatte ich bei Barbara eine Akupunktursitzung gehabt. Sie hatte meinen Puls gefühlt, meine Zunge geprüft und die Nadeln gesetzt. Als es Zeit war zu gehen, legte sie mir ruhig die Hand auf den Arm. »Sandy«, sagte sie. »Ich denke, du hast mit der Chemo deine Grenze erreicht. Dein Körper kann einfach nicht mehr verkraften.« Sie ließ diese Worte sinken und fuhr dann fort: »Ich werde dich unterstützen, solltest du dich entschließen, die Behandlung auszusetzen.«

Ich richtete mich im Bett auf, schaltete die Lampe an, stopfte mir ein paar Kissen in den Rücken und lehnte mich zurück. Das Licht warf einen sanft schimmernden Kreis auf den Holzfußboden, streifte den eleganten weißen Ofen auf seinem Betonfundament und das Meditationskissen vor meinem provisorischen Altar. Im Haus war es still, nur gelegentlich war ein nächtliches Knacken zu hören. Die Schwärze des Himmels presste sich gegen die Fenster, still wie angehaltener Atem.

Ich rieb mir die brennenden Augen und fragte mich, wie ich meinen Lebensunterhalt verdienen sollte, wenn ich weder lesen noch schreiben konnte? Als meine Hände wieder auf der Bettdecke ruhten, betrachtete ich meine knochigen Handgelenke und die locker hängende Armbanduhr. Ich wog jetzt weniger als mit zwanzig, wo ich sehr mager gewesen war. So dünn, fühlte ich mich der Welt völlig schutzlos ausgeliefert. Wenn ich nicht essen kann, dachte ich, wie soll ich dann überleben? An jenem Abend hatte ich beim Zähneputzen den Joghurt-Shake erbrochen, der mein Abendessen gewesen war. Das ist nicht tragbar!, dachte ich. Ich will meinen Körper zurück! Doch ich wusste nicht, wie ich das anstellen sollte.

Mein sechzigster Geburtstag stellte mich vor eine weitere körperliche Herausforderung. Die »Wandering Menstruals«, Crystal und meine Schreibschülerinnen hatten diesen Einschnitt in der Woche vor meinem Geburtstag mit mir gefeiert, aber an dem Tag selbst saß ich allein in meinem abgewetzten Sessel und las ziemlich unkonzentriert Rumer Godden.

Eine Freundin aus Massachusetts kam mich besuchen. Ellen, Autorin, Computerexpertin und hellsichtig veranlagt, traf mit der für sie typischen lebhaften Unbeschwertheit ein und nahm mich mit zum Einkaufen. Sie hatte mir ihren alten Computer geschenkt (der für mich ziemlich neu war), und jetzt wollte sie mit mir einen Drucker kaufen. Ich zog wie üblich mehrere Mäntel und die Wollmütze an, schnallte meinen Schaumgummigips an und hinkte nach draußen zu Ellens kleinem roten Mietwagen.

Während wir quer durch die Stadt und die Ashby Avenue hinunter fuhren, genoss ich Ellens humorvollen Bericht über das Leben im westlichen Massachusetts, wo sie sich erst vor kurzem niedergelassen hatte. Doch als wir an einer Ampel standen und auf Grün warteten, schaute Ellen plötzlich in den Rückspiegel. »O weh!« rief sie. Ich beugte mich vor und drehte den Kopf, um mich umzusehen. In dem Augenblick fuhr von hinten ein großer blauer Lieferwagen krachend auf unser Auto auf. Unser kleines Gefährt machte einen Satz nach vorn; ich spürte einen Ruck im Nacken, und mein Körper wappnete sich gegen den Aufprall, der vom Gurt abgefangen wurde.

Eine halbe Stunde später fuhren wir in einem Abschleppwagen, das rote Auto mit seinem zusammengedrückten Heck hinter uns herziehend, zum Flughafen von Oakland, wo Ellen es gemietet hatte. Mehrere Stunden später trafen wir – in einem anderen Wagen – in der Praxis einer befreundeten Chiropraktikerin ein, die mich untersuchte und mir sagte, ich habe ein schweres

Schleudertrauma. Mein Nacken fühlte sich an wie in einen Schraubstock gespannt.

Als ich schließlich wieder zu Hause war, sank ich dankbar ins Bett und lag grübelnd da. Jetzt hatte ich außer einem verstauchten Knöchel auch noch einen verrenkten Nacken. Welche Botschaft enthielt diese letzte Katastrophe? Zum ersten Mal seit meiner Krebsdiagnose hatte ich Angst, denn die Chemotherapie hatte mich offensichtlich so geschwächt, dass ich überhaupt keine Abwehrkraft mehr besaß. War die Flamme am Verlöschen? War ich am Sterben? Die materielle Welt war mir zur Feindin geworden und griff meinen Körper zusätzlich an. Wäre es möglich, mit der Chemo aufzuhören? Dr. Cutting, Chefarzt der Onkologie, hatte betont, dass ich mich der Behandlung 48 Wochen lang kontinuierlich unterziehen müsse. Ich hatte erst 25 Wochen hinter mir, und bereits das kam mir wie eine Ewigkeit vor! Konnte ich in Anbetracht meines »guten Ansprechens« auf die Medikamente nicht davon ausgehen, dass die Chemo ihren Job bereits erledigt hatte und ich sie beenden konnte? Aber niemand hatte bislang von Alternativen zum üblichen Behandlungsablauf gesprochen: Wenn man die Behandlung akzeptierte, dann hatte man sich an die 48 Wochen zu halten – Punkt. Ich wusste, wie unnachgiebig die Ärzte sein konnten und wie stark sie die »Nebenwirkungen« herunterspielten. Am quälendsten war, dass man nicht wirklich wissen konnte, ob Krebszellen in meinem System herumwanderten. Und wenn das der Fall war, wie sollte man dann herausfinden, ob die Chemo sie zerstört hatte? Vielleicht hatten sie sich bereits in meiner Leber eingenistet. Oder vielleicht hatten auch überhaupt keine Krebszellen gestreut. Es war enorm frustrierend für mich, dass die Behandlung auf Statistiken und Spekulationen beruhte statt auf erwiesenen Tatsachen.

Mit diesen Fragen quälte ich mich. So lange mir mein Weg klar gewesen war und ich wusste, was ich Tag für Tag zu tun hatte, vermochte ich mit einem gewissen Gleichmut im Augenblick zu leben. Jetzt steckte ich in der Klemme und hatte ebenso viel Angst, die Chemotherapie fortzusetzen, wie sie zu beenden.

In jener Nacht schlief ich trotz meiner Erschöpfung nur wenige Stunden.

Am nächsten Morgen saß ich bequem in meinem Sessel im Wohn-zimmer, mein Buch ungeöffnet neben mir, und erinnerte mich an Barbaras letzte Worte, als ich ihre Akupunkturpraxis verließ: »Hör auf deinen Körper!« Ich saß da und schaute aus dem Fenster, die Bäume leuchteten in der Sommersonne. »Hör auf deinen Körper!« Vielleicht stand die Antwort dort geschrieben statt in meinem wild spekulierenden Geist. Schließlich war es mein *Körper*, der die Medikamente, die Zellveränderungen und das Abnehmen ertragen musste. Es ergab Sinn, ihn zu befragen und seine Erfahrungen zu berücksichtigen. Ich würde meine Kräfte sammeln, um zu medi-tieren.

Ich setzte mich aufrecht hin, schloss die Augen und richtete meine Aufmerksamkeit nach innen, nahm meinen sitzenden Kör-per wahr, sein Gewicht im Sessel. Ich wanderte zu dem Schmerz in meinem Knöchel und der Verspannung in meinem Nacken. Dann begann ich auf den Atem zu achten, ließ ihn die innere Verbin-dung zu mir selbst herstellen und brachte all meine schwachen Kräfte zum Einsatz. Ich folgte dem Weg des Atems bis in meinen Brustkorb, wandte mich Lunge und Herz zu. Ich erforschte meinen Bauch, Stätte der Operation, diese Höhle, gefüllt mit vielen Me-tern zusammengerollten Gedärms, dem dunklen Flecken meiner Leber.

Lange verweilte ich dort; mein Atem nähte wie ein Faden Körper und Geist zusammen. Ich folgte ihm, ein und aus, ein und aus, und ruhte mit äußerster Empfänglichkeit in den Tiefen meines Körpers, bis die Antwort kam: »Das ist zu viel Gift für mich. Die Che-mikalien haben ihre Aufgabe erledigt, und jetzt bringen sie mich um.«

Die Botschaft war vollkommen klar. Ich saß still da, erlaubte mir, sie zu empfangen, und wusste, welche Entscheidung ich zu tref-fen hatte.

Mein Entschluss war mit einer neuen Herausforderung verbun-den. Ich würde mit Dr. Cutting sprechen müssen, einem Mann, der bestimmt nicht freundlich auf Widerspruch reagierte. Ich ging da-von aus, dass er versuchen würde, mich einzuschüchtern, um mich zum Gehorsam zu bewegen, mir Angst einzujagen mit Statistiken, damit ich die Behandlung fortsetzte. Also bereitete ich mich sorgfältig vor. Ich schrieb all meine Gründe für das Absetzen der Chemotherapie auf. Und ich bat Sandy Butler, mich zu meinem nächsten Termin zu begleiten, da sie Erfahrung in Gesprächen mit Ärzten hatte.

In der Klinik ging es an jenem Tag besonders hektisch zu, alle Stühle im Wartebereich waren besetzt. Bill und Sally kamen ihrer Aufgabe mit der üblichen Herzenswärme und Tüchtigkeit nach. Gondica trat zu mir, um mich zu begrüßen. Und wie immer warteten wir. Auf der Fahrt zum Krankenhaus waren Sandy und ich meine Liste mit den Gründen für das Absetzen der Chemo durchgegangen – die Schwäche, der Gewichtsverlust, die Übelkeit, die rissige Haut und die wunden Augen –, und sie hatte mir versprochen, sich für mich einzusetzen, sollte Dr. Cutting mich drängen, weiterzumachen. Jetzt saßen wir nebeneinander auf den Plastikstühlen und gaben es schon bald auf, uns zu unterhalten. Ich spürte, wie ich Zuflucht zu einer Haltung nahm, die ich als Kind eingenommen hatte, wenn ich mich gegen meinen Vater auflehnte. Hin und wieder hatte ich trotz seiner Autorität gewusst, dass ich ihm nicht gehorchen konnte. Ich wurde innerlich unnachgiebig und schwor mir, nicht davon abzuweichen, ganz gleich, was geschehen würde. Das war in meiner Kindheit nur wenige Male passiert, aber diese hatten sich mir unauslöschlich eingeprägt, denn stets war die Gefahr greifbar gewesen. Ich hatte miterlebt, wie mein Bruder meinem Vater getrotzt hatte und von diesem abgekanzelt und manchmal auch geschlagen worden war. Ich wusste, dass ich das riskieren musste; ich musste bereit sein, auch dann fest zu bleiben, wenn er mich schlug. Ich wusste aber auch, wie sehr er mich liebte. Er hatte mich nur einmal versohlt und mich dann nie wieder angerührt, wenn er zornig war. Ich war nicht mein Bruder. Also hatte ich gesagt: »Nein, das mache ich nicht.« Mein Vater war ganz still geworden, hatte, hoch gewachsen wie er war, auf mich herabgeschaut, seine großen Zimmermannshände hingen locker an den Seiten seines Körpers. Er sah erstaunt aus, dann verwirrt. Schließlich versteckte er sich hinter einem Gesichtsausdruck, den ich nicht lesen konnte, und ohne ein Wort zu sagen, drehte er sich um und verließ das Zimmer.

Welch ein Glück, dass mein Vater mir seinen Willen nicht aufgezwungen hatte. Vielleicht war es mir deshalb möglich, mich gegen

Dr. Cutting aufzulehnen, jetzt, wo mein Leben auf dem Spiel stand. Ich empfand mich auch in anderer Hinsicht als vom Glück begünstigt – ich hatte Zugang zu alternativen Heilmethoden wie der von Barbara und vor allem zur Praxis der Meditation, die mir half, mich auf diesen Körper/Geist-Prozess so einzustimmen, dass ich wusste, was mein körperliches Selbst erlebte.

Mein Name wurde aufgerufen, und Sandy und ich wurden in eine mit Vorhängen abgetrennte Kabine geführt, um auf Dr. Cutting zu warten. Ich saß auf einem Stuhl, meine Notizen in der Hand, und Sandy lehnte sich gegen die Wand. »He, Mädchen«, sagte sie. »Es wird alles gut.« Ich war mir da nicht so sicher.

Dr. Cutting erschien, ein untersetzter Mann, schlicht und direkt, ohne die Aura besonderer Wichtigkeit, die viele Ärzte umgibt. Statt eines steifen, weißen Kittels trug er ein zerknittertes Hemd und ein lässiges Jackett. Als Arzt mit langjähriger Erfahrung in der Behandlung von Krebs stand er an der Spitze der Onkologie, vom medizinischen Team hoch geschätzt, von anderen aufgrund seiner autoritären, ungeduldigen Art abgelehnt.

»Wie geht es Ihnen?«, fragte er, als er eilig in unsere Kabine trat und meine umfangreiche Krankenakte zur Hand nahm.

»Nicht gut«, erwiderte ich.

»Hmmm?« Er blickte in meine Akte, blätterte die Seiten um.

Ich wagte nicht, Sandy anzuschauen, und begann: »Dr. Cutting, ich werde mit der Chemotherapie aufhören müssen.«

Er hörte auf zu blättern, schloss die Akte und legte sie beiseite. Seine Augen hinter den Brillengläsern weiteten sich vor Überraschung, während er die Arme vor der Brust verschränkte.

Das war nicht sehr ermutigend. Ich sah auf meine Notizen und begann rasch meine Symptome zu beschreiben, so lebendig und detailliert wie möglich, und ihm somit meine Argumente Punkt für Punkt aufzuzählen. Als ich fertig war, stand Dr. Cutting einen Augenblick nachdenklich da.

Dann sagte er: »Nun, wenn Sie nicht mehr verkraften können, dann hören Sie eben auf.«

Ich starrte ihn an.

Dr. Cutting begann in der schmalen Kabine auf und ab zu gehen, während er weitersprach. »Unser ärztliches Wissen ist begrenzt.

Wir haben die Behandlungsdauer von 48 Wochen nahezu willkürlich festgelegt. Niemand weiß wirklich, ob nicht eine kürzere Behandlung ebenso gute Dienste leistet. Um das herauszufinden, müssten wir Untersuchungen durchführen, aber offen gesagt steht für die Forschung über Darmkrebs nicht das Geld zur Verfügung, das zum Beispiel für Forschungen über Brustkrebs ausgegeben wird. Als man anfing, für bestimmte Arten von Brustkrebs Chemotherapie zu verordnen, tat man das für ein Jahr. Dann ergaben Untersuchungen, dass sechs Monate ausreichen, und weitere Forschungen führten dazu, die Therapie noch weiter zu verkürzen, und so fort. Aber bei Darmkrebs haben wir keine Untersuchungsergebnisse vorliegen, die eine Verkürzung der Therapie gerechtfertigt erscheinen lassen.«

Er blieb stehen und wies auf meine Unterlagen. »Uns ist auch bewusst, dass jeder Patient ein individueller Fall ist und auf die Medikamente unterschiedlich anspricht. Sie sehen also, in gewisser Weise tappen wir im Dunkeln und haben nur sehr grobe und unvollständige Informationen.«

Er hob die Schultern, während Sandy und ich ihn sprachlos anstarrten.

Dann legte Dr. Cutting seinen üblichen rasanten Gang ein, beugte sich über meine Akte und schrieb etwas hinein, während er die ganze Zeit redete.

»Wir werden also Folgendes tun. Sie kommen im Oktober – das ist dann ein Jahr nach Ihrer Operation – zu einer Koloskopie, und wenn die in Ordnung ist, kommen Sie alle halbe Jahr zum Bluttest und zur Untersuchung und im Jahr darauf wieder zur Koloskopie. Sally soll Ihnen für Oktober einen Termin geben.«

Er hatte seine Aufzeichnungen beendet, schloss die Akte und war schon halb aus der Tür. Ich stand auf.

»Das war's dann«, sagte Dr. Cutting, drehte sich auf dem Absatz um und entfernte sich.

Sandy und ich starrten uns an. Offensichtlich hatte meine Entschlossenheit, mich an meine eigene Wahrnehmung und Intuition zu halten, Dr. Cutting erlaubt, sein übliches Verhalten zu durchbrechen und mit mir nicht wie mit einer Patientin, sondern wie mit einem intelligenten menschlichen Wesen zu sprechen. Diese Wandlung wie die Informationen, die er mir gegeben hatte, empfand ich als Unterstützung meiner Entscheidung.

Als ich das Krankenhaus an jenem Tag verließ und in den milden Julinachmittag hinaustrat, wurde mir klar, was passiert war: Die schwere Prüfung der Chemotherapie war offiziell beendet.

Gewöhnliche Weisheit

*Wir sind grundsätzlich allein und können uns an nichts
und niemandem festhalten. Doch das ist kein Problem.
Tatsache ist, dass es uns dadurch schließlich möglich wird,
einen völlig natürlichen Seinszustand zu entdecken.*
PEMA CHÖDRÖN

Unsere Krebsselbsthilfegruppe trauerte um den Tod von Joyce. Als
ihr klar geworden war, dass ihr jahrelanger Kampf gegen den Krebs
vorbei war, hatte sie Hospizversorgung beantragt und ihren Widerstand gegen das Sterben aufgegeben. Rick Fields besuchte sie zu
Hause, wo ihr Mann sich um sie kümmerte, und berichtete uns, wie
es ihr ging, während sie abwechselnd das Bewusstsein verlor und
wieder zu sich kam. Wir saßen in unserem Kellerraum beisammen,
und ich empfand sowohl Kummer als auch Erleichterung, denn ich
hatte miterlebt, wie Joyce litt, während sie sich immer wieder neu-
en Behandlungen unterzog und um ihr Leben kämpfte. Es tat mir
leid, dass sie sterben musste, und doch würde ihr Tod sie auch von
diesem Leiden befreien.

Während Joyces Sterbeprozess begann, fing ich an, gesund
zu werden, und ihr Beispiel zeigte mir, wie viel Glück ich hatte.
Lang-sam ließ ich den dichten Chemonebel hinter mir, der 25
Wochen lang die Konturen meines früheren Lebens verwischt,
meine Sicht und meinen Aktionsradius begrenzt, meine Mög-
lichkeiten und Erwartungen beschnitten hatte. Ich musste jeden
Gedanken, ich könne in einer Woche oder einem Monat von den
Auswirkungen der Chemotherapie genesen sein, aufgeben. Doch
ganz allmählich, Tag für Tag, Woche für Woche, lichtete der
Nebel sich hier und da, und die Dinge, die vorher verborgen gewesen waren, tauchten wieder auf – ich gewann bestimmte
Fähigkeiten zurück, und meine Beschwerden nahmen ab. Mein
Entschluss hatte das Ende meiner Konzentration auf die Krankheit markiert und eine Zeit der Heilung eingeleitet: Nach vorn
schauend, stellte ich mir vor, unbeschwert essen, spazieren gehen
und lesen zu können.

Doch das erste Projekt bestand darin, wieder einmal umzuziehen. Ich würde bei einer Freundin in einem Apartment im ersten Stock nicht weit von Crystals Haus entfernt wohnen. Ich fand es tröstlich, in einer vertrauten Nachbarschaft zu leben. Jeannie, meine zukünftige Mitbewohnerin, war in den siebziger Jahren eine öffentliche Figur gewesen, verwickelt in einen politisch brisanten Fall von Sorgerecht, der erste, bei dem das gerichtliche Vorgehen, lesbischen Müttern die Kinder wegzunehmen, in Frage gestellt wurde. Ihre Söhne waren inzwischen erwachsen, und sie lebte meistens auf dem Land in Nordkalifornien, hatte aber eine Wohnung in Oakland behalten. Sie erklärte mir, dass sie im Herbst kaum da sein und ich die Wohnung für mich allein haben werde.

Ich hielt in Nans Haus an meinem *Zauberberg*-Ritual fest und lag, wann immer es mir möglich war, draußen auf der Veranda in der Sonne. Nach dem Frühstück las ich Rumer und Jon Goddens *Two Under the Indian Sun*, Erinnerungen an ihre Kindheit in Indien. In meiner Phantasie unternahm ich eine Reise den Ganges hinunter. Crystal und ich waren während unserer fünf Wochen in Indien in Benares, der heiligen Stadt, auf den Fluss hinausgefahren und hatten den Rauch der Leichenverbrennungen auf den weitläufigen Stufen der Verbrennungsstätte gesehen. Ich malte mir lange Tage auf einem Schiff aus, das den ganzen Ganges hinuntertrieb, und sah das geschäftige Treiben an den Ufern vor mir, das Rumer und Jon so lebendig beschrieben. Krankheit schenkt uns eine gewisse Freiheit: derart ruhig gestellt, können wir in Phantasien schwelgen.

Weltlichere, mir näher liegende Ereignisse ermutigten mich. Eines Tages, als ich die Praxis der Chiropraktikerin verließ, die ich regelmäßig zur Behandlung meines Schleudertraumas aufsuchte, kaufte ich mir ein Burrito und setzte mich damit an einen kleinen Tisch auf dem Bürgersteig. Vorsichtig nahm ich den ersten Bissen und kaute. Bohnen, Reis und Salsa – es schmeckte tatsächlich gut!

Und wieder kam meine *Sangha* zusammen, um mir beim Umzug in Jeannies Wohnung zu helfen, die zehn Häuserblocks entfernt lag. Drei der »Wandering Menstruals« brachten ihre fast erwachsenen Söhne mit, die meine Kisten zum Wagen schleppten. In der Küche stellten zwei meiner Helferinnen, die sich zum ersten

Mal begegneten, beim Hochheben meines Tisches fest, dass es eine starke Verbindung zwischen ihnen gab. Terry, eine Psychiaterin, die sich nebenbei in der Gefangenenhilfe engagierte, begann sich angeregt mit Roxanne zu unterhalten, einer Freundin von der Graduate Theological Union. Sie sprachen über die staatliche psychiatrische Versorgung für geistig Behinderte. Schon bald schwelgten sie in Erinnerungen an das Kudzu-Bündnis in den Carolinas, einen Zusammenschluss von Anti-Atomkraft-Gruppen, die sich für die Verhinderung des Baus weiterer Atomkraftwerke und für Abrüstung einsetzten. Therapeutinnen und Sozialarbeiterinnen, Künstlerinnen und Juristen, College-Studenten und eine Professorin, Mütter, Söhne und Väter – mein Team bestand aus munteren, gut gelaunten Menschen, die sich gegenseitig herumdirigierten.

Sie kämpften sich mit meinen Besitztümern die enge Treppe zu Jeannies Wohnung hoch in die beiden kleinen Zimmer, die ich bewohnen würde, während ich umherging und – wo ich darum gebeten wurde – Anweisungen gab. Ich fühlte mich unfähig, und gleichzeitig empfand ich große Dankbarkeit. Ich staunte über Lenore Friedman, Autorin von *Meetings with Remarkable Women*, einem Buch über buddhistische Lehrerinnen. Zu der Zeit siebenundsechzig Jahre alt, schmal und zart aussehend, hob sie große Kisten und eilte damit die Treppe hoch, als täte sie das jeden Tag. Nancy Schmit, eine meiner Schreibschülerinnen, hatte uns ihren Transporter geliehen und organisierte das Packen mit großem Geschick.

Crystal war nicht zu Hause, hatte aber viele Anweisungen hinterlassen. Mit unserer Beraterin zusammen hatten wir eine Liste der Dinge angefertigt, die ihr und die mir gehörten; Crystals Anweisungen erinnerten mich nicht nur an unsere Entscheidung, sondern auch an die Streitigkeiten, die ihr vorausgegangen waren.

Der Umzugstag war lang und enorm anstrengend, zugleich aber auch ziemlich lustig, da meine Helferinnen und Helfer ständig Witze rissen und sich gegenseitig neckten.

An jenem Abend kehrte ich noch einmal in Nans Haus zurück, um dort zu übernachten. Es war Sonntag. Als ich in dem riesigen Bett in dem Zimmer mit der hohen Decke lag, geriet ich in einen Sumpf nostalgischer Erinnerungen, der mich immer weiter herunterzog. Der Sonntag war immer Crystals und mein besonderer gemeinsamer Tag gewesen, an dem wir nach Point Reyes oder einfach ins Grüne fuhren, wo wir stundenlang wanderten oder radelten und uns an den Bäumen, dem Meer und unseren gesunden Körpern freuten, die durch reichlich Bewegung gefordert wurden. Während der langen Fahrt zurück nach Oakland in der Dämmerung oder im Dunkeln bewegte sich unser Gespräch von unserer Arbeit zu Crystals Tochter, die in Washington lebte, vom großen Weltgeschehen zu einer Afrikareise, für die wir Pläne schmiedeten. Daheim legten wir uns ins Bett und schauten uns einen Film an, um dann glücklich einzuschlafen. Jetzt, wo ich in Nans Haus allein im Bett lag, sehnte ich mich nach dieser entspannten Nähe, nach der vertrauten Routine von Vergnügen und Befriedigung mit jemandem, die ich so gut kannte.

Das war der Beginn einer Einsamkeit, die während der Zeit in Nans Haus aufgrund der Notwendigkeit, meine Sehnsüchte und meinen Kummer beiseite zu schieben, im Hintergrund geblieben war. Ich hatte mich ganz auf den Augenblick konzentrieren müssen, um den Forderungen meines kämpfenden, erschöpften Körpers zu genügen und einfach den nächsten Schritt zu tun, der mir half, die schwere Prüfung durchzustehen. Jetzt hatte der Sturm sich gelegt, und ich fühlte mich wie ein Büschel Seegras, das losgerissen und an den Strand gespült worden war.

Ich rollte mich zum Rand des großen Bettes und stand auf. Im grellweißen Badezimmer schaltete ich das Licht an und blickte in den Spiegel, betrachtete forschend das Gesicht, das mir entgegenschaute.

Ich habe immer ein Mondgesicht gehabt, rund mit festen Wangen. Die Wangen, die ich jetzt im Spiegel sah, hingen schlaff auf den Knochen. Ein Netzwerk feiner Linien verlief nun von den unteren Augenlidern über die Wangen. Ich dachte an das Gesicht meiner Mutter mit seinen hohen Wangenknochen und den schmalen Lippen; die blasse Haut der Rothaarigen blieb zart und glatt bis zu ihrem Tod. Die Leute hatten sie immer für viel jünger gehalten, als sie war, und vor der Chemotherapie hatte auch ich dieses jugendliche Aussehen besessen. Jetzt sah ich uralt aus, das Gesicht eingefallen, und meine grünen Augen blickten argwöhnisch in die Welt. Doch bereits nach zwei Wochen ohne

Chemo begann meine Haut wieder rosiger und weniger grau auszusehen.

Ich hörte Nans Stimme bei unserem gemeinsamen Abendessen einige Tage zuvor: »Du sieht sehr jung und sehr alt zugleich aus – wie ein Mädchen, frisch und eifrig«, sie legte den Kopf zur Seite, musterte mich und fügte hinzu: »oder ... ich würde sagen: bereit.«

Ich sah meine Kopfhaut durch die dünnen Büschel von grauem Haar lugen, das ich ganz kurz geschnitten hatte, als es auszufallen begann, und hörte eine weitere Stimme. Roxanne hatte mich, als sie mich Monate zuvor im Krankenhaus besuchte, forschend angeschaut, während ich in einem gemusterten Nachthemd im Bett saß, und gesagt: »Du siehst aus, wie eine Comicfigur von Dr. Seuss.« Ich war zusammengezuckt, als ich diese großen plumpen Geschöpfe mit den langen wabbeligen Hälsen, auf denen kleine runde Köpfe saßen, vor mir sah. Wirkte ich tatsächlich dermaßen lächerlich? Roxanne stand da und grinste mich so vergnügt an, dass ich das anfängliche Gefühl von Verletztheit überwand und zugab, dass ich wahrscheinlich wirklich so aussah. Roxanne fügte hinzu: »Deshalb weiß ich, dass mit dir alles in Ordnung ist.«

Ich schaltete das Licht im Badezimmer aus und begab mich zurück zu dem großen Floß meines Bettes. Mein Gesicht im Spiegel hatte mir nichts erzählt, was ich nicht bereits wusste. Es war einfach die Landkarte des Geländes, das ich durchquert hatte. Ich ließ mich ins Bett und in die Dunkelheit sinken, jetzt wieder gesichtslos; mein Körper vertraute sich der tragenden Matratze an, und mein Geist glitt in wenigen Minuten in den Schlaf.

Am nächsten Tag verließ ich mein Refugium in Nans Haus und bezog offiziell die beiden kleinen Zimmer in Jeannies Wohnung, wo ich von nun an leben würde. Die Wohnung war geräumig, mit vielen Fenstern und einem Balkon nach hinten hinaus; die Räume waren von Jeannie, die eine begabte Bildhauerin war, liebevoll und mit viel italienischem Flair eingerichtet worden, da sie mehrere Jahre in jenem Land gelebt hatte. Um mich unterzubringen, war Jeannie in das große Ess-Wohnzimmer gezogen, so dass jede von uns ihren abgeschlossenen Bereich hatte. Küche und Bad teilten wir uns. Meine Zimmer lagen an den beiden gegenüberliegenden Enden der Küche, so dass ich, um von meinem Arbeitszimmer ins Schlafzimmer zu kommen, diese durchqueren musste. Doch für den Augenblick war ich zufrieden mit diesem Arrangement, vor allem, da ich immer noch so krank war, dass ich hauptsächlich einen Platz für mein Bett wollte, um hineinkriechen zu können.

Auch wenn ich Jeannie nicht gut kannte, hatte ich ihr immer Respekt entgegengebracht, und bei den wenigen Gesprächen, die wir führten, war ich von ihrer feinsinnigen Klugheit beeindruckt gewesen. Sie war immer noch politisch engagiert und verlieh dem auch eine Stimme, und sie machte regelmäßig Yoga und meditierte sowohl zu Hause als auch im Siddha Yoga Ashram in Oakland. Ich selbst ging jeden Freitagmorgen in diesen Ashram, um dort zu frühstücken und den ausgezeichneten Tschai zu trinken. Also war Jeannie einerseits eine bekannte Größe, andrerseits aber auch ein Mysterium für mich.

Unser Haus befand sich an einer belebten Ecke in der Nähe des MacArthur Boulevards, über den der Hauptdurchgangsverkehr verläuft. Durch die Fenster hörten wir in unseren Räumen im ersten Stock das laute Reden der Passanten, die röhrenden Motoren der Raser. Oft wurde ich mitten in der Nacht wach vom Geräusch der Skateboards, die durch die verlassenen Straßen rollten. Im Haus nebenan, direkt unter meinem Schlafzimmerfenster, schrien manchmal Zwillinge im Krabbelalter bis zu einer Viertelstunde am Stück. Ich verstand nie, was da los war, auch wenn ich ziemlich sicher war, dass die Kinder nicht misshandelt wurden. Es schien, als feuerten sie sich gegenseitig an, ohne dass die Eltern oder der Babysitter eingriffen. Draußen auf dem Bürgersteig wurden gelegentlich Drogengeschäfte abgewickelt; der Mann von gegenüber war in seiner Garage überfallen worden, und hin und wieder wurden Autofenster eingeschlagen und Wagen ausgeraubt. Manchmal bebte die ganze Wohnung vom Ansturm des Lärms.

Etliches davon war mir am Tag meines Einzugs nicht bekannt. Es war halb neun Uhr abends. Ich hatte gerade ein paar Löffel Linsensuppe gegessen und saß nun in dem winzigen Raum, der mein Arbeitszimmer sein sollte. Meine sämtlichen Ordner, Notizen, Manuskripte, Briefe und sonstigen Unterlagen befanden sich in den Umzugskisten, die um mich herum gestapelt waren. Meine Freundinnen hatten sie gepackt, und so wusste ich nicht, was sich in welcher Kiste befand. Ich stützte meine Ellenbogen auf die Knie und ließ den Kopf hängen. Es war, als sei ich hier in einer kleinen Blase gelandet, abgetrennt vom normalen Fluss des Lebens. Während der Nebel sich innerlich langsam lichtete, begann ich meine Situation realistisch einzuschätzen. In Nans Haus war ich, obwohl ich wusste, dass Crystal und ich beschlossen hatten, getrennt zu leben, zu krank gewesen, um die Bedeutung dieser Entscheidung wirklich zu ermessen. Jetzt, wo ich in dem lauten kleinen Zimmer inmitten des Chaos meiner Dinge saß, erinnerte ich mich, wie ich drei Jahre zuvor mit Crystal das Haus bezogen hatte; erinnerte mich an meine Freude, als ich entdeckte, wie viel Platz und Stauraum ich in meinem Arbeitszimmer hatte, das vorher Esszimmer gewesen war. In dem freundlichen Wohnzimmer mit seiner hohen Decke, den bequemen Möbeln und den großen schönen Topfpflanzen hatte ich viele Stunden lesend verbracht und meine Kurse abgehalten. Die Küche mit ihren hellen Schränken, der kleinen Frühstücksecke, wo wir gegessen und geredet hatten, das Schlafzimmer, Hof und Garten ... Ich hatte das Haus geliebt, in dem Crystal und ich zusammen wohnten. Unser gemeinsames Leben hatte mich in so vieler Hinsicht getragen und genährt. Jetzt erst begriff ich: Oh, ich lebe dort nicht mehr. Das ist nicht mehr mein Zuhause.

Dieser kleine, voll gestopfte Raum erschien mir sehr trostlos, vor allem als ich jetzt laute Rockmusik vernahm, die durch die Wand zur Nachbarwohnung dröhnte. Wut kochte in mir auf, und ich richtete sie gegen mich selbst: Ich hatte unsere Beziehung derart vermasselt, dass meine Partnerin mir in der schwersten Zeit meines Lebens emotional nicht beistehen konnte! Ich ließ den Zorn eine Weile in mir toben, sah, dass er ebenso unsinnig wie unvermeidlich war. Ayya Khema hatte zum Thema Wut einmal gesagt: »Da wir menschliche Wesen sind, empfinden wir Wut und Gier ebenso wie all die anderen Emotionen. Wenn ihr also Wut empfindet, gibt es keinen Grund, euch dafür zu verurteilen oder sie zu unterdrücken, aber es wäre falsch, sie an einem anderen Menschen auszulassen. Besser, ihr beobachtet sie einfach, bis sie an Heftigkeit verliert und verschwindet – so erlebt ihr einmal mehr, wie alles vergänglich ist.« Ich wusste, dass ich in dieser Hinsicht oft versagt hatte. Klientinnen, Schülerinnen und Freundinnen konnte ich zwar Geduld entgegenbringen, an Crystal jedoch hatte ich meine Wut oft ungeduldig und sarkastisch ausgelassen. Rückblickend bedauerte ich vieles.

Was meine Zukunft betraf, so gab es keine Sicherheiten, denn ich wusste nicht, ob Jeannie und ich miteinander klar kommen würden, wenn sie ebenfalls hier wohnte. Und eine weitere, schwerer wiegende Frage lauerte: Was würde die Koloskopie im Oktober ergeben? Würde ich frei von Krebs sein?

Ich saß verwundert da und schaute mir an, was von meinem Leben übrig geblieben war.

Und dennoch empfand ich in jener Nacht, von Straßen- und Musiklärm attackiert, Dankbarkeit – ich wusste, wie glücklich ich mich schätzen konnte, ein warmes Bett in einer sicheren Umgebung zu haben. Auch wenn ich anscheinend alles verloren hatte, blieb mir doch dies. Sandy Butler hatte mir einen langen, mit Gänsedaunen gefütterten Mantel geliehen, den ich über die Decken gebreitet hatte, um es noch wärmer zu haben. Ich wusste, dass Menschen, die ebenso krank waren wie ich, sich auf kaltem Beton zusammenrollten oder auf Türschwellen kauerten. Vor meinem inneren Auge sah ich das Gesicht einer jungen Frau, bedeckt mit roten wunden Stellen, vielleicht Anzeichen für Aids im fortgeschrittenen Stadium. Ich hatte sie in San Francisco spät abends mit gekreuzten Beinen auf dem Bürgersteig sitzen sehen; ihre beiden kleinen Kinder schmiegten sich verschlafen an sie, während sie die Hand ausstreckte und um Geld bettelte, um sich ein Zimmer nehmen zu können.

Ich wusste, wie glücklich ich mich schätzen konnte, hier unter meinem Stapel Decken zu liegen und mir Sandys Daunenmantel bis ans Kinn zu ziehen, in den Genuss der Wärme und Weichheit des Bettes zu kommen.

Am nächsten Morgen fuhr ich nach Nord-Berkeley, um die Räume, die ich bei Nan bewohnt hatte, zu putzen. Nachdem ich die Fußböden gewischt und Küche und Badezimmer geschrubbt hatte, fand ich hinter dem Sofa ein Buch. Es war mein zerlesenes Exemplar von Pema Chödröns Vorträgen. Ich war Pema vor zehn Jahren begegnet, als sie auf einer Konferenz über Frauen und Buddhismus im Vajradhatu in Boulder gesprochen hatte. Sie war in meinem Alter, mit einem fröhlichen runden Gesicht und kahl geschorenem

Kopf; sie trug die dunkelrote Robe der tibetisch-buddhistischen Nonnen und war bescheiden und zurückhaltend gewesen. Ich mochte sie sehr. Als ich sie für *Turning the Wheel* interviewte, erfuhr ich, dass sie, bevor sie die Robe nahm, ein eher unkonventionelles Leben geführt hatte (und Mutter zweier Kinder war), und diese Vergangenheit machte sie mir sympathisch. Im Laufe der Jahre hatte Pema sich dann zu einer eindrucksvollen Lehrerin entwickelt, blieb aber trotzdem bescheiden – eine scheinbar ganz normale Frau, deren Worte und Leben für viele Beispiel und Inspiration geworden sind und die über die buddhistische Gemeinschaft hinaus einen großen Kreis von Menschen erreicht hat.

Müde vom Putzen, warf ich mich auf das Sofa und schlug Pemas Buch auf. Beim Lesen hörte ich ihre Stimme, die sagte, dass Heilung Geduld verlange. Mach langsamer, riet sie. Sei nicht in Eile. Wir haben genügend Zeit, den Dingen zu erlauben, sich in ihrem eigenen Tempo zu entfalten. Um zu heilen, so ihre Worte, müssen wir unseren Widerstand gegen das, was geschieht, aufgeben und lernen, darauf zu vertrauen, dass jeder Moment eine Weisheit birgt, die uns zugänglich ist – und das mag auf schwierige und schmerzliche Augenblicke sogar noch verstärkt zutreffen.

Ich hörte Pema einmal einen Film über Mutter Teresas Arbeit in Kalkutta beschreiben. Zufällig kannte ich diesen Film. Sofort sah ich die Szene vor mir: Ein missgebildetes Kind mit großem Kopf und verdrehten Gliedmaßen, das sich im Bett hin und her warf, die Augen dunkel vor Entsetzen. Eine Nonne kam, beugte sich über das Bett und begann Brustkorb und Bauch des Kindes zu reiben, streichelte es einfach. Zunächst warf sich der kleine Junge weiter heftig hin und her, doch dann wurde sein Gesicht aufmerksam, als würde er lauschen, und er schien die tröstliche Hand zu spüren; allmählich wurde er ruhiger, seine Bewegungen wurden langsamer, bis er schließlich still dalag. Er schaute hoch zu der Nonne, und seine großen schwarzen Augen leuchteten vor Dankbarkeit. Pema bat uns, uns vorzustellen, dass wir alle sowohl das verzweifelte, leidende Kind als auch die tröstende Frau seien.

Den Blick an die Decke gerichtet, sann ich über diese Geschichte nach. Würde ich das Mitgefühl und die Geduld aufbringen können, die ich brauchte, um mein reales, unvollkommenes, leidendes

Selbst zu akzeptieren? Konnte ich einfach zulassen, dass mein Leiden *da war*, ohne es mir vorzuwerfen oder darum zu kämpfen, ihm zu entkommen? Einen Augenblick erfuhr ich, wie anders es sich anfühlte, wenn ich einfach zuließ, dass mein Leben so war, wie es war. Warum sind wir so oft überzeugt, uns im falschen Film zu befinden? O nein, das *hätte nicht* passieren sollen! Natürlich *hätte* ich *nicht* mein Zuhause, meine Beziehung und meine Gesundheit verlieren sollen! Während ich mich innerlich wand, begann ich zugleich zu lächeln, denn ich konnte mir vorstellen, wie Pema mir zusah. Ich hörte ihre Stimme, belustigt und unendlich freundlich, wie meistens. »Bleib bei dem, was ist«, sagte sie. »Fasse Mut und hab Geduld mit dir.«

Ich fuhr zurück zu Jeannies Wohnung, stieg die Treppe hoch und fiel ins Bett, wobei ich mir versprach, nach dem Aufwachen ernsthaft mit dem Auspacken zu beginnen.

Diese nächsten Monate waren eine schwierige Zeit, durchzogen von freudigen Augenblicken, die süßen Gnadenströmen glichen. Während meine Unterlagen immer noch überwiegend in Kisten verstaut waren, bekam ich das redigierte Manuskript von *Die Entfaltung des Lotos* von meiner Lektorin zurück und begann mit der mühsamen Arbeit, die Korrekturen durchzugehen, den letzten Feinschliff vorzunehmen und sowohl meine als auch die Änderungen der Lektorin in den Computer einzugeben. Während der zehn Tage, die diese gewissenhaft auszuführende Aufgabe dauerte, ließ mich mein Drucker im Stich. Also fuhr ich mehrmals zum Reparaturdienst, wobei ich mit meiner Ungeduld zu kämpfen hatte.

Es passierten auch kleinere Wunder. Eines Tages kaufte ich im Lebensmittelgeschäft eine Flasche Ranchdressing, den ich mal probieren wollte. Zu Hause nahm ich einen Löffel und kostete – und meine Welt wurde lichter. Irgendwie drang diese Kombination aus süß und sauer – Buttermilch, Eigelb, Knoblauch, Essig – durch mein geschädigtes, betäubtes Gewebe und erreichte meine Geschmacksknospen. Ich konnte das Dressing nicht nur schmecken, es perlte und prickelte geradezu in meinem Mund. Ich hatte seit Monaten keinen Salat essen können. Jetzt kaufte ich Kopfsalat, frischen Spinat, rote Zwiebeln, Brokkoli, Blumenkohl, Tomaten und Pilze. Ich bereitete den Salat zu, gab das Ranchdressing darüber und trug ihn nach draußen auf den Balkon. Ihn zu essen war ein phantastisches Vergnügen, denn das Dressing brachte das Aroma der Zutaten voll zur Geltung. Ich saß da, schaute über die Dächer von Oakland, genoss die Sonnenwärme auf meinen Armen und begriff, was hier geschah: Ich aß Salat!

Crystal und ich trafen uns weiterhin mit einer Beraterin zu Sitzungen, in denen wir hauptsächlich erbitterte Kämpfe um Geldfragen führten. Während der unvermeidlichen Auseinandersetzungen wurde ich von heftigem Zorn geplagt. Ich tat mein Bestes, *Tonglen* zu praktizieren, also Misstrauen und Wut einzuatmen und Entspannung und Wohlbefinden auszuatmen. Diese Praxis half mir manchmal, mich für Crystals Sicht der Dinge zu öffnen, und hinderte mich an vorschnellen Reaktionen. Von der Anstrengung des Atmens in Anspruch genommen – wobei ich mir beim Einatmen vorstellte, die dunkle Wolke der Feindseligkeit in mich einzulassen, wo sie gewandelt wurde, und dann mit jedem Ausatmen Freundlichkeit und Geduld aufzubringen –, musste ich still sein, mich zurücknehmen und zusehen, ob ich dem, was zwischen uns vor sich ging, mit einer klaren Haltung begegnen konnte. Manchmal gewann ich durch *Tonglen* tatsächlich mehr Ruhe und Offenheit. Und manchmal konnte nichts die heftige Wut eindämmen, die ich angesichts von Crystals Forderungen empfand.

Auf der Rückfahrt von einer dieser Sitzungen machte ich Halt bei der Sporthalle, die ich früher immer besucht hatte. Mit einem Gästepass ging ich zum ersten Mal seit meiner Operation schwimmen. Ins Dach der Schwimmhalle waren Glasfenster eingelassen, durch die das Sonnenlicht einfiel und den blauen Grund des Beckens hell aufschimmern ließ. Ich glitt langsam ins Wasser, wie elektrisiert von seiner Berührung, und ließ es mich umschließen. Ich schwamm langsam, streckte meine dünnen Arme vor mir aus und schaute durch meine Schwimmbrille mit weit aufgerissenen Augen nach unten zum sonnenwarmen Grund, wo sich gespiegelte Wellen formten, hochschwappten und wieder zusammenfielen – hin und her, hin und her schwamm ich durch ein Reich, das seidiger war als das der Lüfte. Und ich floss über vor Glück.

In Jeannies Wohnzimmer begann ich einen Abendkurs mit dem Titel »Wichtige Übergänge im Leben« zu halten. Die acht Frauen, die sich angemeldet hatten, waren allesamt mit bedeutsamen Veränderungen in ihrem Leben konfrontiert, die meistens problematischer Natur waren. Jede Woche leitete ich die Gruppe zu Übungen an, mit denen wir die Verhaltensmuster erforschten, die wir bei Veränderungen aktivieren, und ermutigte die Frauen, diesen Situationen in ihrem Leben mit den kreativen Medien des Schreibens und Malens zu begegnen. Und obwohl die Bedürfnisse meiner Schülerinnen für mich im Vordergrund standen, war die Gruppe auch ein Ort für die Bewältigung *meines* Kummers und *meiner* Verluste.

In meinem Schlafzimmer hatte ich, zwischen Bücherregal und Fernsehtisch, meinen Altar aufgebaut und die Bilder gegen die Scheuerleiste gelehnt. Mein Bett füllte das Zimmer fast ganz aus; ich hatte gerade noch Platz, um vor den Kerzen und den Räucherstäbchen auf meinem Kissen zu sitzen. Der Altar war schlichter als die früheren – er bestand nur aus einer Fotografie der berühmten Statue von Kwan Yin in Kansas City und einem Teil der Bilder meiner Toten.

Jeden Morgen ließ ich mich davor nieder und nahm den dicken Band der *Majjhimanikaya* oder *Lehrreden der mittleren Sammlung* des Buddha zur Hand. Täglich las ich eines dieser *Suttas* und die begleitenden Kommentare; ich tat mein Bestes, um Zugang zur Welt des Buddha zu finden, die 2500 Jahren zurücklag, und zu erfahren, wie seine Botschaft damals vermittelt und gelehrt wurde. Eines Morgens las ich zum wiederholten Male das *Mahasihanada Sutta*, die längere Lehrrede vom Löwenruf, mit der der Buddha seine spirituelle Meisterschaft bestätigte. Die Worte waren aufrührend. Als Antwort auf die Zweifel an seiner spirituellen Autorität erklärt der Buddha sich zum vollkommen Erwachten: »Er weiß genau, wohin jeder Pfad führt, er kennt genau die vielen verschiedenen Elemente, aus denen die Welt besteht, er kennt die verschiedenen Neigungen der Wesen, er weiß, was in den Sinnen und Absichten der anderen Menschen vorgeht.« Er zählt seine yogischen Kräfte auf, die ihm erlauben, »ungehemmt durch Mauern, Wälle und Berge zu gehen, als wären sie Luft, in der Erde unterzutauchen, als wäre sie Wasser, auf dem Wasser zu wandeln, als wäre es feste Erde, mit gekreuzten Beinen durch die Luft zu schweben wie ein Vogel, Mond und Sonne zu berühren.« Und, weiter behauptet er von sich, dass er »himmlisches Gehör besitzt« und »die Gedanken anderer lesen kann«.[*] Ich hörte die Worte so deutlich, als würden sie im Raum gesprochen, und begann mir ein Gespräch zwischen dem Buddha und Patakara, einer weiblichen Erleuchteten und Zeitgenossin des Buddha, auszumalen.

Patakara war Lehrerin mit einem große Gefolge an Schülerinnen. Sie hatte viel Tragisches erlebt: Ihr Mann war von einer Schlange gebissen worden, und sie hatte ihn ebenso verloren wie ihre Kinder, die in den Fluten und durch wilde Tiere umkamen, ihre Eltern und Geschwistern, die im Sturm starben, und das alles innerhalb eines einzigen Tages. Dem Wahnsinn nahe, war sie in Lumpen gekleidet durch die Straßen gewandert, ihren Kummer vor sich her stammelnd, bis ihr eines Tages der Buddha begegnete und ihr durch die Macht seines Geistes ihre geistige Gesundheit zurückschenkte. Als sie ihm erzählte, warum sie trauerte, erwiderte der Buddha, er könne ihr nicht helfen. So, wie sie jetzt Tränen um ihre tote Familie vergieße, erklärte er ihr, habe sie in ihren zahllosen vergangenen Leben Tränen über ähnliche Verluste vergossen, mehr als genug, um »vier Ozeane zu füllen«. Sobald sie die Worte des Buddha hörte und begriff, dass es keine Rettung gab, wurde Patakara leichter ums Herz. Als der Buddha das sah, sagte er ihr, weder Eltern noch Ehemann, noch Kinder könnten sie vor Leiden und Tod bewahren. Er riet ihr, sich angesichts dessen zu läutern und den Pfad der Befreiung einzuschlagen. Allein durch seine Worte wurde Patakara auf den Weg gebracht und bat darum, ordiniert zu werden. Buddha führte sie zu den *Bhikshunis* (Nonnen) und nahm sie in den Orden auf. Patakara vertiefte sich in ihre Praxis und erreichte schon bald die höchste Ebene der Verwirklichung. Sie wurde eine *Arahati* (Erleuchtete). Binnen kurzem suchten Frauen ihre Hilfe, fünfhundert an der Zahl, hieß es; die meisten von ihnen Mütter, deren Kinder gestorben waren. Und Patakara lehrte sie die Wahrheit, dass es keinen Trost gibt, half ihnen, sich aus ihrer lähmenden Trauer zu befreien, und leitete sie an zur Praxis des Dharma, um die Samen ihrer Befreiung zu säen.

* *Buddhas Reden. Majjhimanikaya. Die Lehrreden der mittleren Sammlung. Löwengebrüll – großes Sutta.* Leimen: Werner Kristkeitz Verlag 1989, S. 44.

Ich stellte mir eine spätere Begegnung zwischen dem Buddha und Patakara vor, beide näherten sich dem Ende ihres Lebens und waren erfahrene Lehrende. Im *Mahasihanada Sutta* heißt es, dass der Buddha achtzig Jahre alt sei; Patakara mag etwa gleich alt oder vielleicht sogar älter gewesen sein. Ich stellte mir diese beiden alten, dunkelhäutigen Menschen vor, wie sie in ihren gelb-braunen Roben im Wald saßen und miteinander über ihr Leben sprachen.

Sie würden ihr Löwengebrüll brüllen. Aber Patakaras Brüllen würde entschieden anders klingen als das des Buddha. Die Gestalt des Buddha beschrieb im Sutta bildlich die vielen Entbehrungen, die er sich selbst auferlegt hatte, bevor er beschloss, den mittleren Pfad zu gehen. (»Dann, weise Frau, habe ich meinen Körper in vieler Hinsicht gequält und gefoltert – so weit bin ich in der Askese gegangen.«) Wenn Patakara an der Reihe war, ihre Geschichte zu erzählen, würden wir sehen, dass der Buddha seine Entbehrungen selbst gesucht hatte, während Patakara die Tragödie, die sie in den Wahnsinn trieb, auferlegt wurde. Er hatte sich frei dafür entschieden, sich dem Leidvollen im Leben zu stellen. Sie hatte keine Wahl gehabt, als dem Schmerz zu begegnen, und das machte deutlich, wie unterschiedlich das Leben von Männern und Frauen im alten Indien aussah. Um »das hauslose Leben zu suchen«, hatte der Buddha seine Frau und seinen kleinen Sohn freiwillig verlassen, während Patakara alles in ihrer Macht Stehende getan hatte, um ihre beiden Kinder, ihren Ehemann, Eltern, Brüder und Schwestern zu schützen und sich zu erhalten. Und so grübelte ich über die Unterschiede und auch die großen Ähnlichkeiten nach, welche diese beiden auf ihrem Weg geleitet hatten.

Plötzlich spürte ich die Wärme der Sonne auf meiner Brust und bemerkte, dass eine ganze Stunde vergangen war, während ich auf meinem Meditationskissen vor dem Altar saß, das Buch in meinen Händen. Kopfschüttelnd schlug ich es zu; ich hatte nicht meditiert, sondern war die ganze Zeit über in tiefer innerer Betrachtung versunken gewesen. Damit war ich meinen Vorgängerinnen und Vorgängern in jenem alten Indien sehr nahe gekommen. Ich schloss die Augen und sang in Pali, der heiligen, poetischen Sprache, in der die ursprünglichen buddhistischen Schriften – jahrhundertelang mündlich überliefert – im ersten Jahrhundert vor Christi niedergelegt worden waren: »*Namo tassa bhagavato, arahato, samma sambuddhasa.*« Meine Ehrerbietung dem Buddha, dem Erwachten, dem, der aus eigener Kraft zur vollkommenen Erleuchtung gelangte.

Eines Abends ging ich früh zu Bett und schlief friedlich bis sechs Uhr morgens. Als ich erwachte und ausgeruht dalag, verspürte ich den Wunsch, mich körperlich zu bewegen, und besann mich auf den Tagesablauf, dem ich, als ich mit Crystal zusammenwohnte, jahrelang gefolgt war: früh aufstehen und mit dem Fahrrad zum Mountain View Cemetery fahren, dem Ort, wo ich vor meiner Operation mit Kwan Yin Zwiesprache gehalten hatte. Mein Körper wollte das wieder ausprobieren. Mein Fahrrad stand unten in Jeannies Garage. Ich zog mich an, stieg die Treppe hinunter und trat hinaus in die frische Morgenluft, um mein rotes Rad zu holen. Die Reifen hätten aufgepumpt gehört, aber es würde auch so gehen. Ich stieg auf und fuhr los, trat langsam in die Pedalen, um mich an die Bewegung zu gewöhnen. Nur wenige Autos überholten mich, als ich durch Seitenstraßen zum Friedhof fuhr. Die Luft strich kühl über meine Haut. Über den Hügeln von Oakland, die sich vor mir erhoben, sah ich das blasse Rosa und Gelb der aufgehenden Sonne.

Ich fuhr durch das große Tor auf den Friedhof, vorbei an dem Teich, wo ich im vorletzten Frühling die Entenjungen gesehen hatte, die in einer Reihe hinter ihrer Mutter herliefen, und radelte unter den großen alten Eichen und Magnolienbäumen die lange Hauptallee hoch. Alles war still, kühl und klar, wie gezeichnet von einem schwachen Leuchten; eine verhaltene Welt, die zitternd das Licht zu erwarten schien, das sich bald über sie ergießen würde. Ich radelte stetig weiter, erblickte eine streunende Katze in der Nähe eines Busches, unter dem freundliche Menschen oft etwas zu Fressen hinterließen, sah die Gräber sich wie Pilze aus dem Gras erheben und folgte der mit Grabstätten übersäten Anhöhe mit den Augen bis zu ihrem gerundeten Gipfel.

Ich hatte zu schwitzen begonnen und versuchte nicht, die steileren Hänge hochzufahren, sondern ließ mich einen langen, geschwungenen Weg hinunterrollen und kam zu dem grünen Abhang, wo ich vor meiner Operation spazieren gegangen war. Das war vor weniger als einem Jahr gewesen. Mit Sicherheit war Kwan Yin damals da gewesen. Während ich jetzt hügelab fuhr, stellte ich mir vor, einen Blick auf sie zu erhaschen, eine Frau in fließendem Gewand mit reich verziertem Kopfschmuck. Ich sah sie vor mir, wie sie demütig am Ende des Asphaltweges stand, das Gefäß mit dem Nektar des Mitgefühls in der Hand. Sie würde mich nicht grüßen, vielleicht noch nicht einmal anschauen, sondern sich mir einfach zeigen: Ja, hier bin ich, es gibt mich. Ich lächelte, der Weg war leer. Ich kurvte an der Kinderabteilung vorbei, wo trauernde Eltern Luftballons, Teddybären und Windräder auf den kleinen Gräbern hinterlassen hatten. Und innerlich sang ich für Kwan Yin: »*Namo Guan Shih Yin pusa.*« Ich verneige mich vor Dir, Kwan Yin Bodhisattva, die Du das Weinen der Welt hörst.

Ich umkreiste den Teich in der kühlen Morgenluft, während die Sonne höher stieg und goldenes Licht über die Bäume goss. Glückseligkeit durchströmte mich ob meiner Lebendigkeit. Dann, als ich mich auf den Weg zurück zum Eingang begab, sah ich, wie sich vor mir etwas bewegte. Das war keine streunende Katze, sondern ein größeres Tier mit tiefrotem Fell und buschigem Schwanz, der wie eine flauschige Fahne hinter ihm herwehte. Der Fuchs überquerte den Asphalt, drehte sein spitzes Gesicht, um mich anzuschauen, und trottete zwischen den Gräbern den Hügel hoch. Ich nahm einen tiefen, freudigen Atemzug, fühlte mich gesegnet.

Zu Hause fand ich oben in meinem Schlafzimmer zwischen Bett und Tür genügend Platz, um ein paar Yoga-Dehnübungen zu machen. Ich spürte, wie mein Körper sich entspannte, und erinnerte mich: Ja, das hatte ich vor dem Krebs jeden Morgen getan.

Dann setzte ich mich vor meinen Altar. Nachdem ich zur Einstimmung Kerzen und Räucherwerk angezündet hatte, ließ ich die Glocke erklingen und nahm Zuflucht beim erleuchteten Geist, dem Pfad, der zu ihm führt, und bei all jenen, die diesen Pfad mit mir gingen. Ich sang: »*Buddham saranam gacchami* (Ich nehme Zuflucht zum Buddha). *Dhammam saranam gacchami* (Ich nehme Zuflucht zum Dharma). *Sangham saranam gacchami* (Ich nehme Zuflucht zur Gemeinschaft.)« Ich sang diese Zeilen drei Mal.

An diesem Morgen schlug ich den dicken Band der *Majjhimanikaya* nicht auf. Mühelos ging ich dazu über, meinen Atem zu beobachten, den langsamen Ein- und Ausatem, und spürte die Lebendigkeit, die durch die Körperübungen wach geworden war.

Nach einer halben Stunde löschte ich die Kerzen und schaute zu den Vorhängen hoch, die mit leuchtenden, vom Sonnenlicht getränkten Farben bedruckt waren. Der Tag hatte begonnen.

Schau genau hin

Grüne Blätter, fallende Blätter
werden eins –
im blühenden Schnee
CHIYO-NI

In einem Monat jährte sich der Tag meiner Operation, und um diese Zeit musste ich eine Koloskopie vornehmen lassen, die Untersuchung, die klarstellen würde, ob der Krebs in meine Gedärme zurückgekehrt war. Dieses zukünftige Ereignis begann seine Wirkung zu zeitigen. Die Angst wuchs, so mächtig und unberechenbar, als führte sie unabhängig von mir ein Eigenleben. Ich tat alles, sie nicht zu schüren, und doch war sie da, unausweichlich.

Ich fing an, jeden Morgen um vier Uhr aufzuwachen, ohne wieder einschlafen zu können, mein Körper angespannt. Mehrere Tage hintereinander rief ich im Highland Hospital an und versuchte, einen Termin für die Koloskopie zu bekommen. Vergebens. Und mit jedem Tag, an dem ich dort niemanden erreichte, steigerte sich meine Angst. Wenn die Untersuchung zeigte, dass ich frei war von Krebs, dann konnte ich mein Leben wieder aufnehmen. Doch es bestand durchaus die Möglichkeit, dass man einen neuen Tumor fand. Würde er klein sein und leicht zu entfernen? Und wenn nicht, was dann? Wieder Chemotherapie? Weitere Operationen?

Jetzt, mitten in der Nacht, war es still draußen. Der Schein der Straßenlampen drang schwach durch die Fenstervorhänge. In der Küche schaltete sich brummend der Kühlschrank ein. Wie würde ich in diesen beiden kleinen Zimmern, in denen ich mich noch immer nicht heimisch fühlte, zurechtkommen, wenn ich Krebs hatte? Wie sollte ich Jeannie, meiner momentan abwesenden Mitbewohnerin, mitteilen, dass sie mit jemandem zusammenleben werde, die möglicherweise sehr krank war?

Tagsüber begannen diese Befürchtungen meine Konzentration zu beeinträchtigen. Ich saß in meinem kleinen Arbeitszimmer und schaute mir verwirrt die Anmerkungen an, die mir befreundete Autorinnen und spirituelle Lehrerinnen zu meinem Buch *Die Ent-*

faltung des Lotos geschickt hatten, ohne zu wissen, wie ich von ihren Einsichten profitieren konnte.

In der Krebsselbsthilfegruppe erzählte uns Rick Fields, er fühle sich völlig überfordert. In seine übliche abgetragene Jeans und das lässige Jackett gekleidet, saß er da und sah uns der Reihe nach an. Beim *Yoga Journal*, dessen Herausgeber er war, drängten ihn seine Kollegen, sich im Editorial der nächsten Ausgabe als Krebspatient zu erkennen zu geben, aber Rick war sich nicht sicher, ob er seine Krankheit in dieser Form öffentlich machen wollte. Er sprach von Belastungen in seiner Liebesbeziehung und den körperlichen Problemen aufgrund der Chemotherapie, der er sich unterzog. Und obendrein versuchte er auch noch einen Roman zu schreiben. »Ich möchte nichts von alledem aufgeben!«, verkündete er und richtete sich mit jener kriegerischen Entschlossenheit auf, die ihn bislang so leidenschaftlich mit dem Leben verbunden hatte. Dann schaute er zu Rick Kohn hinüber, seinem Freund und buddhistischen Gefährten, der uns gerade erzählt hatte, dass sein Krebs zurückgekehrt sei. »Ich mache mir solche Sorgen um dich«, bekannte Rick Fields und begann plötzlich zu weinen. »Ich möchte das in Ordnung bringen!« Wie die meisten anderen im Raum weinte auch ich.

Zum Abschluss unserer Sitzung ließen wir immer die Glocke erklingen und saßen in Stille beieinander. An diesem Tag rückten wir unsere Stühle näher zusammen, um uns an den Händen zu halten. Ich schloss die Augen und ließ den reinen Klang der Glocke in meinem Brustkorb widerhallen. In jenem Ton sammelte sich alles, was hier zum Ausdruck gekommen war. Ja, dies ist, was ist. Ich konnte spüren, wie jeder von uns die Realität seines gefährdeten, vielleicht schon sterbenden Körpers akzeptierte, zumindest für diesen Augenblick, und dass wir bereit waren, freundlich miteinander und mit uns selbst zu sein und darin Frieden zu finden.

Als ich nach Hause kam, sah ich Jeannies Wagen in der Garage stehen, und als ich die Treppe hochstieg, hörte ich sie oben in ihrem Zimmer Klavier spielen. In der Küche stand ich da und schaute auf die Fensterbank über der Spüle, wo mehrere ihrer kleinen Skulpturen standen – männliche und weibliche Torsos, aus Ton geformt, einfühlsam und erotisch. Ich lebte gern zwischen Jeannies Skulpturen, die mich an Berührung erinnerten und an Zärtlichkeit.

In der Mitte der Fensterbank stand die kleine braune Statue von Kwan Yin, die ich dort hingestellt hatte. Ihre Robe wehte zur Seite, als blase der Meereswind hinein, und ich hatte Seegras und Muscheln um sie herum drapiert.

Jeannie spielte selten Klavier; ich war sicher, sie hatte nicht gemerkt, dass ich nach Hause gekommen war und sie hörte. Ich setzte mich an den Küchentisch, schloss die Augen und lauschte. Ihre Noten stiegen und fielen in keiner erkennbaren Ordnung. Ein Thema tauchte auf, und sie folgte ihm eine Weile, durchdrang es und wechselte dann die Richtung, eine Gegenstimme aufbauend. Es war, als spräche sie mit sich selbst, einem Gedanken nachgrübelnd, ein Gefühl erforschend. Während ich zuhörte, begann ich an der Freude ihres Spiels teilzuhaben und überließ mich den Tönen immer mehr.

Als sie innehielt, schwang in der Stille der Wohnung die Lebendigkeit ihrer Musik nach. Ich öffnete die Augen und erblickte die kleine braune Kwan Yin, gezeichnet vom Nachmittagslicht. Und ich spürte eine freudige Hingabe an mich selbst.

Ich war immer noch schwach, noch immer dabei, mich von der Chemotherapie zu erholen. Jede Woche einmal ging ich zur Akupunktur; die Chiropraktikerin behandelte mein Schleudertrauma, und mit meinem geschwollenen Knöchel trat ich nur vorsichtig auf. Jeden Morgen saß ich vor meinem Altar, und nachdem ich ein *Sutta* aus der *Majjhimanikaya* gelesen hatte, meditierte ich – manchmal friedlich, häufiger jedoch war ich innerlich voller Angst. Wenn das der Fall war, meditierte ich, indem ich die Angst beobachtete. Der Oktober rückte Tag für Tag auf die Koloskopie zu, für ich schließlich doch einen Termin bekommen hatte. Ich beschloss, am Abend der Untersuchung eine Tanzparty zu geben, zu der ich die Menschen einlud, die mich im vergangenen Jahr am meisten unterstützt hatten. Jane, eine von den »Wandering Menstruals«, die ein großes, gemütliches Haus besaß, bot an, ihr Wohnzimmer für die Party zur Verfügung zu stellen. Ich liebe es zu tanzen, und selbst in Zeiten äußerster Erschöpfung habe ich bei Anlässen, bei denen getanzt wurde, immer meine Lethargie überwunden und mit großer Freude mitgemacht. Es ergab also Sinn, auf diese Weise zu feiern, dass ich frei war von Krebs. Was aber, wenn es schlechte Neuigkeiten gab? Nun, dann würde es eine andere Art von Party werden – ich würde meine Freundinnen und Freunde bitten, sich mit mir hinzusetzen und über die bevorstehende Herausforderung nachzudenken. Und dann würden wir vielleicht doch noch aufstehen und tanzen! Wenn es schlechte Neuigkeiten gab, war es wahrscheinlich noch wichtiger zu tanzen.

Eine weitere Herausforderung stand mir bevor. Crystal hatte eine Mieterin für die beiden Räume gefunden, die einmal mein Arbeitszimmer und unser Wohnzimmer gewesen waren. Die betreffende Frau war nun eingezogen, und am Samstag vor meiner Koloskopie hatte Crystal eine Art Tag der offenen Tür geplant, um sie willkommen zu heißen und ihren Freundinnen und Freunden vorzustellen. Jetzt lud Crystal mich dazu ein. Mir sank das Herz.

Am Wochenende vor der Party beschlossen Crystal und ich, uns zu treffen und gemeinsam nach Jenner an der nordkalifornischen Küste zu fahren, wo eine Freundin ein Stück Land und einen Wohnwagen besaß, in dem wir übernachten konnten. Wir verbrachten den Samstag am kalten, nebligen Strand, wo ein Schwarm Pelikane durch die Lüfte kurvte und dann einer nach dem anderen in die Brandung tauchte, um zu fischen. Wir spazierten am Strand entlang, um die Robben zu beobachten, die am Saum des Wassers spielten und ihre dunkel schimmernden Köpfe hoben, um sich umzuschauen und dann in den schaumgekrönten Wellen zu verschwinden. Nachdem wir im Wohnwagen zu Abend gegessen hatten, saßen wir draußen und betrachteten den weiten schwarzen Himmel, der voller Sterne war. Als wir später hineingingen, zündete ich die Kerosinlampe an, und Crystal legte eine Cassette in den kleinen Rekorder ein. Die Stimme Pema Chödröns erklang, und wir saßen uns am Tisch gegenüber, um ihr zu lauschen.

In unseren gemeinsamen Jahren hatte Crystal mehrmals mit mir zusammen Retreats in Dhamma Dena besucht, und zu Hause ging sie regelmäßig zu einer Zenmeisterin zur Beratung, aber ihre Hauptdisziplinen waren Yoga und Fitnessgymnastik. Nachdem ich ausgezogen war, erzählte sie mir jetzt, habe sie angefangen, sich Cassetten von Pema anzuhören und sich stärker für Buddhismus zu interessieren. Beide hofften wir, Pemas Gedanken über den Umgang mit Feindseligkeit und Leid möchten uns helfen, aus den Trümmern unserer Liebesbeziehung eine Freundschaft zu erretten.

Am nächsten Morgen begannen wir zu meinem Erstaunen über die Zeit mit dem Krebs zu sprechen, und jede von uns erzählte der anderen, was für sie das Schlimmste gewesen war. Vielleicht war uns das möglich, weil wir uns in diesem kleinen Wohnwagen auf dem Hügel am Meer fern der Stadt und unseres früheren gemeinsamen Lebens befanden. Möglicherweise hatte ich meine Wut und meinen Kummer vorübergehend am nebligen Strand zurückgelassen, denn ich konnte aufnehmen, wie verwirrt und überlastet Crystal sich gefühlt hatte, wie ihre Reaktionen auf mich ihr entglitten waren und sie manchmal nicht gewusst hatte, wie sie hätte um Hilfe bitten sollen. Außerdem hatte sie den Eindruck gehabt, dass meine Freundinnen nicht sahen, was sie tatsächlich alles leistete, und ihr Vorwürfe wegen all dem machten, was sie nicht leisten konnte. Sie hatte das Gefühl, dass auch ich ihr Vorwürfe gemacht hätte. Ich hingegen erzählte ihr, wie ich mich nach jeder schmerzlichen Auseinandersetzung mit ihr gefühlt hatte und wie mein Misstrauen ihr gegenüber gewachsen war, bis sie eines Nachmittags, als ich auf dem Sofa aufwachte, mit einem Messer in der Hand aus der Küche kam und ich mir tatsächlich vorstellte, sie würde mich erstechen. Ich hatte gewusst, dass ich in meiner Schwäche nicht imstande gewesen wäre, mich zu verteidigen. Crystal war entsetzt, als sie das hörte, aber ich sagte ihr, ich wäre zu der Überzeugung gelangt, dass sie mich hätte loswerden wollen, ob bewusst oder unbewusst. Wir sprachen über unsere entsetzlich verzerrte Wahrnehmung, die in meinem Fall der Krankheit und den Medikamenten geschuldet war, und in ihrem der Panik und dem Druck, mich versorgen und pflegen zu müssen und zugleich ihr eigenes Leben zu leben.

Beide weinten wir und hielten uns über den kleinen Tisch hinweg an den Händen.

Durch dieses offene Gespräch weicher und zugänglicher geworden, ließ ich mich während unserer Rückfahrt nach Oakland von Crystal überreden, zu ihrer Party zu kommen; ich sagte zu, ihr zuliebe zu erscheinen und auch, um ihren Freundinnen und Freunden zu zeigen, dass wir nicht verfeindet waren. Und mir selbst schwor ich, meine Gefühle an dem Tag einfach so sein zu lassen, wie sie waren.

Zwei Tage später, in meinem Arbeitszimmer in Jeannies Wohnung, brach ich, während ich mit einem streikenden Computer kämpfte, in heiße Tränen aus. Ich ging ins Schlafzimmer, legte mich aufs Bett und gab mich diesem herzzerreißenden Kummer hin, schluchzte, ohne nachzudenken. Später fühlte ich mich so schwach und schutzlos, dass ich nicht mehr aus dem Haus gehen mochte. Ich wusste, dass sich ein traumatisches Erlebnis im Körper einkapselt und sich in seiner eigenen Zeit den Weg an die Oberfläche bahnt. In wenigen Tagen jährte sich der Tag meiner Operation. Ich wachte nachts andauernd auf, und tagsüber war ich zittrig und empfindlich.

Es entbehrte nicht der Ironie, dass Crystals Party für ihre neue Mitbewohnerin genau auf das Datum fiel, an dem ich ein Jahr zuvor operiert worden war. Ich beschloss, nicht allein zu dem Fest zu gehen, und bat meine Freundin Annie, mich zu begleiten. Annie entwarf einen Plan: Wir würden uns vorher bei mir treffen und zum Gedenken an jenen Tag eine Zeremonie durchführen. Dann würden wir Crystals Party besuchen, lange genug bleiben, um die neue Mitbewohnerin zu begrüßen und unseren guten Willen zu beweisen, und anschließend ins Kino flüchten. (Als Filmemacherin nutzte Annie jede Gelegenheit …)

Der Samstag kam heran, und ich saß allein vor meinem kleinen Altar. Annie lag mit einer heftigen Erkältung hinter mir im Bett und machte ein Schläfchen, bevor wir unseren Plan angingen. Die Straße unter meinen Fenstern war relativ ruhig; die Zwillinge spielten friedlich auf dem Balkon.

Ich läutete die Glocke und nahm Zuflucht. Dann begann ich mit *Metta*, der Praxis der liebenden Güte. Das Ziel dieser Praxis besteht darin, einen lebendigen Strom liebevoller Energien zu erzeugen, der von der Meditierenden zu allem Leben fließt, so dass wir lernen, uns nicht vom Rest der Menschheit abzuspalten. Der Buddha formulierte die Haltung, die hier kultiviert werden soll, mit folgenden Worten: »So wie eine Mutter selbst auf Kosten des eigenen Lebens ihr Kind beschützt und liebt, ihr einziges Kind, so wollen wir Liebe ohne Maß für die ganze Welt pflegen, oben, unten und um uns herum, uneingeschränkt …« Wir sind aufgefordert, unsere starke Verbindung zu den Wesen in unserer Umgebung ebenso zu ehren wie unsere Verantwortung, jedem von ihnen mit offenem Herzen zu begegnen.

Zu Beginn visualisierte ich mich selbst, vor mir sitzend, und schickte mir liebende Güte. Dann stellte ich mir die Menschen vor, die mir am nächsten waren, öffnete mein Herz und schickte ihnen Liebe. Schließlich sah ich Crystal vor mir: Ich gestand mir meine verwickelten, unbewältigten Gefühle für sie ein und erinnerte mich daran, mit welcher Aufrichtigkeit wir uns erst kürzlich begegnet waren. Konnte ich mein Herz für sie öffnen? Konnte ich ihr positive, liebevolle Gedanken schicken? Ich stellte mir Crystal in ihrem zerbrechlichsten Zustand vor, begriff noch einmal, wie schrecklich meine Krankheit für sie gewesen war, und mein Herz füllte sich mit Liebe. »Mögest du frei sein von Feindseligkeit«, wünschte ich ihr. »Mögest du frei sein von Kummer, Leid und Krankheit. Mögest du glücklich sein.« Dann stellte ich mir ihre neue Mitbewohnerin vor, der ich noch nicht begegnet war – eine gesichtslose Frau, der ich liebende Güte schickte. Den Kreis erweiternd, schickte ich jedem Wesen in meiner Nachbarschaft, in Oakland, in den Vereinigten Staaten, dann in der Welt und im ganzen Universum liebende Güte. Ich endete, indem ich die liebevollen Kräfte wieder in mir sammelte, und fühlte mich jetzt gut zentriert.

Annie schnarchte hinter mir leise im Bett. Ich betrachtete die Karte, die sie mir mitgebracht hatte, eine Karte aus dem Tarot, die sie an diesem Morgen für mich gezogen hatte: vier Scheiben. In der Beschreibung hieß es: »Schaffe dir ein Heiligtum, einen sicheren Platz, an den du dich zurückziehen kannst, um innere Arbeit zu tun.« Ich war dankbar für Annies Anteilnahme, ihre Sorge, ich möge stabil bleiben und mich schützen.

Dann dachte ich an den kommenden Dienstag, an dem ich ins Highland Hospital zur Untersuchung fahren musste. Wie ich da vor meinem Altar saß, zuschaute, wie die Kerzen brannten und das Räucherwerk einen trägen, duftenden Rauchkringel nach oben schickte, spürte ich, dass ich, was immer am Dienstag geschah, hinterher dieselbe sein würde wie vorher – in gewisser Weise war das Ergebnis nicht wichtig, denn ich würde einfach fortfahren, jeden Augenblick meines Lebens zu leben, ob als Krebspatientin oder als gesunder Mensch.

Ich hatte einige japanische Gedichte über den Tod gelesen. Eines davon hatte ich abgeschrieben und auf meinen Altar gestellt. Jetzt nahm ich das kleine Blatt Papier zur Hand und las:

Schau genau hin. Was ist da?
Wenn du es siehst, wie es ist,
wirst du niemals irren.

Ein Zenmönch namens Bassui Tokusho hatte das geschrieben. Immer die gleiche Botschaft: Sei wach für das, was in diesem Augenblick geschieht. Schau genau hin, selbst im Augenblick des Todes.

Ich nahm einen tiefen Atemzug, hörte das Quietschen von Autoreifen an der Straßenecke, sah, wie die farbenfrohen Vorhänge in einer leichten Brise erzitterten, spürte das Gewicht meines Körpers auf dem Kissen. Ich schloss die Augen und richtete meine Aufmerksamkeit auf die Empfindungen meines sitzenden Körpers.

Später parkte Annie ihren Wagen auf der Straße vor Crystals Haus, und wir stiegen aus. Ich schaute an der gelben Fassade hinauf. Crystal und ich waren immer in die Auffahrt gefahren und hatten das Haus durch die Hintertür betreten. Nur Fremde, Schülerinnen und Besucher kamen durch die Vordertür herein. Ich stand auf dem Gehweg und blickte die Steinstufen zur Veranda hoch, begriff, dass ich jetzt Besucherin war, einfach eine von vielen Gästen, die zur Party einladen waren. Ich hätte mich am liebsten umgedreht und wäre davongelaufen.

Aber ich folgte Annie die Stufen hoch. Auf unser Klingeln hin öffnete uns eine kleine Frau mit einem liebenswerten, runden Gesicht. »Ich bin Vivian«, sagte sie und schüttelte uns die Hand. Ich begriff, dass sie die neue Mitbewohnerin war. Als ich ihr meinen Namen nannte, weiteten sich ihre Augen ein wenig, und sie nickte. Sie lachte verlegen. »Willkommen in Ihrem früheren Zuhause.« Ich lächelte, denn ich wollte nicht, dass sie sich länger unwohl fühlte.

Dann trat ich ein und schaute mich um, sah hier ein Bett, wo mein Schreibtisch gestanden hatte, dort ein Regal, wo unser Sofa gewesen war. Die fremden Möbel schwebten unwirklich vor mir; es war, als überlagerten sie jene alten beiden Räume, in denen ich täglich gearbeitet und meine Kurse abgehalten hatte. Ich fühlte mich innerlich völlig zerrissen, sah beide Bilder lebhaft vor mir und wusste, dass nur das eine der physischen Realität entsprach: Vivians Tisch und Computer im Wohnzimmer, ihr Bett, ihre Stühle und ihre Kommode, ihre Bilder, die nun an der Wand hingen. Es zerriss mir das Herz.

Annie führte mich in die Küche, aus der Frauenstimmen erklangen. Wir stellten das mitgebrachte Essen ab und begannen uns mit den anderen Gästen zu unterhalten. Crystal, von ihrer Rolle als Gastgeberin in Anspruch genommen, begrüßte uns kurz. Ich hörte den Gesprächen zu, steuerte hin und wieder ein Wort bei, freute mich an den Menschen und war interessiert an dem, was sie sagten. Doch gleichzeitig existierte ein Parallelbewusstsein in mir. Ich war mir der vertrauten Räume bewusst, erkannte: Dies war mein Zuhause, dies waren meine Zimmer, in denen ich Ruhe gefunden, mich wohl gefühlt und gearbeitet hatte. Stumm wütete ich: *Ich gehöre hierher! Warum musste ich ausziehen?*

Eine halbe Stunde später verabschiedeten wir uns. Als wir davonfuhren, saß ich verstockt schweigend da. »Möchtest du schreien?«, fragte Annie. Das wäre mir nicht eingefallen. Ich beschloss, es zu probieren, und gab ein Geheul von mir, das mich erzittern ließ.

Mir wurde plötzlich klar, wie weit ich von der liebenden Güte entfernt war, die ich noch vor kurzem empfunden hatte. Ich spürte, wie meine Gefühle für Crystal in mir tobten und mich aus dem Gleichgewicht brachten. Während wir durch die belebten Straßen zum Kino fuhren, spürte ich meine Wut wie Feuer in den Venen. Sie schirmte mich von meiner Traurigkeit ab.

Was die Dreiheit von Gier, Hass und Verblendung – jenen menschlichen Eigenschaften, die im Buddhismus das große Rad des Werdens antreiben – betrifft, so ist meine größte Herausforderung Hass oder Übelwollen. Wenn ich verletzt bin, steigt Wut in mir auf. Im typischen Falle lebe ich diese Wut aus, indem ich mich verschließe und mein Herz verhärte, aber manchmal richte ich sie auch ungeduldig oder sarkastisch gegen die Person, die mir Angst macht oder mich kritisiert. Erst in jüngster Zeit beginne ich zu lernen, stillzuhalten: nicht zu agieren, sondern einfach mit meiner Wut zu sein. Das führt mich immer zu den verletzten Gefühlen, die sie verursachen. Manchmal bin ich jetzt in der Lage, die Wut loszulassen und bei der ursprünglichen Reaktion zu bleiben, meine Verletzlichkeit einzugestehen.

Natürlich weiß ich, auf welche Kindheitserfahrungen dieses Verhalten zurückgeht: Der zornige Rückzug half mir in gefährlichen familiären Situationen zu überleben. Doch ich frage mich, inwieweit unser Verhalten auf unsere Erfahrungen zurückgeht und welchen Anteil unser Temperament oder eine Art natürliche Neigung daran hat. Wenn wir glauben, dass etwas von uns Leben für Leben wiederkehrt, schließt das die Möglichkeit ein, dass wir Wesenszüge mitbringen, die über unsere Erfahrungen triumphieren. Ich muss dabei an Ruth Denison denken, an ihre Kindheit in einem kleinen preußischen Dorf, wo ihre Lehrer von ihr als der »goldenen Mitte« sprachen, da sie die Fähigkeit besaß, in jeder Situation ausgleichend zu wirken. »Ich hatte keine Probleme mit Wut«, erzählte mir Ruth.

Mit Mitte zwanzig war Ruth, trotz ihrer Kriegserfahrungen, weder gebrochen noch verbittert. Sie war in der Lage, wieder zum normalen Leben überzugehen, als Lehrerin zu arbeiten, in die USA überzusiedeln und zu heiraten. Und als ihr Ehemann sie mit nach Burma nahm, um dort bei dem großen Meditationsmeister U Ba Khin zu studieren, war sie bereit. »Ich hatte keinen Zorn in mir, kein Bedürfnis nach Rache. Das sind gute karmische Voraussetzungen für den spirituellen Weg.«

Eine andere buddhistische Lehrerin, die Ehrwürdige Ayya Khema, eine deutsche Jüdin, hatte als Kind ebenso wie ihre Eltern Deutschland verlassen müssen. Gemeinsam wurden sie später in Schanghai in ein japanisches Internierungslager gesteckt, wo ihr Vater kurz vor Ende des Krieges starb. Und dennoch hegte sie keinen Groll. Sie fuhr beispielsweise regelmäßig nach Deutschland, um Menschen zu unterweisen, und leitete später bis zu ihrem Tod in Bayern ein Meditationszentrum.

Als ich über meinen Zorn auf Crystal nachsann, begriff ich, dass ich ihn benutzte, um mich der wirklichen Tragweite von Vivians Party nicht zu stellen. Dort, in jenem Wohnzimmer, war mir die Wahrheit präsentiert worden: Mein gemeinsames Leben mit Crystal war vorbei. Der Schmerz dieser Erkenntnis packte mich in den folgenden Tagen heftig.

Aber er wurde schon bald überschattet von der enormen Woge von Angst, die mich wie ein elektrischer Strom durchlief, während der Termin für meine Koloskopie näher rückte. Unmittelbar unter der Oberfläche meines Geistes lauerte ständig das Bewusstsein, dass in wenigen Tagen über mein Schicksal entschieden werden würde.

Doch selbst mitten in diesen düsteren Befürchtungen gab es Augenblicke enormer Erleichterung. Am Tag nach Crystals Party jährte sich ein weiteres Ereignis. Ich erwachte in einer stillen Wohnung, stand auf, um mir Tee zu kochen, setzte mich wieder ins Bett und beobachtete, wie das Licht die Regenbogenvorhänge aufzuhellen begann. Meine Katze, die vor einem Monat zu mir gekommen war, rollte sich auf meinen Beinen zusammen und schlief ein.

Während ich meinen Tee trank, erinnerte ich mich daran, wo ich mich im Jahr zuvor um diese Zeit befunden hatte: im Highland Hospital, sechste Etage, in jenem lärmigen Zimmer, den Schlauch in Nase und Kehle, die Infusionsnadel in meiner Hand und eine fast zwanzig Zentimeter lange klaffende Wunde in meinem Bauch. Ich wusste noch, wie ich zwischen Bewusstsein und Bewusstlosigkeit hin und her geglitten war und in meinem Morphiumnebel darum gekämpft hatte, *da zu sein*. Meine Freundinnen. Und die tiefen, vollen Stimmen der Webb Sisters sangen: *I once was lost, but now I'm found; was blind but now I see …*

Ich holte tief Luft und sah mich in meinem kleinen Zimmer mit seinen Büchern, Grünpflanzen und dem Altar um. Die Sonne ließ die Vorhangfarben jetzt aufleuchten, und draußen auf der Straße näherten sich Radfahrer, die miteinander sprachen; ihre Stimmen wurden lauter und verklangen dann. Ich füllte meine Lungen mit frischer Morgenluft. Und mit plötzlichem Entzücken dachte ich: *Ich lebe.*

Später an jenem Tag rief Crystal mich an, um mir zu sagen, dass sie mich am Dienstag zum Krankenhaus fahren wolle. Ich erzählte ihr, wie ich auf ihre Party reagiert hatte, und wir sprachen kurz über die Umstände meines Auszugs. Crystal beharrte darauf, dass es auch andere Möglichkeiten gegeben und ich übereilt gehandelt habe. Wir stritten uns ein wenig, und als ich den Hörer aufgelegt hatte, stand ich nachdenklich da. Es schien, als ob jede von uns in dieser schweren Zeit voreilig Dinge getan hatte, die sie eigentlich nicht hatte tun wollen, und jetzt wütend darüber war. Unglücklich fragte ich mich, wie ich für meinen Anteil die volle Verantwortung übernehmen konnte. Würden wir jemals klären können, was zwischen uns geschehen war?

Montagabend trank ich, wie angewiesen, literweise »Golightly«, ein Abführmittel, das meinen Darm für die kommende Untersuchung reinigen sollte, und richtete mich darauf ein, nachts häufig zur Toilette zu müssen. Jedes Mal, wenn mein grummelnder Bauch mich weckte, kroch ich aus dem Bett, wobei ich versuchte, die Katze nicht zu stören, die friedlich auf Sandys ausgebreitetem Daunenmantel schlief. Müde krabbelte ich anschließend wieder unter die Decken und spürte, dass Kopfschmerzen im Anzug waren.

Im blassen Morgenlicht stand ich später in der Küche und betrachtete die kleine braune Statue, die auf dem Fensterbrett stand. »Tu mir einen Gefallen, Kwan Yin«, sagte ich. »Mach, dass der Befund negativ ist.« Keine Antwort. Ich ging zurück in mein Zimmer, um mich anzuziehen, und erinnerte mich, wie ich Kwan Yin im Jahr zuvor auf dem Friedhof mein Anliegen vorgetragen hatte und die Antwort schließlich aus mir selbst gekommen war. An diesem Morgen tat mir der Kopf weh, und ich fühlte mich schwach, voller Angst vor der drohenden Prüfung. Ich würde ohne Gleichmut auskommen müssen; es musste reichen, dass mir elend zumute war.

Crystal wartete unten vor dem Haus in dem kleinen grauen Toyota auf mich, der einmal uns beiden gehört hatte. »Und – wie hältst du dich?«, fragte sie, als ich mich anschnallte. Ich stöhnte nur. »Ich bleibe bei dir, bis sie dich zur Untersuchung holen«, versicherte Crystal mir. Da wir nicht wussten, wann diese vorbei sein würde, hatte ich mit Sandy Butler verabredet, dass sie mich hinterher abholte.

Auf der Schnellstraße tauchte schon bald der graue Klotz des Krankenhauses vor uns auf und kam bedrohlich näher. Wie ich mir wünschte, sonst wohin zu fahren, nur nicht dorthin! Ich rief mich zur Räson: Sandy, bleib präsent!

Im zweiten Stock eilten wir zur endoskopischen Abteilung. Ich erblickte Bill Shanks am anderen Ende des Flures, der sich mit einem Klemmbrett in der Hand zu einem sitzenden Onkologiepatienten hinabbeugte. Ich wollte ihm zurufen, wollte seine beständige Warmherzigkeit spüren. Rette mich, Bill!

Doch wir betraten die Endoskopie, wo die Schwester meinen Blutdruck und meine Temperatur maß und uns dann ins Wartezimmer zurückschickte. Crystal und ich saßen nebeneinander und versuchten die nervtötende Talk-Show auszublenden, die im Fernseher lief. Eine vierköpfige Familie wartete mit uns, die Augen auf den Bildschirm geheftet. Crystal sah müde aus. Ich wusste, dass es ihr schwer fiel, so früh aufzustehen, und begriff, was ihr Einsatz sie gekostet hatte.

»Ich weiß es sehr zu schätzen, dass du mich hergefahren hast«, sagte ich zu ihr. »Ich hoffe, es dauert nicht Stunden, ehe sie mich reinrufen.«

Crystal drückte meinen Arm. »Das ist schon in Ordnung. Ich bleibe, so lange es dauert.«

Überraschend schnell kam die Schwester, um mich zu holen. »Ihre Freundin kann nicht mitkommen«, sagte sie. »Tut mir Leid.« Ich drehte mich zu Crystal um. »Tja ...« Sie umarmte mich. »Viel Glück. Rufst du mich an, sobald du mehr weißt?« Und ich sah ihr nach, wie sie zum Fahrstuhl ging.

Ab und zu packt mich der Drang, Geschichten zu erfinden, Augenblicke, wie sie in Schundblättern beschrieben sein könnten. Etwa so: Während ich der Schwester folge, kommt Crystal zurück. Sie ergreift meine Hand, und ich sehe in ihren blauen Augen ihre Angst um mich und ihre Liebe. »Ich bete, dass alles in Ordnung ist«, sagt sie voller Inbrunst. Doch nein, da war kein Zaudern, kein Aufwallen von Gefühlen. Die Fahrstuhltür schloss sich hinter Crystals geradem Rücken, ihrem welligen grauen Haar.

Was hat es auf sich mit diesem Impuls, sich etwas vorzumachen? Ich nehme an, ich will immer noch nicht wahrhaben, wie es wirklich ist. Crystal ging weg. Die Schwester brachte mich in einen Raum mit glänzenden Chrominstrumenten und drei Liegen, von denen zwei besetzt waren. Sie sagte mir, ich solle mich ausziehen, das Krankenhaushemd anziehen, mich hinlegen und warten, bis ich an der Reihe war. Ich gehorchte.

Drei Stunden lag ich da, mit flauem Magen, da ich nichts gegessen hatte und die ganze Nacht auf die Toilette gerannt war, und versuchte zu dösen. Die einzige Ablenkung – mäßig interessant und auch ärgerlich – war das Gespräch, das der Arzt mit einer der Schwestern führte. Mit lauter Stimme gab er einen ausführlichen Bericht von seiner jüngsten Reise nach Rom und konzentrierte sich dabei vor allem auf das Essen. Während er diese Mahlzeiten von Pasta bis zu Obst und Käse beschrieb, lag ich da, hörte zu und dachte einerseits, dass dieses Aufzählen italienischer Köstlichkeiten ziemlich unsensibel war, hier, in einem Bezirkskrankenhaus, wo die meisten Menschen in Hörweite niemals über Sacramento hinausgekommen waren, und andererseits versuchte ich mir jedes Menü, das er beschrieb, bildlich vorzustellen. Dann fragte ich mich, ob er für seinen kulinarischen Reisebericht wohl seine Arbeit unterbrach und damit den Ablauf für alle Betroffenen, vor allem für mich, verzögerte.

Drei Stunden, die man auf einer Liege in einem kalten Zimmer verbringt, sind eine lange Zeit. Ich ging dazu über, mich auf meinen Atem zu konzentrieren, mit meiner Aufmerksamkeit dem Ein- und Ausatem zu folgen und so gut es ging in Kontakt mit meinem Körper zu bleiben.

Schließlich kam die Schwester, um mich in einen verdunkelten Raum zu schieben, in dem über mir ein Fernsehmonitor hing. Der Arzt kam herein, warf einen Blick in meine Unterlagen und stellte mir einige Fragen, während die Schwester mir zwei Spritzen gab. »Eine gegen den Schmerz«, erklärte der Arzt, »die andere gegen die Angst.« Wir warteten wieder, diesmal darauf, dass die Medikamente wirkten.

Vom Arzt erinnere ich noch das ernste Gesicht, das spärliche Haar und eine ungeduldige, gebieterische Stimme. Als ich schläfrig genug war, führte er sorgsam den Schlauch in meinen Anus ein, während er alles, was er tat, fortlaufend kommentierte. Der Bildschirm begann zu flimmern, und alle Augen richteten sich darauf. Dann erschienen dort in fahlen Farben meine Gedärme, von innen gesehen, ein schimmernder rosafarbener Schlauch mit Windungen und Falten. Der Arzt führte die Minikamera mit kleinen Rüttelbewegungen Zentimeter für Zentimeter durch diesen Schlauch und teilte seine Beobachtungen fortwährend mit. Ich war wie gebannt von diesem Anblick meiner Eingeweide und setzte alle Kraft, die mir in meinem zunehmend benommenen Zustand noch zur Verfügung stand, dafür ein, auf den Bildschirm zu blicken. Irgendwo am Rande meiner getrübten Aufmerksamkeit vernahm ich die Stimme des Arztes.

»Keine Polypen. Keine verdächtigen Wucherungen.« Hieß das ...? Und dann entfernte er den Schlauch. Ich begriff, dass er mir ins Gesicht sah, und versuchte mich auf das zu konzentrieren, was er zu mir sagte. »Ohne Befund. Alles ohne Befund.«

Ich schwebte in einer merkwürdigen Zwischenwelt, begriff nicht wirklich, was seine Worte bedeuteten.

Zurück in dem beleuchteten Raum, einer mit Vorhängen abgetrennten Kabine, fragte die Schwester, die bei mir blieb, wie ich mich fühle. Ich sah die Zahlen auf dem Blutdruckmesser – 55 zu 22. Da ich glaubte, das könne nur ein Fehler sein, witzelte ich: »Ich bin tot.« Aber es war kein Witz. »Ihr Blutdruck ist aufgrund der Medikamente stark gesunken«, erklärte sie mir. »Aber nach einer Weile wird es Ihnen wieder gut gehen.«

Eine Stunde später trat ich mit Sandy Butler nach draußen in den Sonnenschein eines klares Herbsttages. Als ich ihr die Neuigkeiten erzählte, fielen wir uns jubelnd in die Arme, doch es hatte etwas Unwirkliches. Wirklich waren die ordentlichen Häuser, die in der Sonne leuchteten, Sandys warme, aufgeregte Stimme, die wiederholt sagte: »Mazel tov!«, und die schwungvolle Leichtigkeit in meinem Körper, während wir den Hügel hinauf zu ihrem Wagen gingen.

Auf unserem Weg zu einem beliebten China-Restaurant saß ich angespannt im Auto, unsicher, was eigentlich geschehen war. Später im Little Shin Shin konzentrierte ich mich ganz auf die Spinatsuppe mit Tofu, die meinem leeren Magen so wohl tat. Ich spürte, wie mein Körper allmählich wieder zu sich kam. Während wir das mit Knoblauch gewürzte Hauptgericht aßen, unterhielten Sandy und ich uns lebhaft. Manchmal hörte ich auf zu reden und zu essen und spürte, wie eine Welle von Anspannung aus meinem Körper wich, während ich ausatmete – ein Lösen – und aufschaute, um Sandy ins Gesicht zu sehen, die mich ermutigend anlächelte, als wolle sie sagen: »Ja, es stimmt *wirklich*.«

In einem Café in der Nähe kauften wir Kuchen und etwas zu trinken und fuhren die wenigen Häuserblocks zum Mountain View

Cemetery. Auf einem Abhang zwischen den Gräbern sitzend, betrachtete ich das Sonnenlicht, das über die Blätter der großen, ausladenden Bäume glitt, und das Gras, das in ihrem Schatten so üppig grün war. Wir aßen und tranken und redeten über vieles – über die Party, die ich nächstes Jahr geben würde, um das Erscheinen meines Buches *Die Entfaltung des Lotos* zu feiern, eine mögliche Reise nach Irland und den Traum, den ich seit Jahren hatte, nämlich den Okefenokee-Sumpf in Florida und die dort lebenden Lamantinen aufzusuchen, großen Wassersäugetieren, die aufgrund ihres schwerfälligen, gutmütigen Gebarens auch Seekühe genannt werden und die heute durch die Erschließung von Baugelände und die Boote auf den Gewässern, die ihr Revier bilden, gefährdet sind. Ich erzählte Sandy gerade von dem Projekt, eine Karte zu erstellen, auf der die Ansiedlung einzelner Lamantinen in den flachen Küstengewässern verzeichnet wurde, um ihre Wohnstätten zu schützen, als ich spürte, wie eine weitere Schicht Anspannung von mir wich, als ob sich ein enges Kleidungsstück gelockert hätte und von mir abfiele.

Sandy grinste mich an. »Ich verspreche dir, wenn du erst einmal zur Ruhe gekommen bist, werde ich dir helfen, dein ganzes restliches Leben zu planen!« Wir lachten wieder einmal darüber, wie viel Spaß Sandy am Planen hatte.

Die Tanzparty an jenem Abend wurde von einer Woge der Begeisterung getragen. Ich heftete ein Schild an die Tür, das verkündete, heute sei »Befreiungsdienstag«, damit jeder Gast schon vor dem Eintreten das Untersuchungsergebnis erfuhr. Und dann tauchte ich ganz in die Freude und Erleichterung ein, die wir alle empfanden. Meine Freundinnen trafen ein, brachten Champagner, Mousse au Chocolat und Blumensträuße. Alle wollten mich umarmen und mir sagen, wie sehr sie sich über die Neuigkeiten freuten. Wir setzten uns im Kreis zusammen, und ich schilderte meinen Tag, stellte jede Frau einzeln vor und erzählte mit ein paar Worten, wie sie zu meiner Heilung beigetragen hatte. Als Crystal an der Reihe war, zögerte ich, gebannt vom Schwert meiner Zwiespältigkeit. Ich hatte sie zu der Party eingeladen, weil sie im vergangenen Jahr meines Lebens eine zentrale Rolle gespielt hatte, aber meine Gefühle für sie wechselten so dramatisch – zwischen Liebe und Wut –, dass es mir schwer fiel, Worte des Dankes zu finden. Aus buddhistischer Sicht hätte ich sie einfach dafür ehren können, dass sie mir in Zeiten schwerster Krankheit auf vielerlei Weise geholfen hatte, hätte unsere Konflikte loslassen können, die schrecklichen Streitigkeiten, die uns in jenen Monaten zerrütteten. Aber ich konnte die Überreste jenes Kampfes nicht abschütteln, um Crystal von ganzem Herzen zu danken. Sie saß zwischen den anderen Frauen auf dem Fußboden, wartete und beobachtete mich mit unsicheren Augen. Ich kämpfte mit mir, gab mich schließlich geschlagen und fand dann ein paar freundlich-neutrale Worte für sie.

Doch an jenem Abend konnte nichts meine Freude dämpfen. Schon bald standen wir auf, um Boogie zu tanzen, und ich spürte, wie mein Körper eine weitere Schicht Anspannung ablegte. Wir freuten uns gemeinsam, tanzten alle zusammen, und einmal bildeten wir zwei Reihen, an denen jede sich einzeln entlang bewegte, und selbst meine Freundin im Rollstuhl tanzte mit großer Ausgelassenheit.

Später, in Jeannies Wohnung, saß ich im dunklen Zimmer auf dem Bett und hörte, wie unten auf der Straße ein Wagen vorbeifuhr. Ich schaute auf die Rechtecke der Fenster, heller als die sie umgebende Dunkelheit, die Muster auf den Vorhängen waren verwischt. Unter den Fenstern war mein Altar im Schatten verschwunden. Ich stellte mir die Gesichter der Toten vor, die mir so teuer sind – mein Bruder George, Maurine Stewart, Lex Hixon, meine Mutter und mein Vater. Georges Präsenz nahm ich sehr deutlich wahr; ich sah sein freundliches, sensibles Gesicht vor mir, und er schien sich mit mir zu freuen. Sein Gesicht ähnelte dem von Lex Hixon, und als ich mir die beiden vorstellte, verschmolzen sie zu einem Wesen: einem Mann, der mich anlächelte, und die leuchtende Blüte seines Herzens verströmte Licht.

Epilog

Das Herz ist der Ort, den wir immer wieder aufsuchen.
Kehre heim in dein Herz; dort findest du Wärme, Selbstachtung,
Dankbarkeit und Zufriedenheit.

AYYA KHEMA

Inzwischen sind seit den Ereignissen, die ich in diesem Buch beschreibe, fast fünf Jahre vergangen. Jedes Jahr habe ich eine Koloskopie machen lassen, die keinen Tumor oder andere Wucherungen in meinem Darm nachgewiesen hat. Sollten Krebszellen in meinem Körper lauern, dann haben sie sich bislang noch nicht gezeigt, wofür ich dankbar bin. Ich bin in diesem Augenblick für viele Dinge dankbar, besonders für das Schreiben dieses Buches, das mir abverlangte, noch einmal zum schmerzlichsten Jahr meines Lebens zurückzukehren und es erneut zu durchleben, ein Prozess, der manchmal qualvoll war.

Warum habe ich mich entschieden, das zu tun? Es gab während meiner Krankenhausaufenthalte einen Augenblick, der mich bewog, dieses Buch zu schreiben. An jenem Tag kam der leitende Chirurg zur Visite. Seine Name war Dr. Organ (das ist kein Witz), ein großer, braunhäutiger, attraktiver Mann, der die Art von Zuversicht ausstrahlte, die auf maßgeblichen Leistungen und entsprechender Anerkennung beruht. Dr. Organ interessierte sich dafür, dass ich schrieb, und wir sprachen über die Bücher auf meinem Nachttisch. Es war mir etwas peinlich, ihm den Inhalt der einzelnen Bände zu erläutern: Würde er mich für morbide halten? Dr. Organ hörte mit großem Interesse zu.

Als er das Zimmer verlassen hatte und ich wieder allein war, betrachtete ich die Bücher, die ich mit ins Krankenhaus genommen hatte. Die Autorin Nan Shin erforschte in ihrem brillant geschriebenen *Diary of a Zen Nun* unter anderem ihre Erfahrungen mit Eierstockkrebs; Isabel Allende verfasste die Chronik des langsamen Sterbens ihrer Tochter Paula; Audre Lorde, afroamerikanische, lesbische Poetin und Kriegerin, berichtete in *Auf Leben und Tod. Krebstagebuch* von ihrem Kampf mit Leberkrebs. Eine Freundin, die mich besuchte, fragte mich beim Anblick dieser kleinen, auf Angst basierenden Bibliothek: »Warum willst du denn dieses ganze Zeug lesen?«

Die Antwort lautete, dass ich zu der Zeit nichts anderes ertragen konnte als die Sicht von Menschen, die dem Tod unmittelbar gegenüber standen. Ich wollte von den Menschen hören, die dort gewesen waren, wo ich mich befand, und noch weiter gegangen waren. Ich wollte wissen, was sie dachten und fühlten, ob sie ihrem Leiden tapfer begegneten oder sich davon klein kriegen ließen. Und ob sie einen Sinn darin sahen. Als ich nach meinem Gespräch mit Dr. Organ diese Bücher zur Hand nahm, dachte ich, wenn *ich* dieses Bedürfnis habe, müssen andere es auch verspüren. Und da wusste ich, dass ich über meine Begegnung mit Krebs schreiben und eine weitere kleine Landkarte dieses Geländes zeichnen wollte, um der nächsten Frau (oder dem nächsten Mann) zu helfen, die diese Reise ebenfalls antreten muss. Wie um zu sagen: So ist es eben; ein anderer Mensch ist auch diesen Weg gegangen.

Beim Schreiben dieses Buches habe ich nicht nur sämtliche Stationen von Schmerz und Verlust noch einmal aufsuchen müssen, sondern meine spirituelle Praxis mit neuen Augen zu sehen begonnen. In den Monaten, in denen ich dieses Buch verfasste, habe ich mich – manchmal überrascht – beobachtet und meine Achtsamkeit mit tieferem Verständnis gelebt als bis dahin.

Die Fähigkeit, Kummer, Einsamkeit, Frustration und Wut anzunehmen – diese Gefühle als innere Zustände zu betrachten, die vorübergehen –, entwickelt sich in mir immer weiter. Als ich mich an die Zeit meiner Krebserkrankung erinnerte, wurde mir klar, dass ich erfahren habe, dass das Leben selbst im intensivsten Leiden sprudelt und uns Freude schenkt. Ich erlebte, wie schnell unsere Gefühle und Gedanken wechseln: Eine Weile lang war ich verzweifelt, plötzlich kam Freude auf, dann war ich ängstlich, dann wieder voller Zuversicht ... Diese inneren Zustände reihen sich endlos aneinander. Ich stellte fest, dass ich sie beobachtete, daran beteiligt war, mich hin und wieder in ihnen suhlte und sie schließlich losließ. Das Leben schafft sich ständig wieder neu und vergeht: Das Leiden kehrt zurück und dann die Freude; von einem Augenblick zum anderen empfinden wir Qual, Frieden, Entzücken. Ich lernte, die Vorstellung aufzugeben, dass einer dieser Zustände länger anhielt. Ich tat mein Bestes, mich auf den Fluss der Phänomene einzustimmen, wo wir uns fortwährend im Übergang befinden; unser Körper verändert sich, unsere Gefühle durchlaufen einen Regenbogen von Empfindungen und Gedanken; ständig hängen wir bestimmten Vorstellungen an und geben sie wieder auf. Ich sah, wie ich in den Monaten mit dem Krebs für diesen Fluss präsent blieb.

Pema Chödrön hat in einem frühen Gespräch über das Klosterleben etwas mich Verblüffendes gesagt: Es nimmt unserem Ich viele seiner Stützen. Die Haare kurz geschoren, die Individualität verborgen unter der Robe, der Fokus geschärft durch das regelmäßige Meditieren, Studieren und Arbeiten, steht die aufrichtig praktizierende Nonne (oder der Mönch) sich selbst nicht im Weg. Und was erlebt sie dann? Pema strahlte mich an und beschrieb die enorme Kreativität, die im Werden und Vergehen der Dinge in jedem Augenblick zum Ausdruck kommt. Ich hatte den Eindruck, dass sie diesen Prozess als funkelnd reiche und unterhaltsame Aufführung erlebte.

Auch wenn ich weit entfernt bin von dieser Klarheit und Nichtanhaftung, empfinde ich mehr Dankbarkeit für das Maß an Wirklichkeit, dessen ich mir tatsächlich bewusst bin.

Außerdem stelle ich fest, dass ich überall, wo ich bin, Trost und Freundlichkeit schenken möchte. Vor einigen Jahren bat mich die Charlotte Maxwell Complementary Clinic, in der ich ausgezeichnet versorgt worden war, im Rahmen eines Retreats für Krebspatientinnen einen Schreibworkshop zu geben. Ich sagte bereitwillig zu. Die Klinik hatte Mittel bewilligt bekommen, um sämtliche Kosten für die Teilnehmerinnen zu übernehmen. Fünfzig Krebspatientinnen fuhren per Bus oder im eigenen Wagen in die Hügellandschaft Nordkaliforniens zu dieser dreitägigen Zusammenkunft. Unter ihnen war ein großer Anteil farbiger Frauen – afroamerikanische, lateinamerikanische und asiatische. Viele dieser Frauen und der weißen Frauen mit niedrigem Einkommen wären von sich aus nie in der Lage gewesen, die Stadt zu verlassen und sich den relativen Luxus der stilvollen alten Wohngebäude zu leisten, in deren großem Speisesaal ausgezeichnetes Essen serviert wurde. Es war etwas ganz Besonderes, dort zu sein, weit weg von familiären und beruflichen Verpflichtungen.

Viele dieser Frauen waren schwer krank. Sie waren kahlköpfig von der Chemotherapie und konnten sich nur langsam mit Hilfe von Krücken oder Gehhilfen fortbewegen. Als ich mit ihnen sprach, begriff ich, welche bedeutsamen Auswirkungen mein eigener Krebs hatte: Ich wusste jetzt, was es heißt, mich nur langsam und unter großer Mühe fortzubewegen, während andere flink an mir vorbeieilten; einen Teller mit Essen anzuschauen und zu spüren, wie mein Magen sich hob; in einem verschwommenen, energielosen Zustand zu existieren, der physischen Welt schutzlos ausgeliefert, und mich bedrückt und unzulänglich zu fühlen. Und weil ich das wusste, hatte ich keine Probleme mit der Krankheit und Gebrechlichkeit dieser Frauen und konnte hinter den Symptomen den Menschen sehen, der immer da war, ebenso intakt, wie auch ich es in meinen schlimmsten Zeiten gewesen war. Vor meinem Krebs hatte Krankheit mich geängstigt, und ich war oft davor zurückgeschreckt, um mich zu schützen; jetzt wusste ich, dass es nichts zu schützen gab, und war imstande, mich jeder der anwesenden Frauen aufmerksam und präsent zuzuwenden.

Die Frauen, die beschlossen hatten, an meinem Workshop teilzunehmen, kamen mit mir in einem kleinen Salon zusammen, wo wir uns auf Sofas und bequemen Stühlen niederließen. Ich bat sie, einen Brief an ihren Körper zu schreiben, in dem sie zum Ausdruck brachten, was sie dachten und fühlten.

Während die Frauen schrieben, schaute ich mich im Raum um. Dort saß eine indische Frau mit dem kurzen Stoppelhaar eines Menschen, der gerade die Kahlköpfigkeit der Chemotherapie hinter sich ließ; da drüben eine junge weiße Frau, die energiegeladen und gesund aussah: neben ihr lag eine alte Frau mit schneeweißem Haar auf einem Sofa, und daneben saß eine afroamerikanische Frau, von der ich wusste, dass sie sich für die Klinik, deren Dienste sie in Anspruch nahm, sehr engagierte und versuchte, Sponsoren zu gewinnen. Und viele andere. Alle beugten sich über ihr Blatt.

Als ich die Frauen bat, ihre Briefe laut vorzulesen, spürte ich, wie sie zurückschreckten. Ihre Gesichter sagten mir, dass es ihnen schwer fiel, die Worte, die sie zu Papier gebracht hatten, preiszugeben. Schließlich las eine Frau mit gesenktem Kopf ihren kurzen Brief vor. »Die liebevollen Männer, die mich berührten, sind weg.« Sie rang um ihre Fassung, während sie fortfuhr: »Die Frauen und Kinder sind noch da. Sie lieben uns als die, die wir sind, und so, wie wir sind.« Tränen liefen ihr über das Gesicht, während sie erstaunt hochschaute. »Ich hätte nicht gedacht, dass ich *weinen* würde!«, rief sie aus.

Mir blieb fast das Herz stehen. Hatte ich einen Fehler begangen? Hatte ich diese Frauen um einer Übung willen unnötig ins Leid gestürzt?

Dann ergriff die afroamerikanische Frau das Wort. »Es ist gut, das rauszulassen. Halte dich nicht zurück, weine ruhig.« Und sie fügte hinzu: »Ich führe Tagebuch. Ich schreibe jeden Tag, und es hilft mir, weiterzumachen.«

Allgemeines Nicken.

Dann las jede Frau im Raum ihren Text vor; manche brachten ihren Schmerz über ihren Verlust zum Ausdruck, andere beschrieben bis ins Detail, wie entschlossen sie waren, mit den Auswirkungen der Krankheit und der Behandlung zurechtzukommen. Jeder Brief begann: »*Lieber Körper …*

… ich sehe, dass deine Speicheldrüsen seit der Bestrahlung die rechte Seite deines Mundes nicht mehr befeuchten. Hier, behalte dieses Wasser immer bei dir…

… ja, du bist jetzt siebzig Jahre alt. Es geht nicht nur um die Zahlen, sondern um das, was vor viereinhalb Jahren geschah, als deine Zellen sich ständig weiter teilten und du wegen Brust- und Eierstockkrebs operiert worden bist. Du hast dich sehr gut erholt und noch nicht einmal geweint, bis deine Haare ausfielen! Oh, wie eitel wir sind!

… ich mag diesen Körper nicht mehr … Ich fand mich immer sexy und attraktiv … Jetzt habe ich das Gefühl, keiner schaut mich mehr an … Mein Körperbild … nun, was soll ich sagen? Es ist so viel an dir herumgeschnippelt worden.«

Während die Frauen ihre Briefe vorlasen, flossen weitere Tränen. Mir wurde klar, dass diese Äußerungen, auch wenn sie sich in ihrer Verletzlichkeit und Aufrichtigkeit bedrückend anfühlten, für alle Anwesenden erleichternd, reinigend und entlastend waren.

Als ich fragte, ob die Texte in der Hauszeitschrift der Klinik veröffentlicht werden dürften, dachten die Frauen darüber nach, und fast alle von ihnen stimmten zu. Sie hatten verstanden, wie hilfreich ihre Äußerungen für andere Menschen sein konnten, die ebenfalls die traumatische Erfahrung einer schweren Krankheit machten. Ebenso wie ich die Worte von Audre Lorde, Isabel Allende und Nan Shin gesucht hatte, wussten diese Frauen um die Wichtigkeit, die Wahrheit dessen, was wir erleben, an andere weiterzugeben.

Im vergangenen Jahr ermunterte Kwan Yin mich, in die Welt hinauszugehen, als wollte sie sagen: »Jetzt mach dich nützlich.« Als ich die Arbeit an *Discovering Kwan Yin* beendet hatte und es Zeit wurde, das Buch zu veröffentlichen, wies Sie, die das Weinen der Welt hört, mich an: »Sag ja zu allem, worum andere dich bitten.« Das tat ich, und schon bald leitete ich Meditationsretreats zu Kwan Yin und machte mir dabei die Jahre des Lernens bei Ruth Denison zunutze.

Viele der Menschen, die zu diesen Retreats kommen, betreuen andere. Sie arbeiten als Krankenschwestern, Therapeutinnen, Sozialarbeiterinnen, Mütter und Lehrerinnen, Menschen, die Tag für Tag sehr viel geben und sehr wenig zurückbekommen. Kwan Yin bietet ihnen Gelegenheit, sich in die Energie des Mitgefühls hinein zu entspannen, sich selbst zu nähren und neue Kräfte zu sammeln.

Meine Krebsselbsthilfegruppe trifft sich nicht mehr. Bei seiner Rede anlässlich der Gedenkfeier für Rick Fields sagte Rick Kohn einige wahre Worte über solche Gruppen. »Einerseits sind sie eine große Unterstützung, und man beginnt die Menschen ins Herz zu schließen«, sagte er. »Andrerseits sind sie etwas sehr Trauriges, denn sie sterben.« Viele der Gruppenmitglieder sind inzwischen verschieden. Rick Kohn ist jetzt selbst schwer krank. Und weitere Mitglieder, denen ich von Zeit zu Zeit zufällig begegne, erleben eine Remission, das heißt, im Augenblick zeigen sie keine Anzeichen von Krebs, oder sie sind geheilt. Eine Frau, die während der Zeit, in der sie die Gruppe besuchte, mit den verheerenden Folgen der Bestrahlung ihres Kehlkopfkrebses zu tun hatte, traf ich eines Tages bei einer Veranstaltung. Sie war völlig obenauf, ganz ins Leben zurückgekehrt und sprühte vor Energie. Wir tauschten Erinnerungen aus an die Treffen, an die zwei Ricks und unsere wunderbare Leiterin, die Krankenschwester Jan, die wir beide als Bodhisattva betrachteten. In der Gruppe hatte sich eine ganz besondere Mischung von Persönlichkeiten gefunden, die eine Zeitlang zusammenkamen und dann wieder auseinander gingen, und ich empfand es als Privileg, daran teilgenommen zu haben.

Nachdem ich mit der Chemo aufgehört hatte – das liegt nun vier Jahre zurück –, erholte sich mein Körper in den nachfolgenden Wochen und Monaten allmählich von den Giftattacken. Ich arbeitete daran, gesund zu werden, meine Kraft zurückzugewinnen, und hoffte, mein angeschlagenes Gewebe werde sich regenerieren. Doch ich habe festgestellt, dass einige der Nebenwirkungen der Chemotherapie anhalten. Ich habe fast keinen Geruchssinn, und auch mein Geschmackssinn hat gelitten. Ich nehme an, dass diese Veränderungen von Dauer sind, und vermisse meine früher gut ausgebildete Fähigkeit, Aromen zu genießen.

Es hat aber noch eine tief greifendere Veränderung stattgefunden. Meine Identifikation mit meinem Körper ist ernsthaft gefährdet. Ich habe erlebt, wie er nicht mehr richtig funktionierte, immer schwächer wurde; ich habe diesen Körper fast an den Tod verloren. In der Meditation hatte ich die Vergänglichkeit meines physischen Selbst erfahren und meine körperliche Existenz als ständig im Wandel begriffen, als Tanz von Energien erlebt. Doch jetzt nehme ich mich manchmal in ganz alltäglichen sozialen Situationen nicht als festes Gebilde wahr, sondern als durchlässige Lichtfläche oder als ungerichtete Schwingungen im Raum.

In meiner spirituellen Praxis schreite ich langsam, aber unverdrossen auf dem Weg zu reiner Achtsamkeit oder »urteilsfreiem Gewahrsein« voran. Ich lausche gern dem Lied »Great Is the Joy«, das Heng Yin, eine in Amerika geborene buddhistische Nonne, komponiert hat. Es beschwört die Gefühle herauf, die ihre Praxis bei ihr auslöst. In einer Zeile heißt es: »The sea of suffering is deep and wide [but] a turn of the head is the other side.« Das macht mir immer wieder deutlich, dass die Befreiung nahe ist – mit einem kurzen Seitenblick können wir über die Gewässer ans »andere Ufer« der Freiheit von Leiden gelangen.

Ich erlebe zweifellos viel Freude in meinem Leben. Zur Jahrtausendwende bin ich nach Dhamma Dena gereist, um heimzukehren und einzutauchen in den Dharma-Strom, den Ruth Denison am Fließen hält. Obwohl ihr Ehemann Henry in einem Haus nicht weit von der Meditationshalle im Sterben lag, ließ sie sich nicht unterkriegen. Henry wurde von Dharma-Schülerinnen und von Ruth gepflegt, wann immer diese während des Retreats Zeit fand, ihn zu besuchen. Seit vierzig Jahren hielt die beiden ein starkes Band zusammen: Henry hatte Ruth mit nach Burma genommen und sie ihrem Lehrer U Ba Khin vorgestellt, und sie würde ihm aus Dankbarkeit für dieses unschätzbare Geschenk ewig verbunden bleiben.

Am 31. Dezember 1999 war die Meditationshalle voller Menschen, die gekommen waren, um der Millenniumshysterie zu entfliehen und einen schlichten, friedlichen Jahreswechsel zu erleben. Wir hatten uns nach dem Abendessen ein, zwei Stunden ausgeruht, unsere festlichsten bequemen Kleider angezogen und fanden, als wir in der Meditationshalle eintrafen, unsere Kissen im Kreis ausgelegt, so dass wir uns alle anschauen konnten. Zur Einführung leitete Ruth die Rezitation zur Ehrung des Buddha an, und dann bat sie mich, das Gebet und die Meditation bekannt zu geben, die wir mit Menschen überall auf der Welt teilen wollten. Auf dem Informationsblatt, das ich bekommen hatte, hieß es, dass sich am Abend des Jahreswechsels 2000 mehr als eine Milliarde Menschen überall auf der Welt für einige Augenblicke in ein Gebet oder eine Meditation für den Weltfrieden versenken würden. So würden wir die wechselseitige Verbundenheit allen Lebens erneut bekräftigen.

Unser Beitrag zu diesem globalen Bestreben bestand in einer *Metta*-Meditation, zu der Ruth uns anleitete und bei der wir sämtlichen Wesen im Universum liebende Güte schickten. Dann bat sie uns, aufzustehen, und improvisierte mit uns einen Tanz. Am Abend zuvor hatte sie in ihrem Dharma-Vortrag den Edlen Achtfachen Pfad zur Erleuchtung erläutert und ihn in die üblichen drei Abschnitte unterteilt – *Sila* (rechtes Tun), *Samadhi* (Sammlung) und *Panna* (Weisheit). An diesem Abend begann sie diese drei Worte zu singen und uns dabei zu einem Kreistanz anzuleiten. »*Sila, Samadhi, Panna*«, sangen wir, und aus irgendeinem Grund schienen alle fröhlich zu sein. Ich spürte die Freude an der Bewegung und an der

Bedeutung der Worte. Ich war so glücklich, am Leben zu sein. Und mich wieder einmal in Dhamma Dena zu befinden. »Seid euch eurer inneren Schönheit bewusst«, sagte Ruth zu uns. »Wisst, was ihr tut.« Sie drehte eine schwungvolle Pirouette und hob die Hände, wie um die himmlischen Wesen einzuladen, sich uns anzuschließen.

Mir fielen all die Silvesterabende ein, die ich hier verbracht hatte. Ruth schien jetzt, mit siebenundsiebzig Jahren, genauso agil und spontan zu sein wie zu der Zeit, als ich sie kennen gelernt und mich von der Begeisterung hatte anstecken lassen, mit der sie uns zum Dharma einlud.

Nach dem Tanz schickte uns Ruth zurück auf unsere Kissen und holte einen großen Sack mit gebrauchtem Geschenkpapier und Schleifenband hervor. Sie ging auf einen ziemlich mürrisch aussehenden, kahlköpfigen Mann zu, drapierte Ringellöckchen aus Schleifenband auf seinem Schädel und fabrizierte eine verschroben-festliche Kopfbedeckung. Andere standen auf, um ihr zu helfen, und ich selbst schloss mich den Putzmacherinnen an, holte leuchtend buntes Papier aus dem Sack und beugte mich über einen sitzenden Meditierenden, um eine weitere gewagte Kreation zu schaffen. Schon bald waren wir alle mehr oder weniger wunderlich geschmückt. Mir wurde klar, dass ich diese Bereitschaft, mich so vorbehaltlos an einem unschuldigen, albernen Spiel zu beteiligen, erst nach dem Krebs entwickelt hatte. Vorher hätte ich wahrscheinlich peinlich berührt und voller Missbilligung dagesessen.

Als Mitternacht näher kam, brachte Ruth die große Glocke herbei, die aussah wie ein Kochtopf, und setzte sie in die Mitte der Meditationshalle. Wir würden die Glocke 108 Mal schlagen, verkündete sie. Sie werde anfangen, und nach zehn Schlägen solle jemand anderes weitermachen. Und immer nach zehn Schlägen sollten wir laut eine Eigenschaft von uns rufen, die wir gern loswerden wollten. Dabei könnten wir uns vorstellen, dass sich beim Ausrufen jeder negativen Eigenschaft eine Tür zur Erleuchtung öffnet.

Alle versammelten sich um die Glocke, und das Läuten begann. Während wir gemeinsam zählten, dachte ich an meine Fehler und Versäumnisse im letzten Jahr, vor allem an meine Unfähigkeit, eine mitfühlende Beziehung zu Crystal aufrechtzuerhalten. Wir hatten daran gearbeitet, die Beziehung zu »reparieren«, und uns vieles verziehen, aber ich hatte schließlich begriffen, dass ich die Partnerschaft nie wieder so würde führen können, dass es ihr und mir gut tun würde. Ich war keine Bodhisattva, deren Handeln auf grenzenlosem Mitgefühl beruht: Ich war ein Mensch mit Fehlern und Schwächen, der in einer Beziehung verletzt worden war, und konnte mich nicht völlig von diesem Vermächtnis befreien. Mit den Glockenschlägen bot ich meine Schwäche, meinen Egoismus und meine Wut dar, und in der Stille nach dem Verklingen eines jeden Tones gelobte ich, danach zu streben, mir meines eigenen Verhaltens im kommenden Jahr bewusster zu werden, offener und weiter zu werden. Nach dem hundertsten Klang nahm Ruth den Klöppel zur Hand für die letzten acht Schläge, und damit leitete sie das Jahr 2000 ein.

Ich schaute mir die strahlenden Gesichter meiner Dharma-Gefährtinnen und -Gefährten an und begriff, dass wir gemeinsam ins 21. Jahrhundert gegangen waren und die Werte des Buddha, des Dharma und der Sangha bekräftigt und uns dem Pfad der Befreiung neu verpflichtet hatten.

Der Abend endete mit einer Meditation, die von Ruth geleitet wurde und mit der wir unsere Achtsamkeit erneut auf unseren Körper richteten und das neue Jahr offiziell begrüßten.

Ich trat hinaus in die Nacht, ging ein Paar Schritte, blieb zwischen den Kreosot- und Wüstensalbeibüschen stehen und schaute nach oben. Der Himmel über mir drehte sich wie ein Karussell, übersät mit Pfeilen, Spiralen und leuchtenden Planeten – alle überraschend groß und scheinbar sehr nahe. Mit seiner unendlichen Tiefe und seinen strahlenden Lichtern herrschte der Himmel ohne viel Konkurrenz von unten; draußen in der weiten schwarzen Wüste waren nur wenige Verandalichter und erleuchtete Fenstervierecke zu sehen. Die Weihnachtsbeleuchtung von Dhamma Dena, die das Dach der Meditationshalle säumte, leuchtete schwach wie eine Raupe. Die Sterne schienen dahin zu stolzieren und ihre Erhabenheit zu verkünden. Kein Wunder, dass die Alten Geschichten über sie erfunden hatten: Sie wachten so ehrfurchtgebietend über die Wüste mit ihrer staubigen Last.

Ich schaute nach oben, den Kopf in den Nacken gelegt, spürte, wie mein Geist und mein Herz, meine Liebe und meine Kümmernisse nach oben in diesen Himmelszirkus gesogen wurden. Wenn ich nicht schon vor Kälte gezittert hätte, hätte ich mich vielleicht auf den sandigen Boden gelegt, um mich diesem wilden, uralten Tanz hinzugeben.

Ich atmete die kalte Nachtluft tief ein, drehte mich um und ging zum Samadhi-Haus, wo mich ein winziger Raum umschloss wie eine Nonnenzelle. Ich machte eine Bestandsaufnahme meines Lebens: Ich lernte, mich allein in der Welt zu bewegen und die volle Verantwortung für mich zu übernehmen. Ich war wieder umgezogen, in eine andere Wohnung, wo ich das Gefühl hatte, ein neues Leben zu beginnen. Mit meinen dreiundsechzig Jahren war mir stärker denn je bewusst, wie kurz die Zeit war, die mir verblieb, und dadurch fiel einiger Ballast aus der Vergangenheit von mir ab. Ich wollte noch ein paar Bücher schreiben, noch einige Orte auf dem Globus besuchen. Ich hoffte, noch viele Jahre so gesund zu bleiben, wie ich in dem Moment war. Mein Herz war voller Dankbarkeit für Ruth und ihre Lehren, für diesen Ort namens Dhamma Dena, für den Krebs, der mich so vieles gelehrt hatte, und dafür, dass er jetzt verschwunden war. Mir fiel ein Augenblick vom Tag zuvor ein: Bei Feiertagsretreats spielte Ruth uns am Ende einer jeden Morgensitzung einen Abschnitt aus Händels *Messias* vor. Am Vortag hatte es in dieser wunderschönen Musik, die in der Dunkelheit des Winters des kommenden Lichtes gedenkt, geheißen: »Ich weiß, mein Erlöser lebet«, und die Tränen waren mir über das Gesicht gelaufen, denn ich verstand die an mich gerichtete Botschaft, das Wissen um jenen leuchtenden Grund, auf den unser Leben baut und der tief in uns ruht. Mein Erlöser ist dieses Bewusstsein, dieser weite Grund des Seins, in dem wir kontinuierlich verschwinden und neu geboren werden.

Jetzt, in der schwarzen gestirnten Wüstennacht, an diesem Ort des Mühens und Ringens, der Gefahr und der Sicherheit, erkannte ich, dass mein Leben endlich und kostbar ist und dass ich, wenn der Krebs zurückkehrt, versuchen werde, ihm im Geiste der Zenlehrerin Maurine Stuart zu begegnen – nichts zu tun, um ihm auszuweichen. Und vielleicht werde ich zu einem Ort in mir gelangen, wo ich von ganzem Herzen die aus uralten Zeiten stammenden Worte Sonos, einer Anhängerin des Shin-Buddhismus, sprechen kann: »Danke für alles. Es gibt nichts zu beklagen.«

Ich widme das Verdienst dieses Buches all jenen, die an Krankheit leiden und mit dem Tod konfrontiert sind: Henry Denison in seinem Dahinscheiden, meiner Lehrerin Ruth Denison in ihrem Älterwerden und sämtlichen Geschöpfen, Menschen wie Tieren und in welcher Gestalt sie auch immer existieren mögen. Mögen uns Frieden und Wohlbefinden zuteil werden. Mögen wir frei sein von Kummer und Angst. Mögen wir glücklich sein.